中小企业人力资源管理的难点与破解

朱丽献　著

东北大学出版社

·沈　阳·

图书在版编目（CIP）数据

中小企业人力资源管理的难点与破解 / 朱丽献著
. — 沈阳：东北大学出版社，2018.5
ISBN 978-7-5517-1882-0

Ⅰ. ①中… Ⅱ. ①朱… Ⅲ. ①中小企业－人力资源管理－研究－中国 Ⅳ. ①F279.243

中国版本图书馆 CIP 数据核字(2018)第 105852 号

出 版 者：东北大学出版社
地址：沈阳市和平区文化路三号巷 11 号
邮编：110819
电话：024－83683655(总编室) 83687331(营销部)
传真：024－83687332(总编室) 83680180(营销部)
网址：http://www.neupress.com
E-mail: neuph@neupress.com
印 刷 者：沈阳航空发动机研究所印刷厂
发 行 者：东北大学出版社
幅面尺寸：170mm×240mm
印　　张：11.75
字　　数：224 千字
出版时间：2018 年 5 月第 1 版
印刷时间：2018 年 5 月第 1 次印刷
责任编辑：孙 锋 邱 静
责任校对：王 程
封面设计：潘正一

ISBN 978-7-5517-1882-0　　定 价：58.00 元

前　言

人力资源已经成为推动现代社会发展最强大的动力源之一。人力资源管理也被企业视为最重要的管理职能之一。特别是对于那些数量庞大、规模较小、起点较低、管理水平亟待提升的中小企业而言，如何通过科学有效的人力资源管理实现人得其事、事得其人、人尽其才、事尽其功的效果，已经成为企业各级管理层共同关注的焦点问题。

本书对中小企业人力资源管理问题的研究是基于4个现实问题而提出的：第一，作为中小企业人力资源管理的主体——企业——囿于自身的条件和管理目标的差异，其管理行为常常表现在人力成本控制与企业市场趋利性；第二，中小企业人力资源管理自身的不确定性、复杂性等特征都会对企业和社会环境产生更强的依赖性，尤其是对企业人力资源开发与培养的投入和环境维护等行为提出更高要求，而现阶段中小企业人力资源管理存在投入不足、制度设计不合理、协同效应缺失等问题；第三，伴随着知识经济时代的到来，人力资源管理的创新与变革也要依赖企业系统内其他管理成果支持与协同创新，因此，中小企业能否做到企业内各管理职能间管理链条的协同与转化则成为亟待解决的问题；第四，随着互联网和大数据时代的到来，转变企业管理方式，实现企业信息化、网络化、平台化已成为中小企业创新变革谋发展的首要问题。中小企业人力资源管理所要承担的人才信息化、网络化技能培养和开发的责任愈来愈受到企业的普遍关注。本书正是在对上述现实问题的深刻剖析基础上，从人力资源 3P 模式的提出与构建，到人力资源管理模式的创新与转变，对中小企业人力资源管理的难点提出了相应的解决对策。

朱丽献

2018 年 4 月

目 录

第 1 章　中小企业的内涵与管理特征

1.1　中小企业的内涵与发展

1.1.1　企业的内涵

（1）企业的内涵与基本属性

企业是人力资源管理的核心载体。研究中小企业人力资源管理难题应该从认识企业开始。关于企业内涵的表述，中外学者们的研究观点往往因研究角度、研究目的和时代背景的差异而各不相同。如古典经济学认为，企业是一个生产函数，它描述的是在给定的生产技术状况条件下，生产要素的投入量与产品的最大产出量之间的物质数量关系。诺贝尔经济学奖获得者罗纳德·科斯认为，企业是价格机制的替代物。这一定义解释了企业在一个专业化交换的经济中出现的根本原因。美国《现代经济词典》（1973）给企业下的定义为：企业（establishment）是美国普查局使用的统计概念，它包括设在一定地点、拥有一个或一个以上雇员的工厂、商店或办事机构。[1]德国的卡尔斯滕·施密特教授则认为，企业应具有三个标志，即独立性、在市场中从事有偿的活动、其持续经营具有计划性和目的性[2]；日本学者对企业的界定则更为扩大，认为还应包括在政府和地方政府指导下从事以不追求利润为目的的公共财物生产和劳务提供的公营企业和民众基于互助合作而经营的合作企业[3]。

我国学者对企业概念的界定一般都从管理的角度出发，基于管理的载体——经济组织——的视角提出，并常与法人、公司等法律概念相混淆。如有的学者认为，企业一般是指从事生产和流通、给社会提供商品或劳务、为盈利而进行自主经营、具有法人资格的经济组织[4]。有的学者则认为，企业是指依法成立并具备一定组织形式，以营利为目的独立从事商品生产经营活动和商业服务的经济组织[5]。实际上，企业一词源于英语中的“enterprise”，并由日本人将其翻译成汉字词语，而传入中国。“enterprise”原意是企图冒险从事某项事业，且具有持续经营的意思，后来引申为经营组织或经营体[6]。《中国企业管理百科全书》（1984）将企业（enterprise）界定为从事生产、流通等经济活动，为满足社会需要并获取盈利，进行自主经营、实行独立经济核算，有法人资格的基本经济单位。

那么，到底什么是企业呢？一般来讲，企业是指从事生产、流通或服务等活动，为满足社会需要进行自主经营、自负盈亏、承担风险、实行独立核算，具有法人资格的基本经济单位。但企业与法人、公司等概念不同，它并非严格意义上的法律概念，而是一种作为客观事实的社会现象，一种相对独立且持续存在的各生产要素相结合的组织体。很多时候，企业被法律视为权利的客体而存在，而非主体意义上的"人"，作为权利客体的企业是用以从事经营活动的财产综合体，作为财产综合体的企业在整体上是不动产。企业在整体上以及企业的一部分可以是买卖、抵押、租赁和与设立、变更及终止物权有关的其他法律行为的客体。作为财产综合体的企业包括所有各种用于其活动的财产，其中包括土地、建筑物、构筑物、设备、器材、原料、产品、请求权、债务，以及对使企业、企业产品、工程和服务个别化的标志的权利和其他专属权，但法律和合同有不同规定的除外。[7]

无论从哪个角度来界定企业的内涵，企业的基本属性主要应该表现在三个方面。第一，企业是以市场为导向、以营利为目的，从事商品生产和经营的经济组织。也就是说，只有那些从事商品生产和经营的经济组织才可能是企业。企业为社会提供的商品，必须通过市场交换，才能使生产商品所耗费的个别劳动被社会承认，从而实现商品的价值。因此，企业必然受价值规律的支配，必然是以市场为导向、以营利为主要目的而开展各种生产经营活动的经济组织。第二，企业是实行自主经营、自负盈亏、独立核算的社会经济单位。企业通过交换实现了商品价值后，一部分要补偿生产经营中的各种耗费，并依法上缴各种税收，剩余部分则构成企业的盈利，由企业自主支配。若收不抵支、发生亏损，则由企业自己抵补。对生产经营中发生的债务，由企业负责清偿，直至破产抵债。第三，企业是依法成立、依法经营的经济实体。企业必须严格依照法律规定的程序，经由工商行政管理机关核准登记才能设立，并要在规定的经营范围内进行生产经营活动。

以上几个要点是由市场经济的一般属性所决定的，不论是何种社会体制下的企业均要体现以上几个要点。所以，理解企业的内涵，其意义主要不在于判断某一组织是否为企业，而是要求人们遵循市场经济的客观规律，按照经济组织的特点，科学地管理企业。

（2）企业的基本要素

从企业的内涵看，其行为和人格特征是自主经营、自负盈亏、依法成立的经济实体。因此，企业是具有民事权利能力，依法独立享有民事权利和民事义务且以满足社会需要和获取盈利，以追求自身利润最大化为根本目标的组织。因此，作为一个企业，必须具有以下基本要素：

① 拥有一定数量的、一定技术水平的生产设备和资金；

② 具有开展一定生产规模和经营活动的场所；

③ 具有一定技能、一定数量的生产者和经营管理者；

④ 从事社会商品的生产、流通等经济活动；

⑤ 进行自主经营、独立核算，并具有法人地位；

⑥ 生产经营活动的目的是获取利润。

这些基本要素中最本质的要素是企业生产经营活动目的的获利性。但关于企业追求利润的观点存在两种不同认知：一种观点认为，企业是以获取利润为目的的经济组织；另一种观点则认为，企业需要利润，但同时又必须承担一定的社会责任，为社会提供服务，否则企业就不可能生存和发展，追求利润不是企业的唯一目的，利润是指为社会提供服务的合理报酬，是服务的结果。显然，相对于前一种观点，后一种观点更符合社会长远发展的战略眼光，符合人类社会文明进步的更高要求。

（3）企业的基本特征

企业的特征是企业的本质，是企业与非企业的区别所在。企业的特征具体表现为 5 个方面。

① 经济性。

企业的经济性表现为两个层面：一是组织属性的经济性。企业作为经济细胞的组织，具有区别于从事非经济活动的政府部门、事业单位、军队、民间组织、学术团体等非经济组织的最本质的特征，即企业是一种以经济活动为中心、实行全面的经济核算、追求经济效益的组织；二是经济活动的营利目的。企业组织的经济活动具有独立的经济利益，在生产经营活动中必须主动积极地提高生产力，不断改善经营管理，以最少的物质消耗与劳动消耗获取最大的利润。因此，经济性是企业的组织属性，营利是企业组织设立的出发点，也是得以生存的条件。任何企业都是以赢取利润为直接和基本目的，利用生产、经营某种商品的手段，通过资本经营，追求资本增值和利润最大化。

② 组织性。

企业的组织性表现为规范性和自主性。一方面，企业不同于个人、家庭，它是一种有名称、组织机构、规章制度的正式组织，它是由企业所有者和员工主要通过契约关系自由地（至少在形式上）组合而成的一种社会组织；另一方面，企业拥有独立的、边界清晰的产权，具有完全的经济行为能力和独立的经济利益，实行独立的经济核算，能够面对市场环境，自主地依据市场需求状况和可能发生的变化以及自身条件来确定如何开展生产经营活动。因此，自主性是企业生存和发展的基本条件。

③ 合法性。

任何企业都必须“依法设立”。首先，要依法登记，设立企业必须依照法律和国家有关规定，报请政府或政府主管部门审核批准。经工商行政管理部门核准登记，发给营业执照，企业取得法人资格。其次，企业拥有能独立支配的财产并依法享有占用、使用、受益和处分的权利。最后，企业能以自己的名义参与经济法律关系，依法享有民事权利并承担义务。

④ 开放性。

企业的发展离不开与外部环境的交流与互动。首先，企业是一个耗散结构系统，它必须通过不断地与外界进行能量、物质和信息的交换，调整自己的内部结构，以适应市场环境的变化，并发展和壮大自己；其次，企业是一个社会组织，它与社会发生着广泛、各种各样的社会关系。企业所从事的生产经营活动不仅是社会化大生产的一个组成部分，也是社会经济系统中的一个子系统。企业既依赖于社会的进步和国家的富强，也依赖于政府对社会的管理，它从属于政治和社会体系，还要承担一定的社会责任。

⑤ 竞争性。

企业是市场经济体系中最主要的经济组织，且企业具有开放性的特征决定了与市场环境之间的交融和依存关系，而竞争又是市场经济的基本规律，因此，企业要生存、发展，就必须参与市场竞争，并在竞争中取胜。企业的竞争性表现在它所生产的产品和提供的服务要有竞争力，要在市场上接受用户的评判和挑选，要得到社会的承认，社会和市场的承认就成为企业发展和存续的根本理由。

1.1.2　中小企业的界定与发展

（1）中小企业的界定

① 我国中小企业的相关统计数据。

据国家统计局相关数据显示[8]，2016 年年底，中小企业户数占全部企业总数的 97.5%，其中规模以上中小工业企业（以下简称“中小企业”）37 万户，比 2015 年年底增加 0.5 万户。其中，中型企业 5.4 万户，占中小企业户数的 14.6%；小型企业 31.6 万户，占中小企业户数的 85.4%。同年，中小企业实现主营业务收入 72.2 万亿元，占工业企业主营业务收入的 62.7%，同比增长 6%，增速比上年提高 2.5 个百分点，比同期工业企业增速（4.9%）高 1.1 个百分点。其中，中型企业实现主营业务收入 28.5 万亿元，同比增长

5.3%；小型企业实现主营业务收入43.7万亿元，同比增长6.5%。2016年，中小企业实现利润总额4.3万亿元（占工业企业利润总额的62.8%），同比增长6.2%，增速比上年提高2个百分点。2012年，我国工信部中小企业司司长田川表示，中小企业不仅贡献了60%以上的GDP、50%以上的税收，还创造了80%以上的城镇就业。这些统计数据足以说明中小企业在确保经济稳步增长、缓解就业压力、实现科技创新、优化企业结构、促进社会稳定等方面发挥着重要作用。

但是，由于市场环境、体制、产业结构和经济发展观念等各种原因，我国中小企业的生存和发展也面临着巨大挑战。例如，在我国中小企业比较集中的发达地区，江浙一带出现了大量负债外逃的企业经营者和民营企业的倒闭，这在一定程度上显现了我国以民营经济为主的中小企业正陷入新一轮的生存困境。因此，本书正是在这样的背景下正视并理清我国中小企业所面临的发展与生存的困境与原因。根据已有的文献和社会调查看，我国中小企业出现这样情况的原因是多方面的，有中小企业内部的人才匮乏、管理能力低下等原因，也有外部的融资难、非市场干扰等原因，但外部原因很大程度上不是一个企业所能控制和预测的，那么从企业内部去诊断制约企业发展的原因并提出相应对策则是本书的根本出发点。

② 中小企业的界定与调整沿革。

对中小企业人力资源管理问题进行研究，首先要区分什么是中小企业。目前，在整个企业界似乎存在这样一种观点："中小企业本身是弱势群体，但不可或缺。其创造了巨大的社会财富和价值，因此政府和社会应该提供更多的支持与优惠政策。"事实上，世界各国也都出台了各种各样的扶持政策和相应的法规来促进和保护中小企业健康成长。例如，如果一家企业被认定为中小企业，它就可以获得税收减免、政府贴息贷款，享受专为中小企业留出的政府采购合同、简化的债券发行条件、较为宽松的破产程序等多项政府扶持措施。总之，科学合理地界定中小企业，一方面，可以为研究中小企业者提供统一的研究视角和数据统计口径；另一方面，也给各级政府管理部门制定和出台政策提供准确的决策依据，如决策所需的具体企业规模、结构、发展运行指标等各项数据和信息资料等。

目前，理论界对于中小企业有广义和狭义两个概念。广义的中小企业，一般是指除国家确认为大型企业之外的所有企业，包括中型企业、小型企业和微型企业；狭义的中小企业则不包括微型企业，人们通常认为微型企业是指雇员人数在8人以下的具有法人资格的企业或个人独资企业、合伙企业以及在工商行政管理局登记注册的个人或家庭经济组织等。国际上，关于中小企业的界定标准会因各国的经济发展情况不同，采取完全不同的确认标准和办法。一般而言，世界各国对中小企业的界定主要采取定量界定方法。定量界定主要包括从雇员人数、资产资本额以及营业额三方面进行界定。例如，第一类是以单一从业人数作为界定标准，如意大利和法国；第二类是既可以用从业人数作为界定标准，又可以用资本额或营业额作为界定标准，如日本；第三类是同时采用从业人员和营业额作为界定标准，但不同行业选取不同，如美国。

我国对中小企业的划分标准也是经历了几次调整：新中国成立初期至改革开放以前，我国按照政策的目的对企业采用固定资产价值来划分企业规模。到1962年，我国改为按人员标准对企业规模进行划分，如职工人数超过3000人的企业为大型企业；职工人数500~3000人为中型企业，职工人数500人以下为小型企业。[9]但市场取向的经济体制改革以来，通过政策层面对私有经济由限制向鼓励的转变以及“抓大放小”的国有企业产权改革，中小企业的主体逐渐演变为私营经济，因此，对中小企业的标准界定具有比西方国家更丰富的政策含义和政策取舍。

总的来说，1978年至今，我国关于中小企业标准的界定主要有5次：第一次，1978年4月，国家计委根据企业的综合生产能力对企业类型进行了重新划分，发布了《关于基本建设项目和大中型企业划分标准的规定》，把划分的标准改为年综合生产能力。第二次，1984年9月，国务院《国营企业第二步利改税试行办法》指出：对中国非工业企业的规模应按照企业的固定资产原值和生产经营能力来确定划分标准，主要涉及的行业有公交、零售、物资回收等国营小企业。第三次，1988年4月，国家颁布了统一的《大中小型工业企业划分标准》，并把企业划分为特大型、大型、中型和小型四种，其中大、中型企业又分别被划分为两个层次。中小企业指中型二档和小型企业。第四次，1999年，我国又对企业类型进行了重新分类，仍然保留了4种类型，并根据企业的销售额对企业的分类作了调整。第五次，2011年6月，为贯彻落实《中华人民共和国中小企业促进法》和《国务院关于进一步促进中小企业发展的若干意见》（国发〔2009〕36号），工业和信息化部、国家统计局、发展改革委、财政部研究重新制定了《中小企业划型标准规定》。同年9月，国家统计局印发了《关于印发统计上大中小微型企业划分办法的通知》（国统字〔2011〕75号），该办法进一步明确了大中小型企业划分标准，具体标准根据企业从业人员、营业收入、资产总额等指标，结合行业特点制定。该办法按照行业门类、大类、中类和组合类别，依据从业人员、营业收入、资产总额等指标或替代指标，将我国的企业划分为大型、中型、小型、微型等4种类型。具体划分标准见表1-1。

表 1-1　　我国大中小微型企业划分标准

行业名称	指标名称	计量单位	大型	中型	小型	微型
农、林、牧、渔业	营业收入(Y)	万元	Y≥20000	500≤Y<20000	50≤Y<500	Y<50
工业 *	从业人员(X)	人	X≥1000	300≤X<1000	20≤X<300	X<20
	营业收入(Y)	万元	Y≥40000	2000≤Y<40000	300≤Y<2000	Y<300
建筑业	营业收入(Y)	万元	Y≥80000	6000≤Y<80000	300≤Y<6000	Y<300
	资产总额(Z)	万元	Z≥80000	5000≤Z<80000	300≤Z<5000	Z<300
批发业	从业人员(X)	人	X≥200	20≤X<200	5≤X<20	X<5
	营业收入(Y)	万元	Y≥40000	5000≤Y<40000	1000≤Y<5000	Y<1000
零售业	从业人员(X)	人	X≥300	50≤X<300	10≤X<50	X<10
	营业收入(Y)	万元	Y≥20000	500≤Y<20000	100≤Y<500	Y<100
交通运输业 *	从业人员(X)	人	X≥1000	300≤X<1000	20≤X<300	X<20
	营业收入(Y)	万元	Y≥30000	3000≤Y<30000	200≤Y<3000	Y<200
仓储业	从业人员(X)	人	X≥200	100≤X<200	20≤X<100	X<20
	营业收入(Y)	万元	Y≥30000	1000≤Y<30000	100≤Y<1000	Y<100
邮政业	从业人员(X)	人	X≥1000	300≤X<1000	20≤X<300	X<20
	营业收入(Y)	万元	Y≥30000	2000≤Y<30000	100≤Y<2000	Y<100
住宿业	从业人员(X)	人	X≥300	100≤X<300	10≤X<100	X<10
	营业收入(Y)	万元	Y≥10000	2000≤Y<10000	100≤Y<2000	Y<100
餐饮业	从业人员(X)	人	X≥300	100≤X<300	10≤X<100	X<10
	营业收入(Y)	万元	Y≥10000	2000≤Y<10000	100≤Y<2000	Y<100
信息传输业 *	从业人员(X)	人	X≥2000	100≤X<2000	10≤X<100	X<10
	营业收入(Y)	万元	Y≥100000	1000≤Y<100000	100≤Y<1000	Y<100
软件和信息技术服务业	从业人员(X)	人	X≥300	100≤X<300	10≤X<100	X<10
	营业收入(Y)	万元	Y≥10000	1000≤Y<10000	50≤Y<1000	Y<50
房地产开发经营	营业收入(Y)	万元	Y≥200000	1000≤Y<200000	100≤Y<1000	Y<100
	资产总额(Z)	万元	Z≥10000	5000≤Z<10000	2000≤Z<5000	Z<2000
物业管理	从业人员(X)	人	X≥1000	300≤X<1000	100≤X<300	X<100
	营业收入(Y)	万元	Y≥5000	1000≤Y<5000	500≤Y<1000	Y<500

续表 1-1

行业名称	指标名称	计量单位	大型	中型	小型	微型
租赁和商务服务业	从业人员(X)	人	$X \geqslant 300$	$100 \leqslant X < 300$	$10 \leqslant X < 100$	$X < 10$
	资产总额(Z)	万元	$Z \geqslant 120000$	$8000 \leqslant Z < 120000$	$100 \leqslant Z < 8000$	$Z < 100$
其他未列明行业＊	从业人员(X)	人	$X \geqslant 300$	$100 \leqslant X < 300$	$10 \leqslant X < 100$	$X < 10$

（注：大型、中型和小型企业须同时满足所列指标的下限，否则下划一档；微型企业只须满足所列指标中的一项即可。带＊的项为行业组合类别。）

（2）中小企业的发展历程

历史实践表明，我国中小企业经历了由小到大、由弱到强的发展过程，经济实力、发展质量日益提高，许多中小企业不但成为国内行业的龙头企业，而且开始在国际上崭露头角，如民生银行、华为、万科、万达、美的、京东、百度等。纵观我国中小企业的发展历史，大致经历了以下 7 个发展阶段[10]。

① 20 世纪 50 年代初期的初创阶段。

在新中国成立初期，个体经济产值占国内工农业总产值的 90%，现代工业占 10%左右，个体经济自然是以小企业为主。即使是在现代工业中，小企业也占重要地位。民族资本在整个现代工业中占 20%，而从规模上统计，全国的民族资本主义工业企业 12.3 万家，职工 164 万人，资本 20 多亿元，平均每户企业有职工 13 人，资本 1.6 万元，由此可见，新中国成立以后经济发展的主体是中小企业。而且，为了恢复和发展经济，私营中小企业一度受到扶持。1950 年 6 月，党的七届三中全会确定的调整工商业的具体措施主要包括：第一，政府扩大对私营企业的加工订货和产品收购，帮助其恢复和维持生产；第二，适当收缩部分国营商业企业，国营商业企业主要经营粮食、食用油等几种居民主要生活必需品，给私营企业较大的发展空间；第三，在保证财政合理负担的情况下，适当地调整和减低私营企业的税收；第四，银行给予私营企业资金支持，改进和扩大对私营企业的贷款额度；第五，适当放宽对私营企业经营范围的限制；第六，调整劳资关系，纠正劳方某些过高的要求，以保证私营企业生产和经营的成本控制在较为合理的范围之内。

经过近三年的休养生息，调整工商业的各项措施收到了明显的效果，私营中小企业得到了较快的发展。据对上海、北京、天津等 10 个大、中城市的统计表明，1952 年与 1949 年比较，私营企业增加了 26 万户，增幅达 21.6%，工业总产值增加 36.98 亿元，增幅达 54.2%，这些私营企业基本上都是中小企业。

② 20 世纪 50 年代初期到中期的过渡发展阶段。

经过短时间的经济恢复和调整，中央提出和实施了向社会主义时期过渡的总路线，提出私营中小企业实行公私合营、手工业实行合作化、发展国有中小企业。到 1956 年年上半年，全国实行公司合营的工业企业占原来私营工业企业的 97. 3%，从业人员占 97. 7%，产值占 99. 1%。根据行业特点和国家计划经济的需要，各地、各行业陆续成立了一些专业公司，这些公司把同行业系统的中小企业串联起来，形成相对紧密的联合体，中小工业企业的比重相应有所降低。而手工业的改造在 1956 年年底全面完成，全国手工业合作社发展到 10 万多户。经过上述工商业的改造，中国中小工业企业的所有制结构发生了深刻的变化，中小企业的国有化程度达到 73%以上，公私合营占 26%左右。与此同时，在“一五”期间，国家投资达 271. 62 亿元，90%以上的项目是中小企业，通过改造，中小企业占全部企业的比率进一步降低，所有制结构以国有为主。在“一五”期间，工业产值增长十分迅速，这是与中小企业的合并相联系的。

③ 20 世纪 50 年代末期的运动式发展阶段。

1958—1960 年是“大跃进”时期，出现了“全民大办企业”的群众性运动，此时，中小企业也急剧膨胀。1959 年年底，全国工业企业达到 31. 8 万户，比 1957 年增加了 14. 85 万户，增加部分主要是地方的中小企业。这些中小企业的诞生脱离了经济发展的实际，在“全民大炼钢铁运动”驱动下，中小企业以“五小”（“五小”是指浪费资源、技术落后、质量低劣、污染严重的小煤矿、小炼油、小水泥、小玻璃、小火电）为主，规模显著不经济，使工业结构严重失调，效益大幅度下降，工业劳动生产率下降了 7. 8%。

④ 20 世纪 60 年代至改革开放前的调整发展阶段。

随着“五小”运动式发展所带来的负效应越来越明显，中央很快就对中小企业实行了“关、停、并、转”方针，主要措施：第一，关掉一批省辖市、专区所属和大部分县办的中小企业；第二，原则上停办农村和城市公社的中小企业；第三，清理城市手工业企业，全面提高中小企业素质。到 1964 年为止，工业企业总数由 1960 年的 25. 4 万户减少到 16. 1 万户，集体所有制企业由 15. 8 万户减少到 11. 6 万户。1964 年以后，中小企业基本没有增加，出于解决就业压力的考虑，1970 年以后，全国的小企业数量有所恢复，兴办的小企业主要是街道集体企业，但它们对经济总量的贡献几乎可以忽略不计。事实上，“大跃进”和“文化大革命”时期形成的小企业并不是真正市场经济意义上的小企业，它们在生产和销售的质和量上都没有市场基础，它们的生存不是市场选择的结果，而完全是计划的产物，效益低下也就难以避免。

⑤ 改革开放至 20 世纪 90 年代初期的促进发展阶段。

1978年以后，随着农村经济体制的改革，中小企业首先以乡镇企业的形式开始大幅度增加。1978—1994年，全国乡以上中小企业由34.7万户增加到52.7万户，增幅为52%。1995年，全国乡及乡以上的工业小型企业56.91万户，比1978年的34.40万户增加52%，并且数量达到历史最高。在改革开放初期，农村的乡镇企业在政策上依然受到歧视。1979年，党的十一届四中全会通过《关于加快农业发展若干问题的决定》，提出社队企业要有大发展，要逐步提高社队企业占三级经济收入的比重。1979年，国务院颁发了《关于发展社队企业若干问题的规定（试行草案）》，推出了一系列扶持社队企业发展的措施，从客观上它是我国改革开放以来第一个促进中小企业发展的政策文件。1984年，中共中央、国务院转批农牧渔业部《关于开创社队企业新局面的报告》，要求把社队企业改为乡镇企业，随后在中央4号文件和《关于进一步活跃农村经济的十项政策》的指引下，政府各部门都先后制定了鼓励乡镇企业发展的各项政策措施。经过社会主义改造，在“文化大革命”之前，我国大型的私营企业已经消失，因此，私营企业在改革开放后发展壮大的历史也就是中小企业发展历史的一个方面。并且，与同是中小企业的乡镇企业不同的是，个体私营经济的政治地位在改革开放后经过了逐步合法的变化过程，国家政策先是只承认个体经济，随后承认私营经济，但是限制其发展，最后私营经济从社会主义经济的补充地位上升到社会主义经济的有机组成部分，国家政策也由限制私营经济发展到鼓励私营经济发展。1983年，中央在《关于当前农村经济政策的若干问题的通知》中明确，农村个体工商户或者种养能手，请帮手、带徒弟，可以参照对城镇私营经济的相关文件执行。随后，私营经济就首先在农村开始发展、壮大起来。在这一阶段，我国中小企业在发展过程中，存在着比较明显的地区差异，中小企业的分布特征基本上与我国的区域经济发展格局特征一致。如在改革开放初期，沿海地区发展较早，发挥了劳动力资源的比较优势，中小企业发展较快。东部地区尤其是东部沿海地区，经济发展水平和市场化程度高，私营经济起步较早。相对于中西部、东部地区的中小企业在数量和规模上处于优势地位。

⑥20世纪90年代至21世纪的扶持发展阶段。

在这一阶段，我国经济政策调整和产业结构的变动不仅推动了经济的迅速发展，而且改变了企业结构。如20世纪90年代以来，在“抓大放小”政策的作用下，一批大型的企业集团正在崛起，这就给我国中小企业带来了巨大的外部压力。中小企业的竞争环境和竞争对手都发生了变化。在开放经济的格局下，跨国公司大举进入中国，中小企业的结构和布局经历着严峻的考验。跨国公司在华投资规模大且注重系统化，投资重点在高科技产业。在我国的一些行业和地区，跨国公司已经在市场份额、品牌、技术、控股等方面形成了控制或准控制局面。与跨国公司相比，中小企业无论是在规模上，还是在跨行业、跨地区、跨国经营的产业范围上，很难与跨国公司抗衡。虽然我国在钢铁、煤炭、化工、建材、彩电等主要产业的生产能力名列世界前列，但与之不匹配的是，我国企业规模过小，生产能力分散，规模经济和范围经济均不明显，国际竞争力很脆弱。随着政府机构改革的进行，国家经贸委对中小企业的发展上的宏观指导职能得到了进一步明确，1998 年成立了专门负责中小企业改革与发展的中小企业司，中小企业的地位得到空前的重视。为适应我国中小企业发展的需要，1999 年 3 月，九届全国人大二次会议通过的《中华人民共和国宪法修正案》提出："个体、私营企业作为国民经济的重要组成部分。"同年 8 月，颁布了《中华人民共和国个人独资企业法》，对个人独资企业的有关方面作了明确规定。这部法律的颁布和实施，为我国个人创业提供了必要的法律保障和良好的外部政策环境。

⑦ 21 世纪以来的迅猛发展阶段。

进入 21 世纪以来，国家对中小企业的支持力度不断加大。党的十四大以来，包括中小企业在内的非公有制经济的发展步入快车道。特别是 2014 年以来，国务院推出"大众创业，万众创新"、"简政放权"、商事制度改革、产权制度改革等多项措施，激发了民间创业热情，中小企业注册数量大幅增长。据国家工商总局统计，截至 2016 年年底，全国实有各类市场主体 8705. 4 万户，全年新设市场主体 1651. 3 万户，比上一年增长 11. 6%。2014 年商事制度改革以来，新登记企业保持较快增长势头，每年以超过 23%的速度增长，2016 年全年新登记企业 552. 8 万户，平均每天新登记企业达 1. 51 万户。截至 2015 年年底，私营企业由 2011 年的 967. 68 万户增长到 1908. 23 万户，接近翻番。全国登记个体工商户由 2011 年的 3756. 47 万户增长到 5407. 92 万户，增长 43. 96%。2015 年 10 月 1 日，"三证合一""一照一码"登记制度改革全面实施，当年 11 月、12 月，全国新登记企业数量连创新高，分别达到 46 万户、51. 2 万户。据统计，在新登记的企业中，96%属于民营企业。目前，私营企业数量已占全部企业数量的 85%左右。

总之，经过改革开放 40 年的发展，中小企业创造的社会财富迅猛增加，民营经济创造的 GDP 占比已从改革开放初期的 1%发展为 2015 年的 50%以上，河南、浙江、辽宁、河北、福建等省份的民营经济产值超过 60%，甚至高达 70%以上。截至 2016 年年底，全国规模以上工业企业中，私营企业实现利润总额 24325. 3 亿元，同比增长 4. 8%，较上年提高 1. 1 个百分点，较 2011 年增长 46. 36%。从税收角度看，来自民营企业的税收占全国税收的 50%以上，超过来自国有企业的税收，成为我国主要的税收来源。部分民营经济发达的省份这一比重更高，接近 70%。在 2015 年国家税务总局统计的全国纳税 500 强企业中，民营企业税收增长迅猛，同比增长 32.6%，远超其他所有制类型的企业，说明中小企业正在成为经济转型发展的重要引擎。在解决就业方面，中小企业俨然成为就业的蓄水池。据国家工商总局调查，2014 年商事制度改革后一年内新设企业带动增加 1890.70 万个就业岗位。改革前一年，新设企业带动增加 1699.76 万个就业岗位，改革后一年比改革前一年多提供 190.94 万个就业岗位，增长 11.23%。小微企业成为带动就业的主力军。调查结果表明，改革一年来新登记企业中，从业人员在 20 人以下的企业数量占比达到 88.26%，其中 10 人以下的企业占比高达 69.64%，改革后对从业人员较少、规模较小的小微企业有较大的促进作用。

1.2 中小企业的管理特征与现状

1.2.1 我国中小企业管理的内涵

研究中小企业管理的内涵，首先要了解企业管理的内涵与构成要素。其次，要了解管理的基本职能。企业管理的手段就是管理的基本职能。管理者在开展管理活动中就是依靠对管理的基本职能的理解、运用来达到管理目标的，企业管理更是如此。

（1）企业管理的内涵

所谓企业管理，就是由企业的管理层（或管理者）通过计划、组织、领导、控制等手段，对企业的经营管理活动采取以提高效益、实现盈利为根本目的的一系列活动的总称。企业的管理活动包括两大部分：一部分是属于企业内部的活动，即以生产为中心的基本生产过程、辅助生产过程以及生产前的技术准备过程和生产后的服务过程，对这些过程的管理统称为生产管理；另一部分是属于企业外部的，涉及产品在企业外部市场环境、社会经济活动中的流通、分配和消费等过程，包括战略管理、经营决策、市场调研与预测、物流管理、市场营销、客户关系、售后服务等，对这些过程的管理称为经营管理，是生产管理的延伸。

随着现代市场经济的发展，企业管理的活动逐渐由以生产为中心的内生型管理发展为以生产经营为中心的外延型管理。因此，企业内部管理的任务是不仅要合理地组织企业内部的生产活动，还必须把企业外部的经营活动视为企业融入社会经济系统的战略选择，加以重视。企业要充分尊重客观经济规律，科学地组织并配合企业的全部经营活动。

（2）企业管理的要素

一个完整的企业管理活动，主要由以下 4 个要素构成。

① 管理的主体。

管理的主体，即管理活动的实施者，这是管理活动的灵魂。前面提到，企业管理就是由企业的管理层（或管理者）对企业采取的一系列经营活动的总称。这里的管理层或管理者就是管理的主体。虽然，从广义上讲，企业的每一名员工都是不同活动、不同范围和不同程度的管理者，但企业中处于管理层顶端的董事长、总经理以及管理中下层的部门负责人和基层班组长等均属于狭义上的管理者。管理活动不是自发的或人们的本能活动，而是人们对客观事物的认识并付诸实践以及加以有目的控制的主观能动反映。因此，它在很大程度上体现了管理者的主观意识。这种意识既包括人们对客观事物的正确认识，也包含了片面的、静止的，甚至错误的认识。因此，管理活动的方式多种多样，效果也大相径庭。

② 管理的客体。

管理的客体，即管理者的工作对象。企业中的管理客体可谓多种多样。从构成要素上讲，有企业的人、财、物、信息和时间；从经营过程上讲，是企业的供、产、销和分配。任何事物都是不断发展变化的，管理活动是因事物而施，故本身也带有很强的动态性，它反映了人们对客观事物发展规律认识的加深和熟练运用以及较强的控制能力。管理的主体和客体是对立的统一，它们互以对方为存在的条件；无主无所谓客，反过来说，无客无所谓主。在一定条件下，二者可以相互转化，既可以反主为客，也可以反客为主。实际上，企业中的全体员工在某一方面都是管理的主体，而在另一方面又受制于他人，成为管理的客体。

③ 管理目标。

管理的目标，即管理者对企业各项经济活动管理的目的及量化值。管理目标是任何一项管理活动的动因、出发点和归宿，它是人们制定和实施管理方案与措施的依据及管理活动效果评价的标准。制订正确的管理目标，是管理活动的重要前提。管理目标必须建立在人们对客观事物发展变化正确的认识基础之上，它反映了人们对管理活动的美好愿望。但目标能否实现，则要受多因素制约。如目标本身的合理与否，方案是否科学，实施时机是否恰当，管理效率高低，等等。

④ 管理职能。

管理职能则是对管理业务分工的需要，是管理工作的具体体现。管理主体就是通过具体职能而作用于管理客体，达到管理的目标。理论界对企业管理的具体职能说法不一，但依然有共同之处，其中，计划、组织、领导和控制就是人们认识比较一致的 4 种职能。其中，计划确立组织目标，制定实现目标的策略。计划决定组织应该做什么，包括评估组织的资源和环境条件，建立一系列组织目标；组织则确定组织机构，分配人力资源；领导是完成组织目标的关键，是利用组织赋予的权力和自身的能力去指挥和影响下属，创造有利于实现组织目标的内部环境的管理过程；控制是为了保证系统按预定要求运作而进行的一系列工作，包括根据标准及规则，检查监督各部门、各环节的工作，判断是否发生偏差和纠正偏差。

1.2.2 我国中小企业的管理特征

相对于大企业而言，我国中小企业具有以下5个方面的管理特征。

（1）企业数量大，覆盖面广

首先，我国中小企业虽然在员工人数、销售额、资产总额等方面均小于大企业，但是在数量上占绝对优势。正如前文提到的，2016年年底，中小企业户数已经占到全部企业总数的97.5%，其中，中型企业5.4万户，占中小企业户数的14.6%；小型企业31.6万户，占中小企业户数的85.4%；其次，我国中小企业的行业分布范围很广，几乎涉及所有行业和领域。除了某些技术和资金含量较高的行业和国家专控的特殊行业外，各个行业都有大量的中小企业分布其中。而且，企业产品品种繁多，经营项目范围宽，服务范围广，能为社会需要填平补齐。

（2）企业规模小，但专业化程度高

从经营规模来看，我国中小企业远不如大企业的生产流量大。绝大多数中小企业的销售额都在10亿元以下；在业务范围来看，中小企业所处的行业市场规模本身就属于较小的市场，如服饰配件、小家电或专业化的市场，如某种专用设备、零部件、添加剂，等等。这些业务因为绝对规模较小，通常不适合设备和管理通用化、标准化程度较高的大企业，就是说，不适用规模与范围较大的大型企业进入。但从产品和市场来看，中小企业的专业化程度较高，即便开展多元化的业务，也是进入那些与原有产品在技术和市场上密切相关的领域。具体可以从中小企业板上市的数据看，首批上市的中小企业中大多是定位精准、专业化程度很高的“冷门”企业，产品虽小，市场却较大。例如：黄山永新股份有限公司定位于软包装行业的专业化经营，是中国唯一一家被美国镀膜、涂布复合工业协会吸收为正式会员的单位；浙江新和成股份有限公司的主要产品为维生素E、维生素A等，以维生素E、维生素A的产品价值计算，占全球产销量的10%以上，规模已居全球前三位；浙江凯恩特种材料股份有限公司以高新技术为导向，集研究、开发、生产特种纸为一体，是世界第二大规模电解纸品牌；伟星集团是全球最大的纽扣生产基地，纽扣生产的收入占公司主营业务收入的比重达到60%左右。[11]

（3）企业架构比较简单，应变能力与效率高

首先，中小企业内部组织机构和经营机构比较简单，管理人数和管理层级较少，管理幅度较窄，大多采用集权制管理模式。这种管理架构和模式下，各项管理指令和工作任务容易贯彻，岗位间容易协调配合，从而能够对市场的需求和变化做出及时迅速的反应。其次，中小企业员工无论是高层管理者还是基层员工往往身兼数职。如企业的所有者通常就是企业的经营者、决策者，同时也是各项管理决策的推动者和实施者；在中基层岗位上，很多员工都需要同时扮演很多角色，承担多样化的工作任务，这样在某种程度上缩短了信息传递的链条和有效减少了信息失真，从而提高信息传递和任务执行的效率。再次，在产业组织结构方面，中小企业以其灵活而专业化的生产和经营给配套的大企业带来协作一体化的好处，大大节约了成本，获得较高的盈利空间。同时，以技术、知识密集型为核心的新型产业的突起，也为众多技术型的中小企业提供了广阔的生存和发展空间，只要中小企业不断进行技术创新，开发和引进新技术、新工艺、新产品，赢利的可能性将大大增加。最后，由于中小企业体量小，创业所需的资金和技术方面的“门槛”较低，进入市场较容易，生产易上马，见效也快。特别是，在市场竞争中相对于大型企业而言，中小企业经营手段灵活多变，面对市场瞬息万变的机会能够以较低的转型成本及时调整企业经营方向来顺应市场规律，因此，中小企业特别适应市场需求的多样性、流行性、季节性和地区性，能为市场提供急需、特色产品。这就是“船小好调头”的优势。

（4）企业管理职能淡化，家族式管理色彩浓厚

首先，中小企业的管理职能淡化，具体表现在三个方面。一是企业有组织架构但没有明确职责分工。中小企业的员工即便有明确的岗位职责和岗位说明书，也往往因要身兼数职而产生岗位边界模糊，职责不清的现象。二是企业各项管理制度不健全，存在制度空白。如很多中小企业都缺乏专业的人力资源管理制度，如人力资源规划和工作分析、绩效考核制度。三是企业管理者以经验管理为主，缺乏政策连续性。在企业管理过程中，很多工作都要靠人际关系、亲疏远近和员工自觉来完成。同时，由于管理过程缺乏专业和系统的数据和制度支撑，大多数工作仅凭一个或少数几个核心的领导人物来推动。所以，就会出现领导随意修改、政策不连续等问题。其次，中小企业家族式管理色彩浓厚。中小企业的民营属性非常明显。但无论是家族式还是合伙式，大都选择了家族式管理模式，即企业由一位强有力的人物做统帅，实行高度集权化的管理。在中国，家族化管理是民营企业的一个显著特征。据中国私营企业研究课题组的抽样调查结果表明，私营企业家族化管理相当普遍。在抽样调查的样本中，已婚的企业主，配偶50.5%在本企业做管理工作，9.8%负责购销，已成

年子女 20. 3%在本企业做管理工作，13. 8%负责购销。在所有的管理工作中，26. 7%由投资者担任，16. 8%由投资者的亲属担任，5%由投资者的邻居或同乡担任。[12]

（5）企业管理决策优势突出，管理者差异化明显

中小企业的管理有着决策权限集中、决策迅速、灵活性强等优势，但是也不可避免地存在一些弊端，比如，风险型企业家负担过重、企业家个人素质缺陷难以弥补、决策缺乏战略目光、决策信息收集能力不强，等等。所以，中小企业也必须学习先进的管理经验，加强自身的企业管理。中小企业管理者有着完全不同于大型企业的企业管理特性，除了中小企业的规模比较小，投资比较少之外，还有其他更为根本的[13]。一是中小企业的管理者往往就是企业的所有者，企业为企业家所拥有，企业家为自己管理企业；而大型企业经常采用经理人制度，由企业所有者聘请专业的职业经理人在某一时期内代为管理企业，充分利用他们的管理能力。二是中小企业的管理者是对自己的财产进行管理，所以尤为重视企业的成败，决策也经常出于对风险的掌控；而大型企业的职业经理人是为别人打工，所以更为关注自身的待遇以及发展前景。三是中小企业家在制定决策时不需要考虑他人的风险，自己完全就能制定决策；与之相反，大型企业的经理人的决策权力一定程度上受到企业财产拥有者的限制，需要为企业所有者负责，并在其监控下行使权力。四是中小企业家与员工的距离更近，能够较为经常地进行交流，注重管理的领导艺术；在大型企业里等级严密，制度健全，逐级沟通，具有完善的上级领导的机构体系。五是在中小企业里，决策的传达、信息的沟通往往是非正式的，多采用谈话与口授的形式，是一种比较自由粗放的管理模式；在大型企业里的信息沟通经常是书面的形式传达，有严格的规章制度，要依照流程沟通，这样能使企业的管理规范化，但是也容易产生官僚主义。六是在中小企业里企业家是绝对的领导者，能够提高决策的效率，但是也容易搞成“一言堂”；大型企业的经理决策权力受限，决策影响因素较多，决策效率可能不如中小企业高。

1. 2. 3　我国中小企业的管理现状

（1）企业信息化管理水平处于起步阶段

无论是从国内外经济形势来看，还是从中小企业信息化发展的自身需求来看，加快信息化建设已成为促进中小企业发展的必然选择。但中小企业信息化是一项系统工程，不仅复杂而且艰巨。特别是在“互联网+”新常态下，中小企业信息化要与时俱进，不断创新、延续和发展，应用多元化信息技术提高企业效益。

我国中小企业的信息化建设始于 20 世纪 70 年代末，由于受全球经济一体

化的影响和带动，信息化建设的必要性和重要性被越来越多的中小企业所认识，并开始投身到信息化建设中，但直到90年代才进入高速发展时期。就目前而言，我国中小企业的信息化建设从总体上来说依然处于起步阶段，在IT应用方面水平较低，且层次差异大，情况不容乐观。主要表现在以下几个方面[14]。一是大多数企业未实现信息化管理。许多企业没有建立最基础的企业基本数据库，而初步建成数据库的企业往往对企业的基础数据不够重视，相关资料与票据仍然处于文本存储管理阶段，效率低下且维护困难。二是对计算机的使用仍然处于初级阶段。许多中小企业对计算机的使用仅仅体现在Word文档和Excel表格等最基础的办公软件以及初级的社交软件上，单纯把计算机当作一种文字处理机器和初级信息交流设备。三是局域网以及公司网站的建设滞后。许多中小企业尚未建立自用的局域网，即便在已建立局域网的企业对局域网的应用一般也仅限于最基础的信息交流。很多中小企业由于各种原因未建立自身的网站，而建立企业网站的企业又往往缺少专业的管理与运作，不能及时更新改进，大多无人问津，无法创造效益。

（2）企业的生产运作管理组织化程度较低

生产运作管理指的是在实践生产运作活动中，对工作计划、工作组织以及工作控制等内容进行管理的一系列流程。其中，生产运作是指企业进行原料输入和产品输出的工作流程，实现增值后的产品满足社会所需，从而提升企业的经济效益，生产运作是企业核心组成部分。而生产运作管理则是指生产运作的具体规划设计、计划的具体实施完成以及对生产运作的管理控制等内容。中小企业生产运作管理不仅是实现企业经济效益增长的有效保障，也能够提高企业工作效率，为企业带来丰厚的经济效益。现阶段，我国中小企业为满足社会群众所需，可以在市场调查、购买原材料、制定发展规划、明确生产流程以及售后服务等方面着眼，以此提升自身企业的生产运作管理水平。

目前，我国中小企业的生产运作管理总体上呈现出以下三个方面的特征。一是劳动密集型企业为主，企业产出规模小、技术装备率低。国内市场需求量逐渐增长以及常年的就业压力、我国整体技术实力不够完善是劳动密集型中小企业不断出现的主要原因。这种劳动密集型中小企业的生产产品工艺技术往往比较传统落后，由此导致产品技术含量偏低，附加价值偏少，与我国社会经济整体水平相仿。此外，我国中小企业由于产出规模小、技术装备低，无法实现现代化工艺流程以及小型企业巨人化。二是企业生产组织化程度较低。绝大多数中小企业在进行生产组织设计时，基本能够按照“接受订单—生产计划—采购物料—入仓发料—车间加工—成品出货”这样一个完整的链条来进行生产过程的设计。但在各个环节和层级进行职责设计时则更多的是考虑行政隶属关系，即企业内部的部门设置、岗位设置以及它们的归属关系。也就是说，只有上下管理，没有平行管理，导致管理粗放，企业资源得不到有效的整合与利用。事实上，工厂运作环环相扣，部门间互相影响，如果缺乏互相管理、沟通协调，必然造成各自为政、互不配合的现象发生，这不仅会造成很多问题得不到及时有效地解决，还会使一些关键工作成为无人管理的真空地带。三是我国中小企业生产现场管理水平较低。作为企业生产运行管理的关键环节，现场管理需要谨遵科学的管理思想以及管理方式，实现现场生产要素的合理调配，发挥最大价值。但是，现阶段部分中小企业缺乏相关的管理人员来对生产现场秩序进行维护管理，无法保证所有生产材料以及员工合理发挥，从而影响企业的生产运行效率。

（3）企业经营管理与战略规划滞后

经营管理不仅是企业生存发展的保证，也是中小企业管理活动的基础。但由于我国部分中小企业存在经营管理者素质低、领导战略眼光短浅、领导能力弱、企业融资能力差、投资规模小、设备陈旧落后、政府扶持以及相配套的法律法规缺乏等情况，导致中小企业经营管理落后。当前，中小企业经营管理的压力主要表现在三个方面。一是企业经营战略规划不足。中小企业面对日趋激烈的市场竞争环境，很多企业由于缺乏专业的市场预测和分析人才，无法对企业目标消费者的需求偏好、价格偏好、收入水平等因素进行调查分析。没有科学的市场调研数据就不可能制定出一套系统、完善、统一的市场竞争战略，从而不可避免地在资源配置和组织实施过程中造成很多浪费。二是经营模式僵化、营销战略缺乏创新。中小企业领导素质不高、销售人员专业性不强会导致经营管理模式落后、企业经营方向不合理科学。具体而言，企业经营管理者不能从企业自身的特点出发建立科学合理的营销战略模式，根据市场成长的不同阶段，制定符合市场规模的营销基本目标，了解战略重点及其运用的条件；同时，很多中小企业不注意企业的营销能力分析，不注意分析产品竞争能力、销售活动能力、市场决策能力，不考核产品市场占有率、市场覆盖率、销售增长率、市场扩大率等指标，同时也不对企业销售业绩、销售渠道、销售计划等方面进行考察，不了解消费者需求变化。因此中小企业难以在竞争中取胜。三是中小企业缺乏系统的营销管理制度。企业往往为提升企业销售业绩，人为地在企业内部营造了竞争氛围，以个人销售业绩作为评价和奖励的准则。有些管理者甚至为了提高企业的销售业绩，过分夸大个人能力与工作业绩的关系，销售团队内部的每一位成员普遍存在一种狭隘的竞争意识，对独自完成销售任务和工作安排有着强烈的欲望，这就形成了企业内部销售人员缺乏沟通、各自为战的工作模式。

（4）企业财务管理规范化与内控程度不高

财务管理是中小企业管理工作的基础，也是组织资金运动、处理有关方面财务关系的管理中枢工作。财务管理的价值链和影响力渗透和贯穿于企业的一切经济活动之中。中小企业的资金筹集、使用和分配等一切涉及资金的业务活动都属于财务管理的范畴。近些年来，尽管越来越多的中小企业管理人员已经认识到财务管理的必要性，但是从目前来看，很多中小型企业还是暴露出了大量的财务管理漏洞。具体而言，中小企业的财务管理呈现以下 4 个方面问题。一是财务管理理念落后。如中小型企业财务管理的人员欠缺必要的财务风险管控意识，经常忽视最根本的财务管理。很多财务管理人员认为企业财务的职责便是日常核算、发放工资、提供几份财务报表、报税缴税等；或者认为财务具有一定的管理职能，但这些管理职能就是在企业中充当“免疫系统”，对其他业务起到监督职能，这些对财务管理的认识并没有真正涉及财务管理的最关键职能，使财务管理在企业管理中的中心地位难以确立。特别是财务管理者在拟定管理规划时，通常比较关心中小企业怎么去获取利润和收益、怎么扩大规模等，然而对于核心的财务管理却予以忽视。二是财务管理模式混乱。中小企业普遍存在的问题就是所有权与经营权不能分离，企业投资人同时也是企业的管理者，这就让经营者的个人影响力渗透在企业经营和发展的方方面面，财务管理同样也包含在内。由于企业经营者掌握着企业的各项决策权，对于财务管理工作可以直接进行干预，企业财务的各项工作很难在客观的环境下开展。特别是中小企业管理者大多不是财务专业人员，并不具备财务专业基础知识，他们用非专业的手段对企业财务直接干预所导致的后果就是财务管理模式混乱，甚至有可能出现重大失误，给企业带来负面影响。三是财务管理的流程不够规范。一方面，中小企业的财务会计工作流程普遍存在不规范的问题。例如，有的中小企业财务会计人员对财务工作消极对待，建立起“领导怎么说，我就怎么做”的思维，让本应该走财务程序的各类问题在领导的充分指导下变得更加“简洁和高效”，让财务会计工作流程变得越来越缺乏规范。另一方面，财务管理涉及较多部门，而中小企业各部门缺乏明确的权限与职责划分，因而很难落实全方位的会计稽查制度。四是财务风险控制体系不完善。例如，在实际工作中，多数中小企业缺乏完善的财务内部控制制度、预算管理制度、财务收支审批制度、财务稽核制度、成本费用管控制度、财务分析制度等财务管理制度，致使财务管理混乱，财务监控缺乏制度依据，财务控制环节较为薄弱，进而导致企业会计信息失真、内部成本升高、整体经济效益降低。[15]

（5）企业物流管理意识与手段落后

中小企业间的激烈的竞争使得产品的成本以及产品利润变得非常透明，所以企业开展工作时不仅要注重人才以及技术方面的发展，更要在供应链以及物流方面制定相应的策略，从而提高企业自身的竞争力。现代企业的物流管理是一个企业产品供应量的规划的基础，它可以很好地规划产品的供应量以及供应方式。当一个企业有了属于自身的物流，就可以更好地对企业的经济效益以及产品时间进行控制。所以，物流不仅是运输，同时更是一个企业良好发展的基础。然而，很多的中小企业对于物流的重视度不够，这些企业大部分缺少有关开展物流方面的意识和相关知识。

目前，中小企业的物流管理现状表现在三个方面。一是中小企业的物流管理者往往缺乏现代物流管理意识，管理手段落后。目前，许多中小企业为了自身的发展，在企业的内部设置了物流管理部门，但是管理者对物流管理部门的工作内容和工作职能了解不到位，物流管理理念比较落后。在资金管理、信息建设以及各方面的管理工作能力比较低，缺乏系统的供应链，甚至还会出现严重脱节的状况，使得物流管理存在的问题也越来越严重，严重影响了中小企业的发展。二是物流管理体系不健全、管理模式和流程界定模糊、分工与协作标准不一致等。许多中小企业的物流管理者往往是将传统的仓储与运输管理模式直接套用在现代供应链管理过程中，缺乏专业的物流管理方面的知识。管理者往往凭借经验进行物流管理与操作，在管理过程中会出现指令模糊导致库存不够或者库存积压、运输协同不足、生产线与市场反应不同步等现象，导致不必要的资源浪费，增加了企业的生产和管理成本等。三是缺乏先进的信息技术和网络支撑。许多中小企业由于受到资金和人才方面的限制，物流管理工作缺乏先进的信息技术，影响了中小企业物流管理信息的充分性和安全性。特别是，中小企业物流信息安全对于整个企业来说是至关重要的，关系到企业各个领域的利益，但是，由于提高信息化水平需要很大的资金投入，而中小企业由于受到资金的限制，经常与其他企业共享一个网络服务器，企业没有单独的服务器，这对于中小企业信息保密具有很大的风险，中小企业的信息非常容易丢失或遗漏。[16]

（6）企业技术创新管理动力不足

我国多数中小企业前期经营方式为“小企业家庭型”或“亲友企业型”的非理性管理方式，企业发展到一定层次后，企业经营管理和市场适应能力需要大幅提升，但技术落后、产品单一、设备老化的问题成为阻碍企业发展的核心问题。多数中小企业因创新不足开始走下坡路，甚至连年亏损。面对困境，许多中小企业想改变、想发展、想创新，却有心无力。因此，为给迅速扩大企业利润空间提供更大的可能性，中小企业往往会在市场推广、品牌策划、人力成本控制等方面下功夫，却忽略了产品在技术和价格上都不具竞争力的深层次原因。也就是说，中小企业若想获得持续利润增长，必须要通过开发核心技术、掌握先进管理技术，通过创造出新产品、发掘新市场来保持核心竞争力。近年来，在众多对创新有较强认识的企业家率领下，中小企业创新资金持续增加，发展日新月异，技术创新促进了企业的发展。例如，2015 年中小企业研究与试验发展企业资金经费支出达到 10588. 58 亿元、申请发明专利 1101864 件、科技成果登记数量 55284 件、技术市场成交额 9835. 79 亿美元、高新技术出口额 6552. 97 亿美元等[17]，反映了我国中小企业科技产出能力、水平和效益显著增强。有数据显示：第二次世界大战后，美国中小企业技术创新占全美国技术创新的一半和重大创新的 95%以上。英国小企业协会的调查显示：科技型中小企业人均创新成果比大企业高 2. 5 倍。[18]这说明，中小企业技术创新是国家创新的主力军，在整个创新体系中发挥着非常重要的作用。但我国中小企业的技术创新在整个技术创新体系中却占据次要位置，技术创新水平距离发达国家还有很大的差距。特别是目前在“中国制造”背景下，中国众多中小企业面临许多问题：一是中小企业自主创新能力投入不足，尤其是由于资金不足，创新能力难以进一步提升；二是中小企业缺乏核心技术；三是中小企业缺乏拥有创新意识和创新能力的创新型人才；四是中小企业的技术创新管理模式不具有前瞻性，缺乏严谨性，难以实现技术创新的系统管理，阻碍了企业的技术创新；五是中小企业的内部资源不够丰富，导致其在进行技术创新时存在一定的限制。[19]

（7）企业人力资源管理层次较低

相比于大型企业来说，中小企业的人力资源管理有着鲜明的特点。一是扁平化组织结构下的快捷简单式管理。由于整体规模相对较小，企业规模实力有限，企业内部组织结构大多呈现扁平化的特点。在企业运行过程中，由管理阶层直接进行管理，中间减少不必要的管理人员和管理步骤，这也是中小企业人力资源管理相当普遍的特点。该人力资源管理模式具有直接性的优点，可以将上级的安排直接传达和转化为行动，提高执行力和执行效果。可以说，程序简单的管理模式是中小企业最为鲜明的管理特点和优势，它将人才转化为生产力的效果越来越高，作用更为突出。二是中小企业在人力资源管理方面更加灵活。中小企业相比于大型企业来说，企业经营发展面临着较大的不确定性，这也决定了中小企业的人力资源管理也具有相对灵活性的要求。企业员工无论是在工作时间的安排上，还是工作岗位设置上，都更加方便灵活，可以根据企业的生产经营实际状况随时进行调整，而且企业的管理层以及人力资源管理部门在用人上更加自由灵活，可以采取多种方式调整和配置员工队伍。

但是，从现实中看，中小企业人力资源管理还是存在三个方面的问题。一是使用人才与招聘人才的不对称性。一方面，企业对员工的综合素质要求相对较高。中小企业的员工成本投入有限、员工数量整体来说相对较少，有的岗位甚至需要一人兼任多职，特别是管理人员数量控制更加严格，因此，中小企业在人力资源管理方面要求企业员工应该具有较强的应变沟通能力、实际操作能力以及更高的组织协调能力。另一方面，中小企业的管理者在招聘人才时，往往更加注重技术层面，而且中小企业的产品一般附加值不高，所以也不会招聘很多高学历人才。管理层人员一般为工人提拔或者家族指派，很少从人才市场上招聘高素质人才。二是人力资源管理的基础条件不完善。很多中小企业的人力资源管理看似很完善，但在实际管理中却存在很多潜在风险，主要原因就是没有做好最基本的管理。如人力资源管理缺乏长远的人才供求战略规划，在国内的很多中小企业，对企业人力资源的战略规划尚未形成准确的供求预测，这其中的大部分企业人力资源队伍建设都无法跟上企业发展的需求，在相应的发展中，没有严谨科学的绩效考核，导致企业发展存在很大的障碍。三是企业人力资源管理层次较低，多停留在战术和事务性管理层次上。如在事务性人力资源管理工作中，企业集中在出勤管理、档案管理、薪酬福利的发放、“五险一金”的缴付等；在战术性人力资源管理中，主要工作模块集中在人员招聘、人员培训、薪酬管理三大模块上，而人力资源的工作分析、绩效管理、员工管理、职业生涯管理等业务模块往往涉及得较少。即便是做得比较多的人力资源培训模块也普遍存在人才培养机制不完善的现象，如中小型企业往往没有建立个性化的人才培养与开发计划，员工上升通路过窄、员工的流失率非常高，无法为企业的稳定发展提供优秀的人才资源。

1.3 中小企业的管理模式与选择

1.3.1 管理模式的内涵与特征

（1）企业管理模式的界定与内容

① 企业管理模式的界定。

在《现代汉语词典》（第7版）中，模式一词是指事物的标准样式，比如发展模式。模式理论的确立通常是基于重复性问题的出现，一般做法是首先发现在特定环境中不断重复出现的问题，然后找出该问题的解决方案，最后描述出典型问题，并且总结出与之对应的解决方案，以形成一种模式。通过这种方式，在碰上类似问题时就可以无数次地使用那些已有的解决方案，不需再做多余的重复性工作。关于管理模式的解释不尽相同。吴长云（1992）最早给企业管理模式下的定义：“企业为实现一定的生产经营目标，而从企业管理实践活动中抽象出来的一系列不同内容的管理方式方法的标准、图式和样板的总称，它是用以指导人们从事企业生产经营活动的一般原则和一种动态的企业管理活动。”[20]郭咸纲则认为：管理模式是管理规则体系，企业在运行过程中能够逐渐地自觉加以遵守；管理模式的核心是将一种或一套管理方法、管理工具、管理理念反复地运用于企业的日常活动中。[21]钱颜文、孙林岩的研究则认为，管理模式是可以被其他企业借用和参照的，它是特定环境下企业内部资源配置的一种标准形式。[22]

结合学者们的研究观点，本书认为，企业管理模式是维持与推动企业系统有序向前运行的一种框架性设计与选择。任何企业都是一个系统要素的集合，而管理模式则是企业系统中的一个子系统，由管理人才、管理思想、管理组织、管理方法、管理手段等要素组成。在实际管理中，企业管理者会根据企业经营目标把这些要素有机组合形成各种管理功能的子系统，再把这些子系统有机组合为企业管理系统整体，使之输出管理功能，以保证经营目标的实现。因此，企业管理模式就是为实现企业经营目标通过管理要素来组织相关资源，进行经营生产活动的基本框架和方式。

② 企业管理模式的基本内容。

企业管理模式不是各管理要素的简单叠加和堆积，而是各要素根据一定目的有机组合所形成的整体。其基本内容有以下 4 个方面。[23]

第一，管理思想。管理思想包括在管理主体、客体、目标、功能、方法、风格等诸方面的基本指导思想，这是管理模式中无形的东西，但它是管理模式的灵魂，指导和统帅着管理模式的设计与运行，渗透于管理模式的各个部分、各个环节，现代化企业管理模式首先要有现代化管理思想。

第二，管理系统的组织结构和框架。它包括企业领导制度、管理层次、管理机构设置、人才配备、管理职责和权力的分配等，其中管理职责是根本，根据管理功能整体优化要求把管理职责进行分解，建立相应组织机构，配备相应管理人才、赋予相应权力。

第三，模式运行机制。“机”的本意是“使之动”或结构的驱动部分，如古代弩箭上的发射机构称“机”，还有枪机，等等。“制”的本意是“使之不动”或结构的制动部分，如制动装置、控制、制止，等等。机制是驱动和制动的辩证统一。企业管理模式的运行机制主要是两个方面：一是促进、激励，在某种内在动力或外在压力、引力下，各管理和被管理主体按一定方式或向一定方向运作；二是制约、控制、监督、制止管理和被管理主体按另一方式或向另一方向运作。这就形成了模式的运行方式和规则。有了好的运行机制，企业管理才能向着既定目标有序、协调、高效地运行。管理系统结构和运行机制是相互联系，相互影响的，在管理模式设计中应统筹考虑。

第四，管理方法和手段。这主要是指在管理过程中所采取的技术方法和手段，如网络技术、价值工程、ABC 分类法、管理通讯设施、信息处理设备，等等。这是现代科技成果在管理中的应用。管理方法和手段受管理思想、管理系统组织结构和运行机制影响，也反过来影响着管理思想、管理系统组织结构和运行机制。

（2）现代企业管理模式的特征

第二次世界大战之后，由于现代化科学技术日新月异的发展，生产和组织规模的急剧扩大，生产力的迅速发展，生产社会化程度的日益提高，因此较之传统管理模式，现代管理模式呈现出以下特征。

① 重视人与制度相结合。在泰罗的科学管理模式以及以霍桑实验为代表的行为科学管理模式阶段都更为注重制度管理，强调通过以经济手段为核心的制度和科学的劳动作业过程设计以及人际关系的营造来确保实现企业的管理目标。现代管理则更注重人的素质、协调、激励和自控，提高企业员工以及管理干部的素质，以及合理的人力资源搭配，使企业形成良好的组织氛围。因此，现代企业管理就是对企业内外各个要素的管理，也是对客户的管理，归根结底都是对人的管理。管理人的根本目的是要变“要我干”为“我要干”，变“要我买”为“我要买”。任何企业的发展阶段都会伴随着规模的不断变化，其内外结构也在不断地分层与分化。不同阶层的员工与客户群体的需求、思想乃至行为均不一样。

重视人的因素，首先，要承认员工与客户想法的合理性，要知道他们在想什么。其次，要重视员工与客户的社会属性，极大可能地满足他们的需要，从而保证组织中全体成员齐心协力地完成组织的目标。最后，要掌握具体有效满足他们需求的方法。如满足物资需求的晋升路径与薪酬结构的优化、满足精神激励的企业文化塑造等。

② 管理内容的多元化与管理目标的双重性相结合。一方面，随着生产力的发展以及技术的日益更新，现代企业的管理问题总是纷繁复杂、交错联系而产生。任何一个具体问题不再是单一线性的思考。例如，市场营销问题绝不单纯是营销部门面对市场而解决的事，它一定是和企业内部生产环境、技术开发环节、物流通路、人员安排分配制度、企业经营目标、市场定位等都有紧密的联系，因此，现代企业管理的内容是对多个管理要素的多元化管理。另一方面，现代企业管理的目标具有双重性。首先，现代企业管理要追求效率，即无论从实践的角度还是理论的角度，管理所要面对的就是效率。具体而言，通过明确分工以及选择、培训和开发员工来提高劳动生产率，那么管理者最重要的目标就是培训和发掘企业中每个人的技能，以便每个人都能尽其天赋之所能，以最快的速度、用最高的劳动生产率从事适合他的等级最高的工作。其次，管理还要出效益。企业经济效益的大小取决于企业内的多方面因素，如经营决策是否正确、产品设计是否合理、产品创新是否及时、资源调配是否得当、员工积极性是否发挥、市场开拓是否得力、质量管理是否有效、产品生产是否规范等。一个企业如果管理水平高，则经济效益就优，反之就劣。也就是说，管理效率和效果一定要结合起来，即作为一个组织，管理工作不仅要追求效率，更重要的是要从整个组织的角度去考虑组织的整体效果以及对社会的贡献。

1.3.2　中小企业管理模式的类型

中小企业管理模式的类型因其分类依据不同而结果不同。如按照采用模式所属国家命名的有美国、日本管理模式；按照采用模式来源的企业命名的有松下、福特、海尔、本田管理模式；按照采用模式体现出动物属性特征来寓意的有海豚、双头鹰管理模式；按照中小企业所有制相对应的管理模式来命名的有家庭式企业管理模式、家族式企业管理模式、合伙企业管理模式、人情化企业管理模式、制度化企业管理模式、柔性化企业管理模式、知识化企业管理模式等。各种分类结果都有其合理性和侧重点，本书将重点说明最后一种分类结果，并认为无论哪一种管理模式的区分都是相对的，一个企业可能存在多种管理模式。所有管理模式均各有优缺点，任何一个中小企业在选择某种管理模式时，绝对不能生硬地将别人已有的照搬为自己的，也不能仅仅在形式上引入管理模式，而应该根据企业所处的行业与内外部情况，借鉴别人的经验，探索适合本企业的管理模式。

（1）家庭式管理模式

家庭式管理模式是我国中小企业普遍采用的管理模式之一，它主要适用于企业成长初期阶段。在我国中小企业主创业初期，存在众多的不明确因素，企业的生存面临很大的风险，这个时期的企业创办者往往都是“夫妻式”管理，即家庭式管理模式。家庭式管理模式就是指企业高层或者核心部门的管理人员几乎都是由家庭成员构成，企业创办的资金主要来源于企业主自己积累的财产以及关系网络的融资，部分可能来源于资产抵押而来的贷款，而且企业经营中所有的资本一般也都是家庭支出，或者是家庭中的成员创业成功，将其他的家庭成员引进公司进行管理。家庭式企业管理模式的特点是资金来源渠道单一、规模较小、产品单一、技术简单、风险较大、经验管理为主导等。

在企业成立初期，家庭式管理模式可以发挥出良好的效果。例如，企业所有者和经营者合一的模式可以降低企业的资金风险、降低劳动力成本、保证企业的有限资源的集中使用以及企业对市场变化做出快速反应；企业管理者凭借创业者对市场的分析，可以采取跟着市场走的策略对企业进行有效运作；在企业内部活动过程中，由于管理层都是亲属，他们在企业经营中就不会产生太多的利益上的纠纷，在经营决策的执行方面也比较直接，不会产生意见不同的问题，易于协调和组织；在工作中，由于家庭式成员都是为了自身的利益，他们的工作责任心也会比较强。同时，由于规模较小、业务较简单，大多数生产经营活动能够利用经验进行管理。总之，在创业初期阶段，采取这种方式可以有效地推动企业的规模发展。但是，随着企业规模的扩大以及市场经济的不断完善，这种管理模式也暴露出一些问题。从这种管理模式的资金来源渠道看，创办企业所需资金的来源有限，资金数量就会受到限制；管理层管理方式单一，没有科学规范的管理机制，长期下去对企业的发展会产生不良影响；企业经营能力和技术创新缺乏进入壁垒，产品容易被模仿和取代；家庭式企业主在企业的发展过程中更多考虑的是家庭成员的利益，而容易忽视社会责任，这显然不符合企业长远的利益需求。

（2）家族式管理模式

家族式管理模式也是比较常见的管理模式，与家庭式管理模式相似。不同之处在于家族式管理是由具有血缘关系的好几个家庭共同进行管理的，这种管理模式将每个家庭的优势发挥出来，在企业刚刚起步时对企业的发展可以起到促进的作用。一般认为，家族企业是企业在经历创业阶段后，资本及规模不断扩大，企业主个人不可能把企业管理上的方方面面都做好，原来的家庭式管理模式不再适宜企业的发展，需要细化职能部门。在职能部门管理人员的设定上，企业主基于信用伦理在重要的岗位上设定的往往都是亲朋好友，这样企业就形成了以创始人为核心的，沿着血缘、地缘、关系缘等方面从资金和人员两个方面扩张的模式。美国著名企业史学家钱德勒在对大量企业进行实证分析后，就把家族企业定义为企业创始者及其最亲密的合伙人和家族一直掌握大部分股权，他们与经理人员维持紧密的私人关系且保留高阶层管理的主要决策权，特别是在有关财务政策资源分配和高层管理人员的选拔方面[24]。家族式企业管理模式主要有 4 大特征：一是产权以家族为主体；二是企业所有者、管理者、经营者三位一体，或加生产者为四位一体；三是管理层级简单，多以亲人为主，家族企业主统揽一切权力；四是企业主既享有集权又承担企业的一切风险。

但是随着企业规模不断扩大和参与市场竞争的深度愈来愈深，这种管理模式也表现出很多问题。一是家族式企业管理模式下的优秀人才流失率较高。很多家族企业对待家族内外员工实施两套不一样的管理标准和薪资待遇等。如对非家族成员实施的是严格的制度管理，而对家族成员触犯企业的规章制度，则是格外处理，这就导致了企业制度的执行层面的不公平。尽管很多家族企业也已经开始认识到企业需引入技术人才及职业经理人，但由于家族企业不能给予人力资本要素对企业剩余价值索取权的待遇，再加上外部人才对家族环境的不满意，往往会导致家族企业能够重金聘用到人才却留不住人才。二是家族式经验管理会带来很多决策失误。在以往的家庭式管理中由于规模小、层级少、链条短，很多工作都可以通过经验管理进行决策，也会取得有效成果，但随着企业规模的扩大，经营管理活动越来越复杂，管理情境越来越不确定，这就需要更加科学的管理理论和管理工具来加以指导和运用。但家族式管理模式中的企业决策者往往习惯于集权式经验判断，这样就很容易造成重大决策失误，给企业带来很大的隐患。三是家族式管理模式无法承担更多的社会责任。家族式企业管理模式往往将企业的核心利益作为最高的理念，企业在生产经营中不会考虑到外界的环境，甚至在生产中会对环境造成严重的污染，企业也不履行社会责任，在员工发展和培养方面，企业对非家族成员会产生歧视，不重视员工的培训和技能提升，一味地消耗员工存量知识和技能，这样也会导致企业内部氛围不和谐的问题，最终不能留住人才，不利于企业的长远发展。

（3）合伙企业管理模式

实施合伙企业管理模式的中小企业在法律形式上属于合伙企业。法律意义上的合伙企业是指自然人、法人和其他组织依照《中华人民共和国合伙企业法》在中国境内设立的普通合伙企业和有限合伙企业。普通合伙企业由普通合伙人组成，合伙人对合伙企业债务承担无限连带责任。有限合伙企业由普通合伙人和有限合伙人组成，普通合伙人对合伙企业债务承担无限连带责任，有限合伙人以其认缴的出资额为限对合伙企业债务承担责任。而合伙企业管理模式则是指在以亲朋好友为企业的主要成员的基础上，逐步建立起来的各种关系网络而形成的企业管理模式。在合伙企业管理模式中，企业管理者不再是一个家庭或者家族，他们是由一伙为了追求共同的目标和价值组成的成员。合伙企业管理模式的本质就是指以朋友的友情化原则来处理企业中各种关系的企业管理模式，也有人把这种企业管理模式称之为友情化、哥们式企业管理模式。这种管理模式的产生是因为创业者们为了筹集更大规模的资金，也为了获取更多的智力支持和技术投入以降低创业风险，一般都会采用多人合伙的形式，即合伙管理的模式出现。在改革开放初期，这种合作管理模式不仅帮助企业解决了资金匮乏的问题，还快速地完善了创业初期的技术水平，特别是在创业初期企业所代表的是所有合伙人的共同利益，他们都有一种乐于奉献的团队精神。因此，合伙企业管理模式的特点有合作性、互动性等。但随着企业规模的不断扩张，企业的资源和收益也随之增多，这时的企业合伙人的利益冲突也越来越重，尤其是在利益分配不公正的情况下，会对企业的经营产生不利影响。高层领导之间会出现利益争夺的问题，这些问题会对下层的员工产生不良的影响，他们在企业内部也会以自身的利益为重，员工不考虑企业的利益，企业在发展中没有凝聚力，导致企业发展的基础越来越差，如果这种现象不及时解决则会造成人心涣散，合伙人散伙，企业也随之衰退。

（4）人情化管理模式

所谓人情化企业管理模式，实际上就是一种以人情为主线的企业管理模式。这种管理模式的出发点在于每个人是有良心的，认为如果极大限度地满足人的需求，那么人的感恩之心必定会以更加努力的态度来回报企业。这种模式强调企业管理应该更积极地调动人性方面的内在作用，只有这样，才能实现企业又快又好的发展。这种管理模式与其他的管理模式相比，更加关注员工的利益，通过物质的激励和其他方面激励的方式，使员工的工作效率得以激发，促进企业经济效益的上升。由于人情管理模式非常重视员工的切身利益，对员工的各项权利进行了有效保护。那么在这种管理模式下，员工的工作效率得到明显提升，同时企业对员工的社会责任会明显增强，这在一定程度上有利于企业社会责任的推广。其实，从人性论的观点来看，在企业中强调人情味的一面是对的，但是不能把强调人情味作为企业管理制度的最主要原则。因为如果企业过分地注重人情，将人情作为企业发展的根本支撑力，就会出现“人情至上”的问题，从而导致在企业中不能按照规章制度办事，一旦不能按照制度处理问题，就势必会出现厚此薄彼的不公平现象。同时，对于人员的合理流动也会出现负面影响。如有的员工即使犯错误，但由于考虑人情关系难以受到相应的惩罚；有的企业甚至将一些难以适应新形势下企业发展需要的员工留在企业内，导致企业无法实现优胜劣汰、更新新鲜的“血液”，最终走向衰弱甚至破产的处境。

（5）制度化管理模式

制度化企业管理模式是指企业为营造长远发展的环境，制定了完善且严格的规章制度，并要求企业的一切事务均应遵从企业所制定的规章制度，无论级别高低，任何人违反了均应受到相应的惩罚。这种模式的最大特点是以标准化为管理轴心，采用规范经营的方式，强调制度大于人情，企业通过完善的制度来指导企业的经营与管理。制度化管理模式的优点有：一是可以将先进的员工绩效科学地转化成企业具体经营管理的行为，形成一个统一的、系统的制度体系，使企业持续、稳健地发展；二是能够更有效发挥企业的整体优势，使企业内外能够更好地配合，可以避免企业中由于员工能力和特性的差异，企业经营管理出现差异和波动；三是企业的各项规章制度使员工更好地了解企业，让员工更快地找对自己的位置，使工作更顺畅，提前进入工作状态，为企业创造效益；四是为企业员工能力的发挥制定公平、公正的平台，根据岗位制度寻找合适的员工，为员工提供晋升制度和奖惩制度，不存在个人主观性和随意性；五是企业员工由于有统一的标准参考，可以明确自己工作需要达到的标准，能够对自己的工作有一个明确的度量，更有利于自我培训和企业培训，使企业形成积极向上的力量，最终表现为企业文化；六是企业制度化管理模式在一定程度上为企业营造了一个责任环境，企业通过强调遵守规章制度是每个员工的义务，使员工在工作中的责任意识得以强化。

但是，制度化管理模式由于制度本身具有刚性和约束性，在执行过程中也容易引发不良反应。一方面，过于刚性的制度很容易使企业走入误区，误以为只有一切都标准化才是制度管理，企业内部的每一个环节都严格制定相应标准才是制度管理。但事实上，企业的很多管理情境都是不确定性的，而且需要充分调动人的主观能动性和创造性进行柔性化管理。也就是说，管理的结果往往没有对与错，就是要基于权变思想看解决情境与解决对策的适应性。另一方面，过分刚性的制度执行过程，也容易引起员工的抵触情绪，这是因为员工认为自己受到了企业过分的约束，从而对工作产生厌倦情绪，员工抵触情绪越大，越会影响公司的正常运行。而且如果制度比较单一，在企业的运行中不能灵活地处理问题，也会引发企业管理效率低下的问题。

（6）柔性化管理模式

柔性化管理模式是相对于制度化管理模式而言的，尽管制度化管理模式在很大程度上解决了由于经验管理和人情化管理所带来的管理偏颇，但由于制度化管理模式也容易被引入到过于刚性管理的边缘，因此，在工业发展迅猛发展的 20 世纪初，很多企业尽管都采用了制度化管理，但由于在实施运行中过于刚性的执行方式，员工的身心自由受到了极大的限制，工作上也大大打消了积极性。到了 20 世纪末期，制度化管理模式的刚性弊端越来越凸显，很多企业的员工开始消极生产，企业人员的凝聚力明显下降。在这种矛盾下，企业开始意识到管理方式上的缺陷，应当更关注以人为本的企业文化。由此，柔性管理应运而生。

所谓柔性企业管理模式，是指企业采用有弹性的企业管理模式。该管理模式强调管理的软化，排斥管理的硬化，以管理的柔性化来激发人的主观能动性。柔性企业管理模式囊括了柔性战略管理、柔性生产与组织管理、柔性经营管理，等等。柔性企业管理模式的主要特点有强调灵敏与弹性、速度与变化，注重创造和直觉、平等与尊重，等等。柔性管理与之前的制度化管理相比较，有其明显的优越性。制度化管理模式强调以“制度制定与制度服从为核心”的强制性的方式，让员工在行动力上服从命令，而柔性管理通过激励员工自己的主观能动性来实现经营者与员工之间的平等和互相尊重。柔性管理更加注重企业的人员管理。“以人为本”成为柔性管理的宗旨。例如，在人力资源管理方面，重点挖掘员工潜能，发挥员工的主观能动性和创造力。知识与信息化经济时代需要合作，柔性管理更加巧妙地应用了这一点。将制度化的管理模式改变成团体员工内部驱动力，更加有效地调动员工的积极性，团队的胜利代表着个人，共同为企业发展做出努力。良好的企业关怀也是一种柔性管理。企业通过不同的激励方式来满足员工的合理需求。以往的激励方式较多使用物质奖励作为对员工工作的激励，这种方式无法从根本上满足员工内心的需求。现有的柔性管理制定出多种机制对员工进行激励，更加着重精神层面的鼓励，以满足不同员工的实际需求。针对有的员工在自身发展方面要求较高，企业可安排专项学习，通过深造来鼓励员工发展方面的需求。这种管理模式在当前适应了人权等社会思潮的发展，成为许多企业采取的管理模式。柔性化管理模式从管理的本源真正实现了以人为本的企业文化价值，能够有效地发挥员工的创造力和主动力。

（7）知识化企业管理模式

进入21世纪以来，我国已经步入了知识经济时代。许多中小企业也开始重视知识经济的力量，将知识和科技作为企业管理的首要资源，把知识生产力作为企业竞争和发展的主要推动力，因此知识化企业管理模式在知识经济时代背景下应运而生。所谓知识化企业管理模式，是以知识为首要管理资源，以知识生产力为企业竞争和发展中坚力量的一种新型企业管理模式。知识化管理就是运用集体的智慧提高应变和创新能力，它是为企业实现显性和隐性知识共享提供的新途径。知识化管理既着眼于获得显性知识，更着眼于获得隐性知识，即知识化管理为企业实现显性知识和隐性知识共享提供新途径。知识化管理包括两方面含义：一方面是指对显性知识的管理，即沿着信息管理的思路，充分利用信息技术，使作为信息深加工产物的知识在信息系统中加以识别、处理和传播，并有效地提供给用户使用；另一方面则是指对隐性知识的管理。由于人脑是它的载体，也就是对人的管理，它通过促进知识的编码化和加强人际交流的互动，来充分发掘长期被忽略的“宝藏”——非编码的个人隐性知识，使这部分非编码化知识得以充分共享，从而促进知识创新。

具体而言，企业经营模式呈现知识化趋向需要在以下三个层面实现：一是企业在战略层面需要考虑在何种程度上、采用什么方式、来发展什么样的知识；二是在战术层面上企业需要组织引导以及监控相关的知识活动，以实现特定的业务战略和目标；三是在运作层面则需要聚焦于发展特定的知识系统来协助员工完成知识型工作和任务。[25]知识化企业管理模式主要有三个特点。第一，以知识为主要管理手段。知识的生产不同于其他物质和服务产品。它是在对知识的识别、获取、开发、分解、使用和共享全过程中进行的。在这些过程中，知识既被使用，又在不断地产生、形成和发展。新的知识在产生，原有的知识在发展。第二，以信息管理为基础。实质上，知识化企业管理是信息管理的延伸和发展。信息管理只是将各种各样的信息以一定的方式汇总、组织起来，方便人们利用计算机来查询和检索，利用技术来进行信息采集、存储和控制。而知识管理则是利用技术去分享知识或信息，并把它们作为创新、发明的手段或杠杆。第三，隐形知识和显性知识相结合的管理形式。知识从形式上看可分为显性知识和隐性知识，显性知识是指以专利、科学发明和特殊技术等形式存在的知识。而隐性知识主要是指员工的创造性的知识，只存在于人的头脑中。显性知识易于通过计算机进行整理和存储，通过高新技术手段和方法来管理，而隐性知识由于难以被他人观察了解，更无法奢谈共享和交流，如何管理它已成为知识管理的一大难题。为此，促进隐性知识向显性知识的转化，继而实现共享以及二者的互动促生在知识管理中具有更为重要的意义，它是知识创新永不衰竭的动力和源泉。

第2章　中小企业人力资源管理的研究框架

2.1　中小企业人力资源管理的基本内涵

2.1.1　人力资源的内涵

人力资源属于资源的一种具体形式。资源是“资财的来源”［《辞海》（第六版）］。在经济学上，资源是为了创造物资财富而投入到生产活动中的企业要素。当代经济学家把资源分为以下几类：自然资源、资本资源、信息资源、人力资源。其中，人力资源是生产活动中最活跃的因素，也是一切资源中最重要的资源，因此，被经济学家称为第一资源。

“人力资源”（human resource，HR）这一概念曾先后于1919年和1921年在约翰·R. 康芒斯（John R. Commons）的两本著作《产业信誉》《产业政府》中使用过，康芒斯被认为是第一个使用“人力资源”一词的人[26]，但康芒斯所指的人力资源含义与现在我们所理解的含义有很大差异。人们目前所理解的人力资源概念，是由管理大师彼得·德鲁克（Peter F. Drucker）于1954年在其名著《管理的实践》中正式提出的。在该书中，德鲁克明确指出，人力资源，即企业所雇佣的整个人是所有资源中最富有生产力、最具有多种才能，同时也最丰富的资源。德鲁克之所以提出这一概念，是想表达传统“人事”所不能表达的意思。他认为，与其他资源相比，人力资源是一种特殊的资源，它是人的资源，拥有其他资源所没有的素质，如协调能力、融合能力、判断力和想象力等。德鲁克强调，一方面，需要把人力资源视为和水资源类似的特殊资源，从工程的角度设法找出运用人力资源的最佳方式，建立最适合人力资源特性和限制的工作组织；另一方面，企业必须把工作中的人力当成“人”来看待，重视“人性面”，强调人的道德观和社会性，设法让工作的设计和安排符合人的特质。企业雇佣员工的时候，雇佣的是整个人，而不是他的任何一部分。他还批判了泰罗的科学管理将人视为机械的错误做法。

德鲁克指出[27]：人力资源的优越性在于人力资源具有其他资源所没有的一种特性，这就是协调、整合、判断以及想象的能力，而在其他方面，机械往往胜过人力。人力资源与其他资源的最大区别在于，人是有办法控制自己究竟要把工作做到多好以及做多少工作的。他会积极参与整个流程，而不像其他资源那样只是消极参与，只能根据预设的刺激被动地做出反应。正因为德鲁克对人力资源内涵和人事管理职能和作用做出清晰的界定和深入论述，学术界一般认为可以将德鲁克称为现代人力资源管理的奠基人。

人力资本理论则是在20世纪60年代由美国经济学家舒尔茨和加里·贝克尔提出的。该理论认为，人力资本体现在具有劳动能力（现实和潜在）的人身上的、以劳动者的数量和质量（即知识、技能、经验、体质和健康）所表示的资本，它是通过投资形成的。该理论的提出使得人力资源的概念更加深入人心。美国经济学家哈比森（Frederick H. Harbison）在《作为国民财富的人力资源》中也写道："人力资本是国民财富的最终基础。资本和自然资源是被动的生产要素，人是积累资本，开发自然资源，建立社会、经济和政治并推动国家向前发展的主动力量。显而易见，一个国家的发展如果不能发展人们的知识和技能，就不能发展任何新的东西。"

在我国，最早使用"人力资源"概念的文献是毛泽东于1956年为《中国农村的社会主义高潮》所写的按语。在按语中他写道："中国的妇女是一种伟大的人力资源，必须发掘这种资源，为了建设一个伟大的社会主义国家而奋斗。"[28]不过，很显然，那个年代对人力资源这个概念的理解不可能那么深刻，主要意思是指劳动力资源。在中国，真正意义上的人力资源概念提出之初，仅限于企业。2000年以后，随着MBA与MPA教育的出现，人们把人力资源概念扩大到公共行政、政府机构，即所谓公共人力资源。

那么究竟什么是人力资源？对于人力资源的含义，学者们给出了很多不同的解释，但主要是从人的角度出发和从能力的角度出发进行的解释。

（1）从人的角度出发[28]

① 所谓人力资源，就是指人所具有的对价值创造起贡献作用，并且能够被组织所利用的体力和脑力的总和。

② 人力资源是指一定范围内的人所具备的劳动能力的总和。

③ 人力资源是指一定社会区域内所有具有劳动能力的适龄劳动人口和超过劳动年龄的人口的总和。

④ 人力资源是指人拥有的知识、技能、经验、健康等"共性化"要素和个性、兴趣、价值观、团队意识等"个性化"要素以及态度、努力、情感等"情绪化"要素的有机结合。

⑤ 人力资源是企业内部员工及外部的顾客等人员，即可以为企业提供直

接或潜在服务及有利于企业实现预期经营效益的人员的总和。

（2）从能力的角度出发[28]

① 所谓人力资源，是指能够推动整个经济和社会发展的劳动者的能力，即处在劳动年龄的已直接投入建设和尚未投入建设的人口的能力。

② 所谓人力资源，是指包含在人体内的一种生产能力，它是表现在劳动者的身上，以劳动者的数量和质量表示的资源，对经济起着生产性的作用，并且是企业经营中最活跃、最积极的生产要素。

③ 所谓人力资源，是指劳动过程中可以直接投入的体力、智力、心力总和及其形成的基础素质，包括知识、技能、经验、品性与态度等身心素质。

④ 人力资源是指社会组织内部全部劳动人口中蕴含的劳动能力的总和。

⑤ 人力资源是指企业员工所天然拥有并自主支配使用的协调力、融合力、判断力和想象力。

⑥ 人力资源是一个国家、经济或者组织能够开发利用的，用来提供产品和服务、创造价值、实现相关目标的，所有以人为载体的脑力和体力的综合。

综上所述，并结合前面有关“资源”的阐述，本书赞同从能力的角度来理解人力资源的含义。既然人力资源作为社会财富的源泉，其关键正是因为人本身所具有的知识、能力、经验和体能等要素发挥的作用。所以，人力资源就是指人所具有的在社会组织财富创造过程中起到决定作用并且能够被利用的体力和脑力的总和。这个解释包括以下几个要点。

第一，人力资源的本质是人所具有的脑力和体力的总和，其本质为劳动能力。这种能力是创造社会财富的源泉，也是一种在社会和组织中的人所具有的创造财富的能力。

第二，人力资源的能力表现为数量和质量，两者缺一不可，但人力资源的重点在于质量。也就是说，人所具有的知识、技能、能力和经验是人力资源中最为重要的因素。

第三，人力资源不仅能够被国家和社会从宏观层面加以考量和利用，也能被一个具体的企业组织所利用。这里的“组织”既可以大到一个国家或地区，也可以小到一个企业或个体户。

2.1.2　中小企业人力资源的特征

中小企业的人力资源具有不同于其他企业的特殊方面，主要表现在以下几个方面。

（1）主观能动性的差异较大

人力资源的能动性是指人是价值创造过程中最为主动的因素，是区别于其他资源的最根本的特征。任何企业的员工都具有思想、情感和思维，具有主观能动性、创造性和预先策划性，能够有目的地、有意识地主动利用其他资源去推动社会和经济的发展。但是，相对于大型企业而言，中小企业的员工主观能动性表现程度较弱。首先，表现在对工作行为的自我强化行为和自主选择意愿较弱。如中小企业员工对企业未来信心不足可能会降低其归属感，进而会削弱爱岗敬业、积极工作行为的产生，或者不愿主动接受教育和学习来提升自己的工作效率和能力；自主选择意愿较弱则是表现在对本职工作岗位的适用性较低和职业生涯发展缺乏明确的分析与判断。其次，中小企业员工的创造性较大企业较弱。一方面，中小企业创新环境和创新条件较大企业较弱，因此在硬件条件上一定程度上制约了中小企业员工创新意愿和能力的发挥；另一方面，因为中小企业本身机制和规模的灵活性，员工能够依据市场环境和企业条件的变化，及时调整自身的观念和行为。最后，中小企业员工对劳动结果的预先策划性较弱。大多数中小企业的管理属于经验式管理，特别是发展初级阶段的企业管理依靠的是人情、经验、家族化管理。在这种管理模式中，很多管理职能都缺乏战略规划、具体工作缺乏计划性。例如，财务管理无预算、生产过程无资源计划、人力资源管理无供求分析与预测，等等。

（2）人力资源时效性差异较大

任何企业人力资源的形成、开发、利用均要受到所依附人的生命周期长短的制约。因此，人力资源具有时效性的特点，而人的生命周期一般可以分为幼年、少年、青年、中年、老年 5 个阶段。在每个时期，人的脑力和体力在质量和数量上的差异导致各个时期人力资源的形成和利用自然各不相同。例如，在青年期到来之前，无论从生理和心理条件看，人的体力和脑力还处在一个不断增强和积累的过程中，这时还不能称之为人力资源。所以，人力资源的开发与管理必须要尊重人力资源的生命周期。那么，相对于大企业而言，中小企业人力资源的时效性表现为两个层面。一是从企业管理的角度来看，中小企业员工为企业所开发与利用的时间较大型企业而言，相对较长。原因在于中小企业聘用的员工受教育年限普遍比大型企业短，这也意味着员工入职年龄相对较年轻，也就是在同等职业生涯生命周期内能够为企业服务的时间较长。当然，并不否认两者由于学历技能的不同在企业贡献值方面的差异。二是从人力资源的存续时间周期看，中小企业人力资源的存续期限性较长。如中小企业员工的知识与技能存续时间的长短取决于对员工的及时利用程度，而中小企业员工的利用与开发程度相对于大型企业而言，具有身兼数职、一岗多能的特点，在中小企业很难允许存在岗位虚设、员工工作不饱和等人力资源浪费现象。

（3）人力资源结构、数量与质量特点

首先，中小企业多为劳动密集型企业，其经济增长点主要是建立在大量的劳动力资源之上，这就使中小企业的单位资本能吸纳更多的劳动力资源。因此，中小企业人力资源的数量很庞大。其次，中小企业一般都存在规模小、资金少、技术力量薄弱、企业产品技术含量低、管理机制和体制不健全等问题，因此中小企业员工队伍的构成也比较简单，一般可分为营销、生产、管理、技术、后勤管理等五大类人员，这五大类人员也因企业行业特点和管理层次而进一步细化或者简化。再次，中小企业员工招聘门槛低，用工管理不规范，员工队伍素质往往不是很高，这与我国目前总体的人力资源存量的基本特点是一致的。中小企业人力资源这一特点的形成与其用人机制，比如“任人唯亲”“任人唯近”等有着不可分割的联系。除此之外，多数中小企业处于中低端的生产制造、装配、服务等行业，大多数员工长期从事技术含量较低的生产、管理、服务等工作，再加上企业不重视员工基本素质、专业技能和综合素质的培养与提升，企业培训与学习氛围较差、竞争意识不强，员工自身缺少学习兴趣和动力，因而员工队伍的整体素质和创新能力较低。最后，中小企业员工对企业认同度、忠诚度普遍较低。员工虽然在企业工作，但最大的问题是缺乏责任心，人才频繁跳槽。根据有关权威机构研究结果表明[29]，目前中国企业员工离职率为 14%~27%，普遍比 10 年前有较大幅度的上升，沿海地区超过半数的中小企业正在经受人才短缺的压力。再就是员工缺乏团队意识。中小企业内部组织架构较为僵化，协作关系较为松散，员工团队意识不强。部门各自为政、个人不能担当责任，员工队伍整体工作效能较低。

（4）人力资源管理的特殊性

首先，中小企业人力资源管理机构的设置比较粗放。一般来说，中小企业没有或很少设置专门的人力资源管理机构，人力资源管理职能大都由总经理办公室或行政部、财务部兼任。目前，也有很多中小企业根据市场发展和企业管理的需要单独设置了人力资源管理部门，但很难是专职的人力资源管理部门，还得兼任许多其他与人力资源管理关系不大的其他一些管理职能，如企业管理、行政管理等职能。其次，中小企业人力资源管理人员的配备很少或没有。即使有，他们在人力资源管理方面，也只是档案、考勤管理，工资和社保等事务性工作，在业务方面，仅仅开展了员工招聘、员工培训、员工薪酬等操作层面的工作；对于人力资源战略规化层面的人才供求预测、员工职业生涯管理等工作几乎没有涉及。再次，中小企业人力资源管理制度的内容侧重以“事”为中心。很多企业的人力资源管理制度都是围绕着员工考勤、奖惩制度、工资分配、工作规则等方面来设计的，而这些都是对员工行为和工作内容加以限制的规定，缺少的是围绕“以人为中心”，即如何充分调动员工的积极性和创造性的开发制度。最后，中小企业人力资源管理的环境非常复杂。一方面，中小企业人力资源竞争劣势明显。相对于大型企业而言，中小企业缺乏规模经营优势和技术优势，从而在市场竞争中明显处于不利地位，因而在人力资源吸纳、激励、留住、开发等方面，中小企业所面临的人力资源竞争环境不容乐观。另一方面，人力资源管理的内部支撑条件不够。中小企业的经营规模较小，企业领导相对少而集中，这样造成管理水平层次也较低，在管理中存在决策的简单化、专断化现象。企业在处理大多数问题上，仅仅是那些“最高领导者”的判断起决定作用。同时，中小企业的领导者较之大型企业的领导者，素质也普遍较逊一筹，这样易形成对人力资源管理盲目干预与决断。

2.2 中小企业人力资源管理的 3P 模式

2. 2. 1 人力资源 3P 模式的提出

现代人力资源管理是一个复杂的、包含多层体系的庞大管理系统。一套科学规范的现代人力资源系统应该包括人力资源的获取、整合、保持与激励、控制与调整、开发等方面。但就我国目前人力资源管理的现状来看，尽管人力资源管理以及企业管理方面的理念、思想正在逐步成熟完善，却还十分缺乏完善系统的理念、思想和将系统外化出来的规范化技术。也就是说，中小企业要实现持续发展，只有抓住人力资源管理过程的关键环节，将企业有限的资源投入到核心方面，以实现人力资源管理核心技术规范化。

特别是，就我国大部分中小企业现有的机构设置、人力、物力、财力的投入来看，都不可能建立如此全面、规范的人力资源管理职能。因此，为了适合中小企业的现实特点，降低管理成本，只有将人力资源管理核心技术规范化，并努力在企业实施，才有可能健全、完善其他人力资源管理制度和技术，保证企业的发展壮大。为此，在 2001 年的中国劳动保障科学研究会上，为应对中小企业人力资源管理核心技术规范化缺失的问题，著名的林泽炎博士提出了 3P 管理模式，即岗位分析（position analysis）、绩效考核（performance appraisal）和工资分配（payment distribution）。随后，3P 管理模式迅速在全国中小型企业得到了较大地推广，表现出相当的生命力。3P 模式的提出和发展不仅帮助我国的中小型企业逐渐克服了人力资源管理难题，如用人制度及工资分配制度等，还考虑了中小企业发展现状和实际特点，易于操作、适用性强、有助于企业降低管理成本；同时，该模式还将中小企业的战略目标作为人力资源管理的基础，以核心技术和制度为载体，充分体现现代人力资源管理的核心理念——以人为本，使企业的一切管理活动都能够围绕企业的战略目标来进行。

但是，在中小企业人力资源管理中不存在适用于一切企业的标准模式。各企业所面临的情况不同，具体运用哪一种人力资源管理模式，须根据企业的具体情况而定。评价一种人力资源管理模式的好坏，不是以模式而是以效率为标准。然而，中小企业自身的特点，又决定了它们必须遵循一些共同的管理准则，抓住一些共同的重点，体现中小企业的一些共同特性。3P 模式正是抓住了中小企业人力资源管理的关键，立足企业岗位职责、工作绩效考核、工资分配的核心工作，建立起战略性人力资源管理基本框架，以优化运行机制、激活联动效应、提升运行效率为实践目标的核心人力资源管理运行系统。3P 模式充分体现了现代人力资源管理“认识人性、尊重人性、以人为本”的核心和本质，从而可以避免陷入中小企业人力资源管理困境，助其迈上更为规范化的管理轨道。

2.2.2　人力资源 3P 模式的内涵

3P 模式的三要素如下。

① 岗位分析。

岗位分析也叫工作分析、职位分析，它是人力资源管理中其他所有工作的基础。所谓岗位分析，是指对企业各类岗位的性质、任务、职责、劳动条件和环境以及员工承担本岗位任务应具备的资格条件所进行的系统分析与研究，并由此制订岗位规范、岗位说明书等人力资源管理文件的过程。岗位分析的中心任务是为企业人力资源管理提供依据，分析企业的岗位设置是否符合因事设岗原则，是否符合岗位设置最低数量、有效配合、上下之间是否有效协调及体现经济、科学、合理、系统化原则，保证事得其人、人尽其才、人事相宜。通过岗位分析，收集工作岗位所涉及的各方面的信息，以确定岗位的工作内容、任务、岗位职责和素质要求，遵循一系列事先确定的步骤，进行一系列的调查、分析、整理、归纳工作，最终形成岗位说明书。岗位说明书主要包括岗位工作描述和岗位资格要求。

岗位说明书制订的主要目的有两个：让员工对自己工作的流程与职责有十分明确的认识，也使员工对自己从心理意识上进入状态，接受考评，即弄清楚企业中每个岗位都在做些什么工作？明确这些岗位对员工有些什么具体的从业要求？为制订合理的岗位说明书，需要收集的岗位信息主要是“5W1H”，也就是工作的内容职责及对岗位工作人员的任职资格，如生理、心理、技能要求是什么（What）；责任者是谁（Who）；工作在哪里完成（Where）；工作将在什么时候完成（When）；为什么要完成此项工作（Why）和员工如何完成此项工作（How）。在岗位分析所收集信息的基础上进一步形成岗位胜任素质模型，促进员工与所在岗位的高度匹配。

② 绩效考核。

绩效考核是人力资源管理的核心，也是技术含量最高且难度最大的一项工作。美国学者 Garry Dessler 在著作《人力资源管理》中对绩效考核做了明确的界定，他指出绩效考核是根据员工绩效标准评估其当前或者过去绩效的活动，其过程包括：设定工作标准、评估员工实际绩效、向员工提供反馈，以激励员工改进不足、强化正确行为。[30]根据 Garry Dessler 的定义，绩效考核过程就是要求管理者要以员工的工作绩效为基础、以工作事实为依据对员工工作进行评价，评价过程中具体要采用系统的方法、原理，评定、测量员工在岗位上的工作行为和工作效果。绩效考核的结果主要用于工作反馈、薪酬管理、职务调整和工作改进等方面，它的最终目的是通过改善员工的工作表现来实现企业的经营目标。

在实际操作中，绩效考核指标的制订难度最大。绩效考核指标的制订非常复杂、烦琐，即便是经验丰富的人力资源行家也很难在短期之内制订出一套科学、合理且操作性很强的绩效考核指标。在绩效考核指标的拟定过程中，首先应将企业的战略目标层层传递和分解，使企业中每个职位被赋予战略责任，每个员工承担各自的岗位职责。绩效考核是战略目标实施的有效工具，绩效考核指标应围绕战略目标逐层分解而不应与战略目标的实施脱节。只有当员工努力的方向与企业战略目标一致时，企业整体的绩效才可能提高。其次，绩效指标制订不能空泛，要抓住关键绩效指标。指标之间是相关的，有时不一定要面面俱到，通过抓住关键业绩指标将员工的行为引向组织的目标。最后，绩效考核指标应素质和业绩并重，二者不可偏废。过于重“素质”，会使人束手束脚，过分重视个人行为和人际关系，不讲实效，而且妨碍人的个性、创造力的发挥，最终是不利于组织整体和社会的发展；过于重“业绩”，又易于鼓励人的侥幸心理，令人投机取巧、走捷径、急功近利、不择手段。一套好的考核指标，必须在“业绩”和“素质”之间安排好恰当的比例。应该在突出业绩的前提下，兼顾对素质的要求。

绩效考核实施过程中还要抓好两项具体工作。一是做好绩效考核的过程沟通。首先，做好事前沟通。主要是通过宣传让员工理解到考核的目的不是为了考核而考核，而是为了帮助企业和员工成长。一方面，通过绩效考核发现企业管理系统的不足，然后在开发考评者能力、被考评者技能的同时，完善和开发企业的管理系统和绩效系统，从而实现企业的绩效提升；另一方面，通过绩效差距的分析，制订员工培训计划，帮助员工改进绩效，实现企业和员工绩效的共同改进。二是要强化事中和事后沟通。沟通的目的是对考核主体的培训。在考核指标体系建立后，考核主体在考核中难免出现人为误差或系统误差。因此绩效考核除了要设计一套科学、合理、操作性强的绩效考核指标体系外，还需加强对考核人员的培训，培养考核人员善于思考、分析问题、解决问题的技能技巧，提升考核人员职业道德素质，从而减少考核的误差，做好考核结果的沟通，减少因考核引发的矛盾，构建和谐发展环境和稳定的文化氛围。同时，还要做好考核结果的运用，使其与薪酬和晋升等激励机制挂钩。

总之，绩效考核是对绩效实现过程各要素的管理，是基于企业战略基础之上的一种管理活动。它是通过对企业战略的建立、目标分解、业绩评价，并将绩效成绩用于企业日常管理活动中，以激励员工业绩持续改进并最终实现企业战略以及目标的一种正式管理活动。一个优秀的绩效考核系统具有三个重要功能：激励、沟通和评价功能。建立优秀的绩效管理系统能最大限度地激励员工，能够加强并促进企业良好的沟通，同时还能客观公正地评价企业和员工的业绩。

③ 薪酬管理。

对中小企业来说，薪酬是企业经营成功的有效工具。它可以有利说明员工自身的价值及其对企业的重要性，同时也是员工最为关心的问题，只有构建合理完善的薪酬管理体系，才能使企业健康、快速地发展。

对薪酬的研究始于经济学。在经济学研究中，薪酬即付给劳动者的工资。管理学研究则通用“薪酬”这一术语，将薪酬看作满足员工内在需要的手段和要素，重视薪酬的激励作用。对于薪酬的内涵，研究者存在不同观点，大致可分为广义和狭义两类。广义薪酬的概念也就是全面薪酬。著名人力资源管理专家赵曙明（1998）将薪酬定义为物质酬劳、间接物质酬劳和精神收入的总和。美国薪酬管理专家米尔科维奇（Milkovich，2008）认为，薪酬是雇员作为雇佣关系中的一方所得到的各种货币收入以及各种具体的服务和福利之和。美国薪酬管理专家马尔托奇奥（Martocchio，2010）认为，薪酬是雇员因完成工作而得到的内在和外在奖励之和，是提高组织对员工的吸引、保留和激励的一种手段和工具。特鲁普曼（Tropman，2002）提出了薪酬公式：薪酬=（基本工资+附加工资+福利）+（办公用品补贴+额外津贴）+（晋升机会+发展机会）+（心理收入+生活质量）+个人独特需要。伯格曼（Bergman，2001）认为，薪酬是工资、福利、一次性货币回报和非货币回报的总和。而一些学者则坚持薪酬的狭义概念。董克用和叶向峰（2004）认为，报酬可分为经济回报和非经济回报，在薪酬体系中只有经济性回报才是薪酬。诺伊（Noe，2005）将薪酬定义为：员工因雇佣关系而获得的各种经济收入和有形福利。由此可见，广义薪酬概念和狭义薪酬概念的区别在于是否将非经济性报酬算作薪酬。

同时，在薪酬的构成上也一般包括固定部分和动态部分。固定部分是通过岗位分析确定不同岗位工作的稳定性、独立性和程序性后，给它们分配不同的权重，利用要素记点法得出各岗位的评价分数来确定该岗位在企业内的相对价值，从而划定相应岗位在工资结构中的等级位置，并以此作为划分工资级别、福利标准、股权分配的依据。动态部分取决于岗位绩效的高低并随绩效变化而不同。绩效好的员工其动态薪酬就高，绩效差的员工动态薪酬就会很低，在绩效考核的基础上建立的薪酬分配使得员工绩效有了量化的标准，增加了公正性，促使员工的注意力集中到努力工作、提高工作绩效上来。

所谓薪酬管理，就是指一个组织针对所有员工所提供的服务来确定它们应当得到的报酬总额以及报酬结构和报酬形式的过程。在这个过程中，企业必须就薪酬水平、薪酬结构、薪酬体系、薪酬关系、薪酬形式以及薪酬政策做出决策。同时，作为一个持续的组织过程，企业还要持续不断地制定薪酬计划、拟定薪酬预算、就薪酬管理问题与员工进行沟通，同时对薪酬系统本身的有效性做出评价。因此，薪酬管理是中小企业人力资源管理工作的重点，它不仅是企业控制劳动力成本，提高市场竞争力的重要工具，也是吸引优秀人才，保证企业人才竞争优势的主要手段，是企业人力资源管理成功与否的关键。企业中的人力资源管理工作大部分都与薪酬有着直接或者间接的关系。就现阶段乃至很长时间，员工为企业工作的动机很多，但是薪酬无疑是最直接的一种动机。薪酬管理也是企业管理体系最基本的职能之一，就算是最原始最初级的小企业，也会涉及到薪酬管理。

无论企业的规模多大，要设计一个科学合理的薪酬系统，一般要经历以下5个关键步骤：第一步，工作分析。工作分析是确定完成各项工作所需知识、技能和责任的系统过程。它是一种重要的人力资源管理工具和薪酬设计不可或缺的基础。第二步，岗位价值评估。岗位价值评估则是确保薪酬系统达成公平的重要手段。岗位价值评估有两个目的：一是比较企业内部各个职位的相对重要性，得出职位等级序列；二是为外部薪酬调查建立统一的职位评估标准。最常用的岗位价值评估方法有计分比较法。第三步，员工能力评估与定位。员工能力评估与定位是从胜任岗位工作的角度出发，全面规定了完成某一岗位职责所需要的能力素质要求并形成员工能力模型。然后按照能力模型对员工进行实际能力素质的评估，从而来判断员工是否胜任岗位或胜任程度如何。第四步，薪酬调查与薪酬定位。薪酬调查和薪酬定位重在解决薪酬的对外竞争力问题。企业在确定薪资水平时需要参考人才市场的平均薪资水平。第五步，薪酬结构设计。企业管理文化和价值观决定了薪酬水平和薪酬结构；不同的企业有不同的薪酬价值观，不同的价值观决定了不同的薪酬结构。企业在设计薪酬结构时一般包括：基本工资、绩效工资、加班和薪酬福利。总之，中小企业要在岗位分析、绩效考核的基础上进行薪酬管理，同时还要抓住中小企业灵活性与创造性的特点，根据岗位特点、员工的需要以及岗位评估和绩效结果制定薪酬体系。

2.2.3 人力资源3P模式的评价

人力资源3P模式的实质是以“以人为本”为管理理念、以工作分析为起点、以绩效考核为中心、以工资分配为结果，并以此为主线来展开和落实企业的人力资源管理活动。这种模式不仅抓住了现代人力资源管理的核心技术，还非常适合中小企业的特点。一方面，3P 模式形成了中小企业人力资源管理有机联系的统一体。其中，岗位分析是基础，它为绩效管理提供了依据，也为岗位薪酬的确定提供了依据；绩效管理的好坏直接影响每个员工的业绩，影响企业的效益，从而影响员工的动态薪酬；薪酬方案执行的结果也能反映出绩效管理、工作分析和薪酬管理中的不足或偏差，从而有利于整个系统的改进和提高。因此，在应用这一模式时一定要把这三者看成一个有机联系的统一体。另一方面，3P 模式可以降低管理成本，易于操作。首先，3P 模式强调员工个人努力与团结协作的统一性，通过岗位分析与绩效考核和薪酬管理将员工个人命运与企业命运紧密联系在一起。其次，3P 模式在运行过程中还不强调员工资历，只看重现实的工作表现，在考核过程中采用定量评价与定性分析相结合，将员工业绩考核与工资待遇、奖惩建立起相互依存的关系。3P 模式的绩效考核是客观依据，薪酬待遇、奖惩则是结果，极大降低了人力资源管理成本。在操作层面，3P 模式结合中小企业的特点，对各个职务进行认真地分析，确定每个员工的岗位责任。在对岗位进行分析时，不仅要收集工作的内容、工作的岗位和责任者的详细信息，再次，对于工作的时间和环境、操作人员的岗位职责和任职资格进行全面的了解。然后，结合得到的信息，制定合适的绩效考核方案和工具。考核工具主要是通过表格来完成的，通过将考核的结果转换成数字量化的形式，对员工的工作绩效进行全面的考核。最后，根据绩效考核结果，设计工资福利及其奖金发放方案。

2.3　中小企业人力资源管理的思路、方法与基础

2.3.1　研究的基本思路

首先，从中小企业管理的角度，提出本书的基本问题，即中小企业管理的界定与研究基础。在辨析了中小企业管理与其他规模企业管理的区别的基础上，重点界定了中小企业管理的内涵、构成要素与特征，介绍了中小企业管理的现状。这些问题不仅起到了承前启后的作用，也将中小企业人力资源管理中的企业行为与社会系统中所表现的社会责任以及企业所在的社会环境紧密连接起来。同时，在以历史发展的路径为脉络基础上梳理了中小企业管理模式的演化之路。特别着重描述了不同管理模式变迁中的企业选择与适应性诉求。

其次，根据中小企业管理模式的历史演化规律，着重研究了现阶段我国中小企业人力资源管理 3P 模式产生的环境诱因与内在动机激发的过程，特别是对激发中小企业采纳人力资源 3P 模式的各种动机和运行方式进行了描述，并强调了 3P 模式的特点与适应性。这也为下一步中小企业人力资源管理问题的

研究提供了理论框架。

最后，在梳理中小企业人力资源管理具体模块的问题过程中提出了我国中小企业人力资源管理存在整体水平较低，对于如何吸引人才、选拔人才、培育和开发人才、合理配置和激励人才缺乏足够的认识和有效的措施等问题，同时，借鉴国内外已有的研究成果，并结合具体企业实例提出了相应的解决对策。

2.3.2 研究的基本方法

（1）文献分析法

文献分析法是指通过图书馆、数据库、互联网等途径，广泛收集有关人力资源管理的相关资料，对中小企业人力资源管理模式的相关理论和实证研究进展情况进行了归纳、整理和评述，从企业微观视角对中小企业管理的内涵、要素、特征、模式等进行研究与审视，考察中小企业管理的现状与问题，论证中小企业人力资源管理问题研究的理论意义与现实意义。

（2）多学科研究法

多学科研究法是指运用多学科的理论、方法和成果从整体上对某一课题进行综合研究的方法，也称“交叉研究法”。本书使用了经济学、管理学、组织行为学等学科的研究方法，彼此之间相互借鉴，使研究对象生动，更有说服力。

（3）系统论法

中小企业人力资源管理研究是一个涉及社会、经济、政治、管理、政策法规等诸多内外因素的一个复杂系统工程，因此在具体研究过程中本书始终采用系统分析的方法较为全面地分析了中小企业人力资源问题及对策。

（4）规范分析法

规范分析法也叫描述法、工具法和规范法。它是在20世纪60年代后期美国管理心理学家皮尔尼克（S. Pilnick）提出的一种方法，作为优化群体行为、形成良好组织风气的工具。规范分析涉及已有的事物现象，对事物运行状态做出是非曲直的主观价值判断，力求回答“事物的本质应该是什么”。规范，就是做评价，有自己的主观观点，描述事物应该是一个什么样的状态。

2.3.3 研究的理论基础

（1）企业资源基础理论

资源基础理论是沃纳菲尔特（B. Wernerfelt）（1984）在其经典性论文《企业资源基础论》中首次完整表述出来。他认为，形成组织竞争优势的资源不仅包括有形资源，而且包括无形资源，企业能够通过鉴别和获得所需要的关键资源来取得高于正常回报的高额利润。到了20世纪80年代末，巴雷（Barney）在此基础上提出了企业战略理论中关于企业如何获得竞争优势的企业资源基础理论（RBV），主要论述企业如何创造并保持可持续竞争优势的内外部资源。巴雷认为，资源基础理论强调组织内部资源是组织竞争优势的来源，所以，组织应当控制所拥有的核心资源，譬如有形资产、无形资产、知识、组织程序、员工能力、员工技能等，均是竞争资源，这些资源均有助于制定和执行组织政策和实践，有助于建立有效的人力资源管理系统，进而对组织绩效产生影响。他同时指出：当一个组织实施某种价值创造战略，而市场上其他已有组织或者即将进入的组织无法同时做到、并且也根本无法复制此战略时，这个组织便具备了核心竞争优势。G. Mcmahan 的研究也指出企业的资源基础必须是企业总体战略的统筹安排，孤立的企业资源在人力资源管理中不能形成企业持续竞争优势。Wright 和 G. McMahan（1992）通过分析也指出：如果个体的能力属于正态分布，那么人力资源管理实务是否能够创造组织竞争优势可以通过以下 4 个方面进行思考：① 如果某种人力资源能够创造持久的竞争优势，那么该资源必须具备的条件是能够为组织提供价值，组织对劳动力的需求必须是异质的，而且必须有异质的劳动供给；② 这些人力资源必须具有稀少性的特点；③ 为了维持竞争优势，人力资源必须具备不可转移的特点；④ 若要成为竞争优势来源，资源必须是不可取代的。我国学者袁红林（2003）、程德俊（2004）、苏方国（2005）从资源基础观的视角，论述了战略人力资源管理实践与组织竞争优势之间的关系，提出了战略人力资源管理实践能够为组织获取核心竞争力。张正堂等（2005），戚振江等（2010）也比较系统地探讨了以资源基础观为理论基础的战略人力资源管理，提出人力资源管理能够形成一套不会被轻易模仿和替代的稀缺能力，能够提高组织绩效，保持组织持续竞争能力。

企业资源基础理论的主要观点有以下几点。一是人力资源是企业战略管理的核心要素。因为企业应该具备对可能拥有的稀缺性、价值性和不可替代性内外部资源进行挖掘的能力。这些能力和资源主要有组织控制信息、组织运作技能、人力资源构成和其他管理技能。而从长期来看，企业生产的其他要素都可以变化或替代，只有人力资源这个要素是别的企业无法复制的，因此人力资源就成为了体现和形成企业的核心竞争力重要源泉，成为了企业战略成功制定和实施的核心要素。二是企业只有结合企业总体战略和企业管理其他方面的基础资源，才能通过企业的人力资源管理形成企业核心竞争力。三是组织资源包含了实体资本、人力资本以及组织资本三种资源。而这些组织资源正好符合资源的 4 种功能特性：价值功能、稀少功能、不易被模仿的功能以及竞争者无法取代的功能。人力资本以及组织资本则显示了人力资源管理对于建立组织竞争优势所可能做出的贡献，因为人力资本代表员工本身的竞争力，组织资本则代表了用以发展、整合人力资本的人力资源系统。所以，人力资源管理活动的确能够符合资源的价值性、稀少性、不易被模仿及竞争者无法取代的特性。组织可以通过人力资源管理系统建立自身的持久竞争优势，进而提升组织的绩效表现。

资源基础理论依据企业的资源和能力是异质的观点，强调企业持续竞争优势的获取主要依赖于企业内部的一些关键性资源。把人力资源作为企业核心资源的观点由来已久，由于人力资源管理囊括了企业上下游各个环节，牵涉到顾客、服务商、供应商以及企业本身，因此把卓越的人力资源管理资本化的过程可以提升和维持企业的竞争优势。这一理论将人力资源管理理论和战略管理理论相结合，使管理研究者及实践者对“企业中的人具有重要战略意义”有了一定的了解。同时，可以指导企业将企业战略总目标层层分解成各工作岗位的工作职责与任务，这不仅利于人力资源管理工作对各部门的人事关系统筹协调，还有利于中小企业人力资源体系的科学创建。因此，资源基础理论是人力资源管理研究的基础性理论。

（2）人力资本理论

诺贝尔经济学奖获得者西奥多·W. 舒尔茨（Theodore W. Schultz）是公认的人力资本理论的构建者。1960 年，他在美国经济协会的年会上以会长的身份发表了题为《人力资本投资》的演说，阐述了许多无法用传统经济理论解释的经济增长问题，明确提出人力资本是当今时代促进国民经济增长的主要原因，他认为：“人口质量和知识投资在很大程度上决定了人类未来的前景”。舒尔茨在其代表作《人力资本投资》中系统、深刻地论述了人力资本理论。他将人力资本定义为“体现于劳动者身上，通过投资形成并由劳动者的知识、技能和体力所构成的资本”[31]。人力资本是劳动者身上的知识、经验、技术、能力以及健康因素的总和。1964 年，美国经济学家 Becker 也明确提出了人力资本观。他认为，企业的人力资本就是蕴含于员工体内各类管理、生产知识、技能和员工健康素质等的综合。[32]美国学者斯图尔特在前人研究的基础上，将组织中的智力资本区分为三个模块，即人力资本、客户资本和结构资本。毫无疑问，在智力资本的构成模块中，人力资本是核心，因为客户资本和结构资本都是由人力资本创造的，也是由人力资本使用的。离开了人力资本，其他资本便失去了存在的价值。可见在企业智力资本管理中，人力资本管理是首要的。近年来，中西方管理学家和企业管理者在人力资本管理学研究的基础上，又提出了一系列加强组织人力资本管理的思想和方法，诸如依据人力资本的特点寻求知识型员工的管理方法，重视职业开发与培训、团队建设、文化营造、组织机制建设、人力资本成本控制、员工价值、员工人力资本回报等。如 Richard（1991）认为，所谓人力资本，是指一家组织的员工所具有的知识、正规教育、培训、技能和经验等特征。冯子标（1999）认为，人力资本是一种能力，是一种征服自然和改造自然的能力。Huselid（1995）认为，高效的人力资源管理实践能够通过培养员工技能、激励员工积极性、提高工作组织等三方面提高组织绩效。Youndt 等（1996）指出：组织成员所拥有的能力、知识和技能均具有经济价值的特点，而且人力资源管理实践与人力资本的提升呈现正相关。这些能够提升人力资本的人力资源管理实践特别有利于提高组织绩效。组织竞争优势的来源主要有两条途径：第一，通过员工个人的能力、知识和技能作用于物质资本要素，从而改变物质资本的属性，并让物质资本保值增值；第二，通过激发组织内部员工的各种创新，获取新的信息和知识，进而创造组织的核心竞争力。李英（2005）、加里（2013）指出：人力资本能够通过如计划、组织、人事、控制等管理过程，提高组织能力。

人力资本理论的主要观点有以下几点：一是认为员工的技能与知识、员工的人力是属于企业资本的一种形态，企业对人力资源的投资收益率大于企业对物质资本的投资收益率，人力资源投资增长取决于社会经济发展情况。二是随着经济增长方式的转变，对人力的投资带来的收益率超过了对一切其他形态的资本的投资收益率。组织中的人力资本开发是组织管理的焦点和提高效率的核心。三是人力资本概念不仅反映了人的劳动能力在量上的规定性，而且更深刻地反映了质上的内容，即人力资本是资本化了的劳动力，具有资本增值性，也经常被视为战略资产。四是人力资源的资本属性凸显。传统的人力资源管理主要立足于人员的现有状况，通过对人这种特殊资源的开发性管理来发掘人的潜力，最大限度地发挥人的作用。因此，人力资源管理以对现有人员的利用最大化和企业效益的最大化为目标。然而，当人力资源在不断发挥作用的过程中持续地创造出更大的新价值时，人力资源便具有了资本的属性，人力资源管理也因此具有了资本经营的特征。五是企业通过投资于员工的人力资本来提升企业能力。人力资本是人力资源实践与组织能力的中间变量，管理者通过提高员工的知识、技能和工作能力，来提高组织的整体人力资本能力，组织的整体人力资本能力提高了，组织便获得了整体的竞争优势。也就是说，企业只有对员工进行教育投资后才能形成更大的人力资本价值。[33]

（3）行为科学理论

20 世纪 60 年代，人力资源管理理论进入到行为科学理论阶段。行为科学是利用许多学科的知识来研究人类行为的产生、发展和变化规律，预测、控制和引导人的行为，从而充分发挥人的作用，调动人的积极性。行为科学改变了传统管理理论将人看作机器，忽视人的社会关系和感情因素作用以及人的主动性和创造性缺点，强调对人的欲望、感情和主动性的研究，在管理方法上强调满足人的需要和尊重人的个性，采用激励和诱导的方式，调动人的主动性和创造性，将人的潜力充分发挥出来。

行为科学理论的研究首先由美国社会心理学家马斯洛提出。他在《动机与人格》一书中提出了人类动机理论，又称作需求层次理论，揭示了人的需求从低到高分为5个需求层次，分别是生理需要、安全需要、社交需要、受到尊敬的需要、自我实现的需要。他认为，当人类在物质、安全感等低级的需要获得满足后，就要向社交、尊重、自我实现的高级需要发展。需求层次理论揭示了人从初级需求走向“自我实现”的高级需求的特征。在需求层次理论假设基础上，行为科学学派提出了一系列精彩纷呈的理论，对指导人力资源管理具有重要意义。如由美国学者麦克里兰提出的成就需要理论。他认为人分为两种，一种是高成就需要者，另一种则不是。高成就需要者喜欢做难度大、风险大的工作，如果放在没有挑战性的岗位上，这种人会被埋没。这对于人力资源管理者来说在选拔和安排人员时，要根据不同的动机而分派不同难度的工作和职位，对于不同需要的人要采用不同的激励方式，对成就需要高的人就要采取给予难度大、挑战性强的工作作为激励。美国社会学家麦格雷戈提出了“X理论与Y理论”，形成了对人性的两大类认识。X理论对人性的假设是负面的，认为人生而好逸恶劳，不求上进，不愿负责，以自我为中心，习惯保守，反对变革，缺乏理性，容易受骗，只有少数人是能帮助组织解决问题的。而Y理论是从积极的角度来假设人性。Y理论认为，人性不是天生懒惰，从事工作如同游戏和休息，人不但能接受责任而且追求承担责任，人可以将组织和个人的目标统一，一般的人都具有相当高的解决问题的能力。基于这两种不同的人性理论，采取的管理方式也不同。X理论采取严格的控制和法规，来监控人的工作，忽视人精神的需求，把金钱当作刺激人的唯一手段的管理方法。而Y理论则以启发式代替命令式、用信任代替监督的方法，促使人们既为自己的目标也为组织的目标工作，鼓励人们担当责任，自觉完成任务，重视人在精神上的满足。美国心理学家赫茨伯格的“双因素理论”将人的动机分为激励因素和保健因素，激励因素包括成就、赞赏、工作内容本身、责任感、上进心等。保健因素包括金钱、地位、监督、个人生活、安全、工作环境、人际关系等。保健因素如果满足，能让职工消除不满，但不能激励个人有更好的表现或者提高劳动热情。但激励因素如果满足了，就能以一种成熟的方式成长，促进人的工作能力不断提高。美国行为科学家亚当斯是行为科学公平理论的创始人。他认为，员工劳动积极性不仅受到绝对报酬影响，更重要的是受到相对报酬影响。一个人做出成绩后，会从横向角度将个人的投入和回报的比值与组织内其他人做比较，只有相等时他才认为公平。除了横向比较，个人还会进行纵向比较。即把自己目前投入的努力与目前所获得的报酬比值，与自己过去投入的努力和所获得报酬的比值进行比较，只有觉得相等时才认为公平。公平理论使人力资源管理者要注意保持员工之间劳动投入与回报的公平性。如果员工之间收入差距太大或者员工今昔收入差距太大，则会损害到员工的积极性，出现消极怠工、制造矛盾甚至离职的情况。

行为科学理论的主要论点[34]：员工的行为是战略及组织绩效的中介变量，而人力资源实务是为了诱导或控制员工的态度与行为。不同的组织特性及经营战略则会引发不同的态度与行为需求，由此可以推论在人力资源管理的系统中，由于每一个战略所需要的人员态度与行为不同，组织的人力资源实务也将随之改变。换句话说，人力资源管理是组织的重要工具，通过传递角色信息，支持期望达到的行为，以及审核角色表现，以达到组织的目标。Miles 和 Snow（1984）也认为，组织的人力资源实践活动必须随着组织战略目标而改变，因为组织要实现既定目标，就必须通过人力资源实践有针对性地培养员工相应的工作态度、工作行为及工作技能。所以，高效的人力资源管理实践能够使员工的行为符合组织预期，并实现组织目的。因此，有效的人力资源管理可协助员工符合组织的利害关系人的期望，并产生正面的效应。行为科学理论观点对于了解人力资源系统对组织绩效的影响机制非常重要。基于行为科学理论的假设，人力资源管理要采用的对策：管理的重点既不是工作也不是人际关系，而是创造一个适宜人们发挥潜力、表现自己才能的工作环境。管理人员扮演的不是生产指导者，也不是人际关系调节者，而是一个了解和帮助人们创造条件的采访者。在激励方面，不强调物质和人际关系的外在激励，而是强调内在奖励，即通过工作可以自我实现和增长才干并得到激励。管理方式上不是强调专业人员制定制度、多数人去执行，而是把权力下放给执行者，由他们自己决定自己的工作制度。

（4）角色理论

角色理论是行为科学理论的延续与拓展。该理论主要是关注员工与组织之间相互依赖的角色关系。社会心理学的学者将角色行为定义为：一个人的行为与他人的行动发生适当关联时，能产生可预期的结果。组织通过提供员工的相关机会和胜任力，激励员工按照组织所期望的行为努力；员工通过识别企业所预期的结果，具备所需要的技能，组织和员工的行为相互作用，最终达到组织所期望的结果。[35]

角色理论[36]认为，一个人的行为是受其担任的相关角色决定的，任何人发生某种角色行为与别人发生关联时，就会产生角色期望。因此，企业通过战略人力资源管理赋予员工在企业中担任一定的角色，并让其角色的责权利与企业战略保持一致，员工就会满足企业内各种角色伙伴（例如上下级）、组织边界（例如客户）、组织边界外（例如社会和家庭）的各种期望。此过程中，战略人力资源管理工作仅仅是传递各员工的角色信息，引导和监督期望变成实践行为，实现企业的战略目标。因此，角色理论学派表明员工的行为是企业经营绩效中的中介变量，战略人力资源管理就是做好诱导与控制员工的行为和态度。很显然，不同的企业战略会引导员工践行不同的角色行为。角色理论认为，任何岗位的员工角色与环境之间会产生相互影响。Patrick（1978）站在员工角度提出了员工的行为和态度对组织战略类型的影响。[37]卡兹（Katz）等人认为，不同角色的员工工作环境中直接的环境压力是减少现代企业管理中人力资源有效性的因素之一，价值观、规章制度和角色三者形成相互影响的基础。[38]企业员工的行为会受到所有角色参加者的期待影响，而战略人力资源管理就是从企业整体效益最大化的角度满足这些角色的期待。[39]企业人力资源管理中各工作岗位上的员工担任着提升企业核心竞争力的不同角色，因此，角色理论能在员工配备与协调方面起到很大的指导作用。

角色管理理论正是着眼于战略目标，体现出“尊重员工和依靠员工”的一种管理理念。它是管理者把战略目标与员工人性需要有机结合，以人为本、以人性需要的满足调动被管理者主动性、积极性和创造性的一种管理方式和方法。中小企业要树立科学的人力资源管理理念，就要求管理者重视员工的角色价值，承认员工的需要是人性行为出发点、基础和根本原因，树立以人为本的思想，奉行以人为中心的能动性管理，寻求“人”与“工作”的相互适应；尊重个人追求内在价值的自我实现和个人专业选择，承认人才的商品属性，运用市场机制充分开发和合理使用人才；正确对待人才合理流动，真正体现人才主体地位，并在爱才、用才的基础上，建立起科学的人才考评、供求、竞争的激励机制，从而使人才资源管理得到最佳配置和有效利用。因此，角色理论认为，企业管理者必须适应知识经济发展的需要而对自己进行4大角色定位。一是充当战略伙伴角色。社会经济的发展使得企业操作层次的人力资源管理必然向战略层次发展，强调企业管理者必须通过战略人力资源的管理来挖掘员工主观能动性，把人力资源管理融合到企业战略的具体实施中去，才能保证企业经营战略的最终成功。二是职能专家的扮演角色。组织在进行工作设计时会参考每个员工的具体需求，通过设计员工角色的柔性变动来取代原来的岗位设计。引导和鼓励内部员工进职业生涯规划，让员工在企业角色变换中进一步认识自己的价值，挖掘自己最大的潜力为企业服务。三是担任支持员工的角色。随着人本管理的发展，企业中领导和普通员工之间的等级与区别慢慢淡化，企业管理由行政权力型模式慢慢发展成为服务支持模式，管理中的权威慢慢被科学与知识代替。四是创业变革的倡导角色。随着生产转型升级，企业的人力资源管理者要有“先天下之忧而忧”的意识，在企业中率先倡导改革创新，同时推动其他员工进行各项创新，特别是通过“流程再造”等企业文化的创新与变革，提高企业竞争力。此理论对企业人力资源管理的启发是在企业人力资源规划与配置时一定要注意相关岗位员工的胜任力研究和岗位职责，并配以KPI绩效管理，以确保企业员工能够扮演好各自角色。

第3章　中小企业人力资源管理的环境问题

环境与企业人力资源管理活动之间是互动和双向影响的关系。正是由于这种关系，企业才能通过对内外部环境的动态调适，实现人力资源管理的有效性和可持续发展。构成中小企业人力资源管理环境的要素是多方面的，这些要素相互作用并演化成中小企业人力资源管理的生态环境，这个生态环境对企业人力资源管理活动起到制约、塑造、渗透和革新的作用。

3.1　人力资源管理环境的界定

3.1.1　人力资源管理环境的内涵与分类

人力资源管理环境是指从事人力资源开发和管理赖以存在和正常运营的氛围。人力资源管理环境总体上可以划分为外部环境和内部环境两类。其中，人力资源管理的外部环境是指在企业系统之外能够对人力资源管理环境产生影响的各种因素。一般来说，可以从政治环境、法律环境、经济因素、文化因素、竞争者、行业特征等方面来分析人力资源管理的外部环境。这些影响因素都处于企业的范围以外，所以企业并不能直接地控制和影响它们，大多数情况下只能根据外部环境的状况以及变化来采取相应的措施。而且，每个因素无论是单独还是相互联系在一起，均能对人力资源管理工作造成压力。因此，人力资源管理必须及时识别和考虑这些因素带来的影响。企业通常不能控制外部环境，即使能也是极少能控制外部环境对人力资源管理的影响。但企业必须利用信息收集和专业分析手段来尽可能对外部环境做出正确判断，以便能够让企业迅速调整内部的人力资源战略规划，实施有利于企业发展的策略，将风险降至最低，减少损失。例如，从行业特征来看，如果将整个产业笼统地分为传统行业和新兴行业，那么在传统和新兴行业中企业人力资源管理通常采取的管理方式也是不一致的。传统行业要求企业内部的不同部门之间横向协调，降低存货成本，发展员工的多种技能，采取稳定雇佣等；新兴行业则更注重知识的快速更新，多采用专业式管理。总之，在外部因素中除去战争等破坏性强的因素，稳定性高的社会环境有利于企业发展，而动荡的社会环境不利于企业的发展。

内部环境也给人力资源管理施加了相当大的压力。所谓人力资源管理的内部环境，是指在企业系统之内能够对人力资源管理活动产生影响的各种因素。由于人力资源是任何企业维持正常活动必不可少的要素之一，人力资源管理也贯穿于企业生产经营的方方面面，因此从这个意义上来讲，构成企业的所有因素都是人力资源管理的内部环境。但是，企业战略、企业组织结构、企业生命周期、企业文化等方面是影响人力资源管理最重要的环境因素。这些因素不仅决定着企业的实力水平，还是企业人力资源建设的决定性因素。例如，企业战略就不仅影响着组织信息结构，还影响着人力资源模式的选择。以生产为核心的企业一般采用外部招聘、定量考核、短期雇佣为特征的外部化人力资源管理模式；以市场经营为核心的企业信息分散于市场营销、技术开发人员等关键员工手中，并具有稍瞬即失的特点，因此一般采用内部培养、稳定雇佣、模糊工作设计为特征的内部化人力资源管理模式[40]。具体而言，企业人力资源管理的好坏直接与企业的组织目标、制度政策、企业文化、管理方式、员工福利待遇、工作环境、人际关系等内部因素密切相关。这些因素对决定人力资源管理和组织内部其他部门间的相互作用有重要的影响。这种相互作用对组织的整体生产效率有很大的影响，因此使这种相互作用成为实现组织目标的积极有利因素对组织来说，是至关重要的。

人力资源管理环境又可以分为物质环境与人文环境两类。前者包括一些客观的自然因素，能促进或限制组织成员能力的发挥，影响组织成员从事生产经营管理工作的情绪、能力与动机；后者则包括社会环境因素等，它影响到组织成员交往的个体与团体以及国家政策、法律法规和组织规章制度等社会系统因素。所以，在进行现代人力资源的开发与管理时，必须认真考虑政治、法律、经济和社会文化等环境因素带来的影响。

3.1.2 人力资源管理环境的识别与选择

识别与选择人力资源管理环境是一个动态过程，属于管理的范畴。它也是管理行为对环境的动态适应过程。现阶段，我国企业人力资源环境正面临着许多新情况，如产业结构的变化、人口状况的变化、科学技术的迅速发展、竞争和管理趋势、政治和法律要求，这些都对中小企业人力资源管理产生重要影响。因此，对我国企业人力资源管理问题的研究要重视新环境、新问题的识别与选择，转变陈旧观念、建立新型管理机制。特别是企业要能够根据内外环境的变化选择适当的人力资源管理模式，以方便调整人员招聘策略、降低聘用成本，保证企业内部的知识和技术更新。

企业人力资源管理环境的分析和评价主要考虑两个方面的要素。一是环境的复杂性。人力资源管理环境是一个综合的集合体，既包括企业外部的政治法律、经济、文化、民族、宗教等多种因素，也包括内部战略、组织结构、企业文化等内部因素，因此是复杂而多变的。因此，越是复杂多变的环境，人力资源管理的难度和风险越大。二是环境的稳定性。环境的稳定性是相对的，相对于动荡的社会背景而存在。相对稳定的人力资源管理外部环境体现在，政府的政治治理高效、经济政策稳定、文化繁荣、民族和宗教和谐等方面。内部环境的稳定则表现在组织战略目标的清晰及连续性、组织架构和岗位职责的清晰及协作流畅、企业文化的价值观与人力资源管理与开发的理念相符程度等。

在识别的基础上，企业再对自身优劣所带来的机遇和威胁做出评价，并以此对未来人力资源管理变革进行规划和实施。一般而言，现代企业环境的主要特征是不确定性、一致性和敌对性（赵曙明，吴慈生，徐军，2002）。在不同的环境约束下，企业战略人力资源管理的选择是复杂和动态的。如组织变革向活性化方向发展，人力资源管理就应该更加专业和灵活。人力资源管理不仅仅需要帮助管理员工设定适当的绩效管理机制，更应参与组织战略决策、变革和发展策略的制定。企业变革程度和方向不同，采取的人力资源管理实践就应当有所差别。企业组织环境和变革程度的不同，采取的人力资源管理方式自然不尽相同。

3.2　企业人力资源管理环境的影响

随着市场全球化和信息网络时代的瞬息万变，企业唯有适应环境的变化，才能求得自身的生存与发展。所以，人力资源环境分析将作为企业的一项重要的基础性工作。人力资源管理环境分析则是指对企业人力资源管理所处的内外部环境进行分析，以制定人力资源战略，进行相应的人力资源管理与开发。环境分析是人力资源管理过程的第一个环节，也是制定人力资源战略的开端。环境分析的目的是展望企业人力资源管理的未来，这是制定人力资源战略的基础，战略是根据环境制定的，是为了使企业的人力资源战略管理目标与环境变化和企业能力实现动态的平衡。

3.2.1　人力资源管理外部环境的影响

（1）政治环境影响

政治环境影响主要集中在国家特定政治制度的影响。政治环境引导着企业人力资源管理行为的方向。政治环境分析则是指对企业人力资源管理活动的外部政治形势的分析。以一家跨国经营企业为例，可将企业人力资源管理的政治环境分为国内政治环境和国际政治环境分析。国内政治环境可以从政治制度、政党和政党制度、政治性团体、党和国家的方针政策、政治气氛等要素进行分析；国际政治环境分析则主要包括国际政治局势、国际关系、目标国的国内政治环境等。如一个国家的政局稳定与否，会给企业人力资源管理活动带来重大的影响。如果政局稳定，人民安居乐业，就会给企业人力资源管理营造良好的用工环境；相反，政局不稳，社会矛盾尖锐，秩序混乱，就会影响企业人力资源市场的供求和稳定。企业在进行人力资源管理过程中，特别是在人力资源规划与招聘活动中，一定要考虑所在地区的政局变动和社会稳定情况可能造成的影响。

（2）法律环境影响

法律环境为企业人力资源管理提供行为准则。法律环境是指国家或地方政府所颁布的各项法规、法令和条例等。它是企业人力资源管理活动的准则，企业只有依法进行各种人力资源管理活动，才能受到国家法律的有效保护。例如，企业制定和实施任何人力资源管理战略，都必须符合国家和地方政府主管部门发布的各种劳动法律、法令和法规。目前，我国已经实施的《中华人民共和国劳动法》《中华人民共和国工会法》《中华人民共和国妇女法》《中华人民共和国公司法》《中华人民共和国中外合资经营企业法》《中华人民共和国专利法》《中华人民共和国商标法》《中华人民共和国税法》《中华人民共和国企业破产法》等法规对人力资源管理实践都有重要的影响。例如，最低工资标准的法律规定和“五险一金”的政策就直接影响到企业的用工成本。再比如，对于跨国经营的企业而言，就要对所在国的法律法规非常熟悉。如美国的市场经济比较成熟、市场法规健全，行业协会能够左右市场。美国政府对企业的经营范围与经营方式很少限制，但对各行各业产品进出口以及批发、零售均有极为详尽的法规与执照要求，而且执法十分严厉。尤其在商标、环保、安全、税务、劳工方面。因此，在美国从事人力资源管理活动不但必须学习了解相关法律法规、依法办事，而且最好请专业人士来处理相关专业问题，千万不可自以为是，套用自己国家的做法。

（3）经济环境影响

经济环境主要是指一个国家或地区的社会经济制度、经济发展水平、产业结构、劳动力结构、物资资源状况、消费水平、消费结构及国际经济发展动态等。企业的经济环境则是指企业面临的社会经济条件及其运行状况、发展趋势、产业结构、交通运输、资源等情况。企业经济环境是制约企业生存和发展的重要因素。从企业人力资源管理的角度看，经济环境直接或间接地对企业人力资源管理产生着广泛而深刻的影响。如一个国家的经济制度主要由所有制、宏观调控程度、经济类型、企业组织形式等基本要素组成。一个国家制定并实施何种经济制度就必须建立与之相配套的企业管理模式。故而，经济制度的变革势必导致企业管理模式，乃至人力资源管理模式的变革。经济发展水平的高低对人力资源管理理论和实务的发展也会产生重大影响。经济发展水平越低，人力资源管理实务就越简单，人力资源管理理论所要解释的问题就少；反之，经济发展水平越高，人力资源管理实务就越复杂，人力资源管理理论所要解释的问题就多。一般地讲，经济发展水平越高，人力资源管理的认识就越科学，人力资源管理各方面的工作就越完善。经济环境中的价格水平和变化趋势、可支配收入水平、居民消费倾向和消费模式等因素会通过影响到产品市场的需求状况，从而间接影响到企业产品和服务的供给状况，这就需要企业通过相应的人力资源管理提供满足企业生产和经营需要的人力资源。这个过程就是经济环境间接地对企业人力资源管理产生影响的过程。

具体而言，经济环境对人力资源管理中的各项模块的影响是不一样的。如经济环境直接对企业人力资源战略规划产生重大影响。企业人力资源战略规划是为了满足未来持续经营目标的需要，对企业未来一段时间内人力资源供求状况的平衡活动。企业要确定未来一段时间内，企业是扩大人才招聘和储备还是保持现有状态，除了要分析企业内部资源外，还必须充分考虑当前及未来的宏观经济形势、世界经济环境及行业经济发展状况。如果没有分析经济环境或对经济环境分析不准确，将会给企业带来巨大的损失，甚至是灾难。如果经济发展强劲则必然拉动各行业的发展，使劳动力需求增加，劳动力价格上升，企业人力资源成本也势必提高。相反，如果经济发展缓慢，则劳动力需求降低，价格下降，企业劳动力成本将会大大降低。再比如，经济环境中的金融系统和资本市场发展状况也直接或间接地对企业人力资源薪酬管理发挥作用。因为，资金是企业的血液，它是企业顺利运营的根本保证，而资本市场和金融市场的运行状况决定着企业是否能够获得足够和充裕的资金。当经济环境通过资本市场影响到企业时，企业必须根据情况制定恰当的薪酬策略并进行调整，这就是经济环境对企业人力资源薪酬管理的影响；经济环境还可以通过人才市场对企业人力资源招聘和培训管理产生影响。人才市场是企业外部的人员储备，从这个市场中可以招聘到企业所需要的各种员工，因此人才市场的变化也影响到企业人力资源的变化。

（4）科技环境影响

科技环境也是对企业人力资源管理影响重大的因素之一。科技的发展改变了人与人之间、人与技术之间、人与资本之间的关系，因而，带动了企业人力资源管理理论政策和实践的转变。一方面，科技发展为人力资源管理理论和政策的发展提供了强有力的支持；另一方面，科技发展又为人力资源管理技术的更新提供了新的工具。以经验为主的生产方式需要的是经验性的管理，而以机器大工业和按照科学的原理进行的生产方式需要的是科学的管理。人力资源管理从经验走向科学，科技的发展起了极大的推动作用。例如，行为科学的发展为管理者分析员工的行为特点提供了重要的理论基础。而运筹学的出现，为人们在有限的资源下实现最优的目标提供了决策的依据。再比如，以原子能空间技术和电子计算机的广泛应用为主要标志的现代技术革命浪潮正冲击着当今社会的各个层面，对整个自然界和人类社会产生广泛而深远的影响。面对现代科技革命带来的科技创新、顾客变化，企业纷纷进行人力资源管理的变革和再造，采取以“人”为中心的管理活动来主动应对变化。

具体而言，企业对科技的迅速引进、吸收就会对人力资源管理实践产生跳跃式影响。一是为适应科技的迅猛发展，企业人力资源管理的战略性职能不断得到加强，需要进一步参与到企业的战略决策中来，共同寻求人力资源与其他资源之间的整合。二是企业人力资源的事务性职能日趋弱化，如招聘、考核、人员配置等会更多由直线部门负责人承担。三是人力资源管理将担负起企业科技变革和创新的发动和管理。随着信息技术的普及发展，科技的学习、共享更加方便，各个方面的创新活动更加活跃，变革和创新也就成为企业中的常态，并且变革创新的周期越来越短。人力资源管理顺理成章地负起了变革的发动和管理的责任，利用各种心理激励和社会互动方法，规划变革进程，引导企业员工对待和参与变革和创新的态度和行为。四是引发企业人力资源管理对象的知识化和能力化。随着企业发展对科技的依赖程度增加，人力资源管理的核心也会发生转移，即由强调人岗匹配向以人为载体的知识和能力创新倾斜，这也是全球人力资源管理的发展趋势。五是科技变革引发人力资源外包。人力资源外包是指依据双方签订的服务协议，将企业人力资源部分业务转包给第三方服务商的活动。这是科技推动专业化分工在组织层次的体现，“回归核心”不仅是组织战略决策，也是企业职能战略决策，企业会逐步把不涉及企业机密、要求具有较强的专业性、程序较烦琐和经常性的人力资源事务性管理工作外包出去。六是科技创新引发企业管理的基础平台升级。如在信息通信技术的推动下，很多企业建立了人力资源服务的网络系统，使人员管理流程电子化、信息化，从而大幅提升企业的人力资源管理水平。七是科技进步提升了企业招聘质量。由于现代测评技术的运用，使得企业招聘活动将从现在的岗位导向向重视潜力转变，内部招聘更加受到青睐，招聘渠道更加丰富，招聘胜任率不断提升。八是培训积极性得以提高。企业的人力资源管理活动一直都非常重视企业所需的专业知识的培训力度。特别是科技带动了技术价值的提升，从而导致企业培训开发的潜在收益与成本的比例增加，企业在培训开发投资上的积极性就不断提高。九是引发薪酬结构的优化。随着企业科技水平的提升，知识和技能型员工在企业中的地位不断提升，科技创新对于企业竞争力和利润增长的意义越来越重要，企业对员工知识和能力更新程度要求不断增加，因此，薪酬结构将会从以职位为基础向以能力为基础过渡，在一定程度上体现为两者的结合。

总之，科技环境的变化对企业人力资源管理理念、管理方式、组织机构、合作方式等都产生了直接的影响，随着科技革命的速率的加快、技术与产品更新周期越来越短，这种影响将越来越突出。伴随着不断出现的新岗位、新要求，就势必会需要更多掌握着新知识、新技术、新技能的员工来胜任。因此要提高人力资源管理活动的效率，保持自身的竞争力，就必须密切关注科技发展动向，预测本企业业务及岗位对工作技能需求的变化，制定和实施有效的人力资源开发计划。

（5）社会文化环境影响

企业人力资源管理的载体是有思想、有社会性、有主观能动性的人，而人是存在于特定的社会文化环境中的。社会文化环境对企业人力资源管理的影响是最隐蔽、最深远的。社会文化环境是指一个国家和地区的民族特征、文化传统、价值观、宗教信仰、教育水平、社会结构、风俗习惯等情况。社会文化是经过长时间逐渐形成的，它影响和制约着企业人力资源管理的观念和思维，影响着各级员工的行为。具体而言，社会文化环境对企业人力资源管理的观念影响主要体现在员工的权力化程度、个人主义以及长期取向三个方面的认知。权力化程度主要是指员工对企业中存在不平等、不公平等问题的看法，例如对管理层级制度、领导权威的认同度；个人主义主要是指员工对员工个人和群体、组织关系的态度，例如员工如何理解企业利益与个人利益关系；长期取向主要指员工如何看待眼前和未来的关系，如对基本工资与绩效工资、年度奖金、公司利润分享等分配方式的态度。从企业人力资源管理实践看，员工的权力化程度高表现为，员工认同层级制度，在企业内政治体系特征明显，论资排辈现象突出。权力化程度高在企业内部招聘时会表现为，比较注重任职年限、人际关系、政治因素等条件，招聘时“走后门现象”较为常见；在外部招聘中，会较多考虑毕业学校的社会排名；企业提倡和推崇集体主义，在企业内部员工与群体、部门、组织的关系约束往往超过制度的约束，如员工“不患寡而患不均”，非常注重薪酬的内部公平性，致使绩效考核常常流于形式；企业员工长期取向明显，则员工对“稳定”工作、薪酬的需求强烈，如对工作是否稳定、是否具有完善的福利、薪酬结构中基本薪酬比例是否较大等的重视程度往往大于工作是否具有挑战性、是否有高回报的绩效工资等。

企业人力资源管理理论具有深层次的文化内涵，也决定了企业必须进行社会文化调适来适应企业所在国家、地区、民族的文化环境。社会文化环境的调试是基于文化差异性而提出来，因为文化差异是客观存在的，它不仅表现在一个国家内部的差异，或者具体组织、企业文化和职业文化层面上的差异，更多的是表现在跨国家之间的民族文化、国家文化、区域文化的层面上的差异。因为，随着社会的进步，社会文化向多元化发展，来自不同国家文化背景的跨国企业不断增多，企业间也不再是封闭的。不同文化产生的管理行为和认知，在与其他群体交流时，一定会产生某种程度的阻碍，从而导致冲突。如来自各个地区、民族、国家、宗教信仰不同的员工肯定会在宗教信仰、价值观、行为模式、种族认同感等方面表现出差异。就好比东方国家，以群体观念为核心，共同为群体而努力，即先有国后有家。而西方国家以个人价值观为核心，追求个性，即先有自我，后有群体。还有语言符号，其作为文化的一部分，必然会表现出文化的差异，最直观的就是在语言和语义方面的表达，由于语言环境和语言内在的相互关系，让人们对语义的理解产生错误，因为人们对语义的表达往往都是通过语境和语感来完成的。因此，企业如果对文化差异处理不当就会引起文化冲突。利用得好，社会文化环境的变化与存在就会给企业带来竞争优势；但利用得不好，则企业发展寸步难行。所以，企业在具体的人力资源管理实践过程中应充分重视社会文化环境的影响，要不断调试企业管理理念和行为，从而做到与社会环境相适应、求同存异、趋利避害。

3.2.2 人力资源管理内部环境的影响

企业外部环境对人力资源管理的影响固然重要，但内部环境更重要。在外部环境无法改变的情况下，可以选择改变内部环境。企业战略、企业的组织结构、企业生命周期、企业文化等方面则是影响人力资源管理的最重要的内部环境因素。

（1）企业战略的影响

战略对企业经营发展有着纲领性意义和重大影响，它是指企业在特定时段内根据环境的变化、自身的资源和实力选择适合的经营领域和产品，以使企业在特定地域和特定环境中谋取生存和发展手段的一种总体性策略和谋划。随着世界经济全球化和一体化进程的加快和随之而来的国际竞争的加剧，对企业战略的要求愈来愈高。企业战略自身也体现出总体性、指导性、全局性、长远性、谋略性、风险性等特征。企业战略在形式和内容上是对企业各种战略的统称，其中既包括竞争战略，也包括营销战略、发展战略、品牌战略、融资战略、技术开发战略、人才开发战略、资源开发战略，等等。

任何公司的战略都离不开人、财、物的运用和配置。人力资源作为企业的第一资源，在企业战略的制定过程中起主导作用，企业的战略需要优秀的组织人才，企业的战略更需要进行人力资源管理。在 21 世纪知识经济时代下，人力资源管理已经实现了从传统管理向战略性管理的转变。在传统管理的过程中，管理者很少把人力资源管理当成是企业在经营过程中实现战略发展的核心参考因素，只是把它看作单向的管理关系，从而忽略了它在管理过程中所产生的相互影响。而战略性人力资源管理则要求人力资源管理要在企业总体战略框架下，对人力资源进行招聘、配置、培训、激励、考核、薪酬管理，借以创造协同价值，达成企业战略目标。也就是说，企业人力资源管理不仅是企业战略实现的重要保障，更是企业战略管理中重要的组成部分。企业战略对人力资源管理的影响始于对人力资源规划的影响。人力资源战略性管理水平的高低将决定人力资源规划的水平高低，进而影响到招聘与配置、薪酬与福利、培训开发、绩效考核、员工关系的管理效力，最终影响战略规划能否实施，目标能否实现。

具体而言，人力资源规划作为人力资源管理的起点，是一项系统的战略工程。它要以企业战略为指导，以全面核查现有人力资源、分析企业内外部条件为基础，以预测企业对未来人员的供需为切入点。人力资源规划还通过人事政策的制订对人力资源管理活动产生持续和重要的影响；企业的招聘管理也需要在企业战略的指导下进行。如企业人力资源招聘人员通过人力资源规划，分析企业所需补充的各类人才，利用相应招聘渠道搜集企业战略执行所需的人选。运用科学的面试和测试手段对所搜集的人才进行测评，从中选拔优秀的人才，录用并配置到合适的用人部门，从而为实现企业战略提供人力资源保障；人力资源培训与开发也是为确保员工必须掌握到实现企业战略目标而必备的知识和技能。在工作中人力资源管理培训部门通过工作分析，制订岗位关键绩效指标并搜集员工的培训需求，安排符合公司实际需要且能达到提升员工专业技能、提高综合管理水平的课程，让员工通过学习、交流、练习，掌握所学知识并运用于日常工作中，从而企业使战略目标实现；企业人力资源管理薪酬管理人员通过分析企业内外人力资源供需情况，研究经济、社会发展水平和消费水平，结合行业的薪资情况，根据人力资源规划设计出公平、合理的薪酬、福利制度，激励员工在岗位上充分发挥各自才能，保持良好的工作心态，认真执行企业战略，确保战略目标的实现；企业人力资源管理绩效考核人员根据各部门、各岗位的工作性质和工作内容设计出不同的绩效考核项目，并指导各部门实施绩效考核；企业员工关系管理就是人力资源管理部门通过定期或不定期地组织员工面谈、组织丰富多样的员工文体活动，增进员工间的了解与信任，提高团队协作的能力，合理调配和运用现有的人力资源来促进企业战略目标的实现。

（2）企业组织结构的影响

企业组织结构是其实现经营战略的主要工具，不同的战略要求不同的结构。一旦战略形成，组织结构应做出相应调整，以适应战略实施的要求。著名管理学者钱德勒指出，战略决定结构，战略选择的不同能在两个层次上影响组织的结构：不同的战略要求开展不同的业务活动，这会影响管理的职能结构；

战略重点的改变，会引起组织工作重点转变以及各部门在组织中重要程度的改变，因此要求对各管理部门之间关系做相应的调整。

组织结构形式是组织结构框架设置的模式。它包括纵向结构设计和横向结构设计两个方面。通过机构、职位、职责、职权及它们之间的相互关系，实现纵横结合，组成不同类型的组织结构。一般来讲，组织结构的主要类型如下：倾向于集权化的直线型、职能型、直线职能型，倾向于分权化的事业部制、矩阵制、虚拟制。这些组织形式各有利弊，企业应依目标与实际情况进行灵活选择。必要时也可将几种形式有机结合起来，以更有效地保证目标实现。如企业实行多元化战略，意味着企业经营内容涉及多方面业务，高度多元化的战略要求组织结构更加灵活。这就需要分权化的组织结构，这种结构是相对松散的，具有更多的不同步和灵活性。在这种组织结构下，各多元化业务之间联系相对较少，核心流程可以并行管理，这样才能从总体上推进多元化战略的实施，如事业部制。而单一经营战略或企业推行低成本战略时，就要求组织结构降低运营成本并提高整体运作效率，这时企业可选择集权度较高的组织结构，如直线职能制，这样的组织结构通常具有更多的机械性。

企业组织结构对其内部的人力资源管理起着决定性作用。这就如同一栋房子，不同的设计结构，其承重的部位是不同的。例如，一个采用职能型组织结构的企业是自上而下按照职能进行同类合并，形成按专业划分的部门。职能型组织结构的特点有：技术专家结构在组织中占有极为重要的地位，具有相当强大的决策权力；专业化程度高，行为流程化、制度化，因而会有较多的规章制度；整体的分权形式是有限的横向分权。这种结构下的人力资源管理的内容主要有两项：一是需要为所有的员工提供项目众多的常规性的、一般性的人力资源管理服务工作；二是提供具有专业深度的人力资源管理的指导工作，如指导各部门的绩效考核工作。

对于多元化经营的大型企业来讲，这些企业往往根据单个产品、服务、产品组合、主要工程或项目、地理分布、商务或利润中心来进行组织结构设计，即事业部制组织结构。这种组织结构有时也被称为产品部式结构或战略经营单位。事业部制组织结构的特点：整体的技术专家结构很小，在整个组织中的地位相对于其他部分来说非常次要；直线中层是其关键的构成部分，是重点；在工作核心层中有数个独立的小型的机械性组织，而在这些小型的机械性组织中，专业分工程度高，有很强的技术专家结构，决策权力相对集中；整体的分权形式是有限的纵向分权。采用事业部制组织结构的企业人力资源管理的最大要求是要有明确的管理层次与分工。所谓管理层次，是指事业部组织结构的集团层次人力资源管理与下面各个事业部中人力资源管理的职能分工。前者应该重点做好集团公司战略层面的规划、业务指导、高级干部的选拔与考核、重大人事政策的调整等。后者则重点做好各事业部内部的人力资源管理业务性、流程性、服务性工作，因此其工作对象为事业部内的全体员工，在要求上应该是对本事业部内所产生的人力资源管理问题做出及时、快速、周到的处理与反馈。

矩阵制组织结构也是一种非常重要的组织结构。采用这种组织结构企业，会存在两条相互结合划分职权的路线：职能与产品。矩阵式组织结构的设计，目的在于要兼得职能式和产品式（项目式）职能划分的优点。因为职能式职能划分与产品式职能划分的优缺点正好为互补型。同时，此种结构最为突出的特点，就是打破了单一指令系统的概念，而使管理矩阵中的员工同时拥有两个上级。矩阵制组织结构最大的难点就是如何掌握职能与角色间的各种平衡问题。这不仅包括两种职权之间的平衡，还包括矩阵中关键角色的平衡。因此，此种组织结构下的人力资源管理的核心工作就是要求尽可能地维持最佳平衡状态。例如，一是要求人力资源管理部门对所有员工进行正规化、专门化的训练以强化公司内部的有效沟通与人际关系引导。这主要是因为采纳矩阵制组织结构的企业一般体量均较大，需要企业内部传递的信息量很大，信息流又很是复杂。同时，公司内部经营管理问题比较复杂，容易产生各种各样的冲突和矛盾。二是对人力资源管理自身的专业化程度要求也非常高。由于矩阵制组织结构的正常运转需要一系列的全新管理与执行技能，这就需要人力资源管理者需要具备相应的战略管理思维、专业化管理技能来确保胜任这种分权式管理下的要求。不是通过自己的工作，而是要确保这些关键角色由胜任者来承担，或是使之达到胜任的要求。

（3）企业生命周期的影响

企业生命周期是指企业像生物有机体一样，也有一个从生到死、由盛转衰的过程，其间大致要经过创业、成长、成熟与衰退的过程。因此，企业终究会面临被社会淘汰的危机，而企业管理者的使命和职责在于认真分析企业运行周期，并且努力延缓企业的生命周期。企业发展需要大量人、财、物的支持，其中人是最重要的决定性因素。因此，企业的管理者要有效开发利用人力资源，提升企业的竞争能力，延长企业的生命周期，促进企业长远发展。

企业生命周期理论是由美国著名的管理学家伊查克·爱迪思于 1979 年在其发表的论文《组织的转变——组织生命周期问题的诊断与处理》中提出来的，文中他根据企业总销售额、单位产量和雇员数把企业的生命周期划分为五个阶段：产生、成长、成熟、衰退和死亡。1989 年，爱迪思又在其名著《企业生命周期》中进一步将企业生命周期细化为孕育期、婴儿期、学步期、青春期、盛年期、稳定期、贵族期、官僚初期、官僚期以及死亡期共 10 个阶段。在此基础上，我国学者陈佳贵在《企业学》中对企业生命周期进行了重新划分，他将企业生命周期划分为孕育期、求生存期、高速成长期、成熟期、衰退期和蜕变期。这不同于以往以衰退期为结束的企业生命周期研究，而是在企业衰退期后加入了蜕变期，这个关键阶段对企业可持续发展具有重要意义。根据我国学者的研究，中小企业生命发展周期可以用企业规模、企业发展后劲和企业无形资产三个指标划分为 4 个阶段，即创业期、成长期、成熟期和衰退期。在这 4 个不同的阶段，由于企业自身特点不同、发展战略不同、人员结构和特点不同，从而人力资源管理在生命周期的不同阶段采用不同管理方式以支撑企业正常发展。相关研究也表明，企业人力资源管理与企业发展阶段相匹配，并处于不断演化的过程中。例如 Dodge 和 Robbins[41] 指出：组织中“人”的问题随着组织阶段的不同而有所变化。企业在不同阶段的规模和发展速度影响其人力资源管理实践。企业从小到大的成长过程，伴随着人力资源管理逐步走向专业化和正规化[42]。Rutherford[43] 等三位学者基于中小企业生命周期的视角，对企业人力资源管理问题的实证研究也证明了类似观点。企业在各个阶段人力资源管理的特点与要求如下。

① 创业期人力资源管理的特点与要求。

这一阶段人力资源管理的特点有：一是企业员工数量少且需求缺口非常大。创业期的企业资源有限、实力薄弱，尤其是发展速度缓慢的中小企业，难以吸引员工，从而出现大量的“招工难”现象。同时，企业还急需通过招募新员工来促进企业步入正常运转。在这一阶段，企业通常缺乏各种各样的人才，包括全面的科研开发人员、优秀的销售人员、熟练的专业技能人员和高素质的管理人员。二是企业员工构成和来源比较单一。在创业期慢速成长过程中，大多数企业都缺乏专业的招聘渠道和相关经验，企业通常按照自己的方式寻求员工，员工来源与构成主要有三种：企业的核心成员，他们和企业主一般都有亲缘或者朋友关系，出于共同创业的激情参与企业经营管理，其稳定程度高；社会公开聘用的中高级技术人员；低层级一般业务人员。除了第一种员工比较稳定外，这一时期的中小企业人员缺乏稳定、合理的结构，而且普遍存在一人多岗、一人多责、靠关键人员维持运营的粗放式管理现象。三是人力资源管理工作量小且不规范。一方面，很多初创企业规模较小，在确保生存的基础上仅仅维持企业简单的组织结构和低成本管理。企业一般不设立专门人力资源管理部门，也不引进专职人力资源管理人员。此时人力资源管理职能只做基本的工作，如档案、考勤、工资管理，这些工作通常由企业的一般行政人员承担，其他职能模块的工作几乎未开展。另一方面，许多企业由于人员有限、身兼数职、分工就很模糊，所以容易造成各部门、各岗位的职责不清晰，在招聘和考核时都会出现标准不清晰、管理不规范的问题。如企业各级领导者的主观印象往往在招聘和考评中起重要作用、个人化倾向明显、“人治”大于“法治”。总之，在这一时期企业人力资源管理重点是简单管理、激励员工创业热情、降低企业管理成本。

② 成长期人力资源管理的特点与要求。

创业期企业在求得生存之后，往往会进入一个快速成长的阶段。随着企业高速发展和销售额快速提升，成长期企业发展战略的核心是如何使企业获得持续、快速、稳定的发展，因此，也对员工能力要求有了进一步的提高。该阶段人力资源管理的特点有：企业员工数量不断增多且分工愈来愈细，员工开始出现新老员工的分层和技术与营销人员的分化，关键岗位如高层次的科研和管理人才的缺口较大、部门变动频繁、人员大量调动且无序、管理难度增加，规范化管理替代靠核心员工的个人能力维持企业运行的粗放型管理。针对这些特点，企业人力资源管理工作的主要内容有：一是将企业招聘和培训工作规范化。如制定科学适用的招聘标准来确保寻找到企业急缺的高层次人才。建立企业内部完善的培训系统以便针对不同层次和岗位的员工进行个性化培训。企业培训应重视岗位技能的提高，要在培训过程中向员工灌输企业文化和竞争意识。培训效果要进行过程性跟踪和评估。二是进行人力资源规划。成长期企业制度逐渐正规，企业要建立企业人力资源的战略规划，确定未来人才需求。这样，企业在招聘和培训人才时也能够根据企业制定的人才资源规划进行。三是进行系统的薪酬管理。这个阶段企业要制定竞争力较强的薪酬体系吸引，这个体系要注重体现不同劳动和贡献的不同价值。特别是关键岗位员工的薪酬激励制度要合理。四是完善绩效管理制度。在这个阶段，企业需要加强对员工个人能力和个人行为的考核，重视企业员工的工作满意度。要将员工的工作目标和工作结果与绩效管理、薪酬管理结合起来，让员工更好地融入到企业战略发展中。五是重视员工工作环境的改善和员工关系管理。随着企业经济实力不断加大，需要对员工工作环境进一步投资，改善员工工作环境。在员工关系管理方面切实依法保护员工的权益，并充分做好员工生涯规划与管理，从而更好地激发员工的主动性、积极性和高效性。

③ 成熟期人力资源管理的特点与要求。

成熟期是企业发展的巅峰时期，这一时期企业管理的重心在于控制成本、提高管理和运作效率。企业在这一时期已经在市场上牢牢占据了一席之地，并且具备稳定的市场份额，获得稳定经济利润来源，财务管理状况非常喜人，企业账目中拥有大量的现金流量，企业在市场竞争方面能够保持更加均衡的发展状态。企业管理制度也基本趋于完善、各种部门设立完备、组织体系趋于完善，内部管理制度化、程序化，分工精细，协调和沟通增多、内部环境稳定。专业化、制度化管理已成为主要管理方式，企业内部形成经理人队伍，实施经营权与所有权的分权管理。企业更加注重客户的需求，能够满足客户的个性化需求，秉持顾客至上的工作原则，全心全意为客户服务。因此，这一阶段企业对于人力资源的管理要求往往更高，需要展开的工作内容也更加复杂。该阶段人力资源管理的特点有：企业管理者创新意识开始下降、职业经理人广泛介入、人员流入量大于流出量、晋升机制出现瓶颈、团队精神成为主流、员工满意度需求不断提高等。如该阶段很多企业管理者因为企业的成功经营、竞争力强、压力较小很容易膨胀、骄傲自满，再加上企业发展相对稳定、工作挑战性、丰富性减弱，也会使很多职业经理人、高级管理者出现上升空间的限制。针对这些特点，这一阶段人力资源管理工作的重点有：一是设立专职人力资源管理部门，组建专职人力资源管理队伍，完善人力资源部门内部管理功能，设立人力资源规划和招聘、培训、考核和薪酬福利等岗位分工或者下属机构，形成规范化的人力资源管理流程和作业流程。如企业人才招聘可以采用员工推荐、报纸招聘和高校推荐等方式，要注意招聘人才符合用人标准。规模较大的企业可以考虑引进人力资源评价中心和人力资源管理信息系统对企业的人力资源进行专业评价。二是进行专业化、标准化的薪酬管理。根据企业的岗位职能、层级、重要性建立企业统一的薪酬结构和标准化薪酬制度。在薪酬设计上，既要根据企业经营盈利目标、部门经营管理目标的完成情况对核心经营层和关键人员实施不同的利益分配方案或者利益共享机制，还要配合灵活和个性化的福利政策。三是实施系统的绩效管理。对于量化部门制定合理的考核指标，根据指标完成情况评估部门绩效，如果是不能量化的部门要制定较详细的工作规划和目标，根据完成质量进行评价。员工绩效考核要让全体员工都参与进来。考核期间，领导要多与员工进行沟通并将评估结果张贴出来，让员工对自己的考核结果有知情权，以便激发员工的工作积极性。四是要采取工作轮换或者工作丰富化手段来提高员工满意度。成熟期的企业由于工作比较稳定，员工很容易产生懈怠和不满。为减少员工的枯燥感，调动工作积极性，定期进行工作轮换或不断丰富工作内容、提高工作挑战性，增强员工自由度和独立性来提高员工满意度，进而避免员工流失。

④ 衰退期人力资源管理的特点与要求。

企业不可能永远处在成熟阶段，迟早会进入衰退期。企业进入衰退期，主要是由于国家政策调整、法律法规修改、科技进步等宏观原因或企业经营不善、资金流动减缓、产品更新减慢、竞争对手增强等微观原因。此时的企业抵御外部风险的能力日趋低下、资本量大但资本负债率高、生产规模大但包袱沉重、产品品种多但可能亏损严重、规章制度多但内部矛盾突出、企业管理层官僚作风兴起、员工之间沟通和决策速度减慢、内部推诿卸责现象增多、缺乏创新、高层的控制力减弱。企业的出路只有两个：一是死亡，二是重生。进入衰退期的企业都希望能够重生。在现代市场经济下，政府或社会往往会通过破产保护、并购重组等方式，让有些有影响的企业在衰亡时实现再生，尽可能减少对整个社会经济的冲击。因此，该阶段企业人力资源管理活动也要顺应重生的目标而进行。一是减少招聘活动。一方面企业裁减不合格员工以减少人力成本。如采取提前退休、裁员、机构改革等措施来减少企业冗余人员。另一方面，企业还要为重生做准备，在留住有用人才的同时，招募企业转型所需要的人员，如可以带来新思想的高级管理人才和在新业务领域有工作经验的专业技术人员，同时注重对企业现有可塑人才的培训，使其能够尽快适应新工作需要。二是采用人力资源管理外包。比如日常事务性的员工招聘、人事档案管理等职能工作较少或从本质上不对企业核心价值产生巨大影响，就可以考虑将这部分职能转交给社会上的专业服务公司或顾问人员。如招聘外包不仅可以打破陈旧的招聘模式，帮助企业寻找到所需的创新人才，同时又可以通过外包委托方之间转移冗余人员，这比企业直接裁员或降低员工工资更有效果。三是有针对性对员工进行危机意识的培训和转岗培训。危机意识的培训可以由企业内部高层管理者进行，培训内容主要向员工灌输危机意识，为变革者营造良好氛围。同时，为做好开发新产品和产品转型，企业要对在岗员工提供新岗位技能培训或者在岗教育和企业市场竞争知识培训，以便增强员工适应新岗位能力和对企业信心和责任心。四是制订弹性的高激励策略的薪酬分配和绩效考核体系。如可通过股权激励吸引和留住骨干人才。制定高工资和高福利的制度以吸引劳动力市场上的优秀人才。强化对高职位者的奖励措施，降低对低职位者的惩罚措施。从支持企业变革角度出发进行绩效考核，侧重于对员工综合考核。

（4）企业文化的影响

企业文化是企业成员共同的价值观念和行为规范，也是社会文化体系中一个重要的有机组成部分。企业文化既是企业群体成员观念和行为的一致反映，也是民族文化和现代意识在企业内部的综合反映和表现，它是民族文化和现代意识影响下形成的具有企业特点和群体意识以及这种意识产生的行为规范，是企业在长期的经营发展中形成的传统、优良作风。广义的理解就是物质文化与精神文化、各种规章制度约束的结合体。具体可将企业文化分为三个层次[40]：精神层文化（内隐层次）、制度层文化（中间层次）、物质层文化（外显层次）。精神文化是企业文化的核心和主体，即企业对自身环境（顾客、员工和社会）总的看法和根本观点。它包括企业目标、企业哲学、企业精神、企业道德、企业风气。其中，企业精神是最为重要的，是群体价值观的主要内容；制度层文化（中间层次）。体现在管理制度、系统中的原则及行为依据，制度是外加的行为规范，它约束组织成员的行为，对行为起着导向作用，维持组织活动的正常秩序；物质层文化（外显层次）是指企业形象物质文化，它是群体价值观的物质载体。

从人力资源管理角度讲，企业文化就是要让每一名员工都明白怎样做是对企业有利的，而且都自觉自愿地这样做，久而久之便形成了一种习惯，再经过一定时间的积淀，习惯成了自然，成了员工头脑里一种牢固的观念，而这种观念一旦形成，又会反作用于员工的行为，逐渐以规章制度、道德品质的形式成为员工的行为规范。从这个意义上理解，企业文化建设与人力资源开发管理密切相关。企业真正的资源是人才，企业发展的灵魂是文化，二者通过“以人为本”的思想得到有机结合。企业文化通过价值观念、企业精神、伦理道德和行为约束等方式对人力资源管理进行规范引导。不同的企业文化对组织人力资源管理模式的开发与管理具有不同的影响。如在强调合作和团队精神的企业文化中，倾向于采取横向信息结构、内部化的人力资源管理模式；而在强调创新和变革的企业文化中，倾向于采取纵向信息结构、外部化的人力资源管理模式。[44]在企业文化与员工的相互作用中，显然前者处于主要地位，一个人被一家企业录用而成为这家企业的新员工，这个时候的企业文化代表的是大多数老员工相互作用的结果。一个人与一个整体的相互作用，其结果自然是新员工被同化。但企业文化依附于企业而存在，随着企业的产生而产生，随着企业的消亡而消亡。即使没有总结或提出外在表现形式，企业文化依然是存在的。因此，企业文化是企业的灵魂，是推动企业发展的不竭动力。它包含非常丰富的内容，其核心是企业的精神和价值观。这里的价值观不是泛指企业管理中各种文化现象，而是企业或企业中的员工在从事商品生产与经营中所持有的价值观念。

从企业文化的角度看，人力资源管理解决的就是人才与文化的结合问题，是将企业文化与人力资源管理紧密结合以确保提升员工素质和企业形象。企业文化是企业发展的源泉，是人力资源管理工作的纲领，人力资源管理又是企业发展的保证。企业文化与人力资源管理的目标是一致的，二者是互相补充、互相促进的关系。具体而言，企业文化对人力资源管理的影响主要表现在4个方面。一是起到价值观的传递与认同作用。所有企业的人力资源管理工作都要遵循企业文化中核心价值观，并通过各大职能模块的工作将企业价值观传递给每名员工，并达到群体认同。这样两者才会完全地融合在一起，形成共同的价值观念，才会真正推动企业向前发展。二是规划员工的行为。企业文化是全体员工优秀言行的集合，是被员工认同的潜在的行为规范，企业文化通过潜移默化的方式影响员工的行为，形成无形的约束力，并让员工逐渐接受企业的价值观、经营观、发展观，将个人的发展目标统一到企业的发展目标中，让员工认为自己就是企业的主人，用无形的方式规范引导职工的行为，合理使用人才，真正做到人尽其才、才尽其用，达到人力资源的合理配置。三是凝聚激励的作用。企业文化对员工的激励主要来自精神方面。优秀的企业文化一定会有优秀的企业精神，这种精神是在企业长期发展中逐渐积累的，是历届企业的领导班子领导全体员工共同创造的，是企业发展的灵魂。这种精神首先能为企业员工提供一个和谐、积极向上的工作氛围和公平、健康活泼的工作环境。在这样环境中工作是一种享受，这种精神能激励员工敢于创新和挑战，充分调动员工内心深处的精神力量，使他们产生归属感和成就感，发挥他们工作的最大潜能。其次，这种文化精神能够满足企业员工的精神需要，它是一种精神激励，即企业精神应该是一种企业信仰，这种信仰是一种忠诚，这种信仰的力量是无穷的，为工作提供极大的动力。有了这种信仰，员工会和企业一起共渡难关，与企业共荣辱。总而言之，企业文化产生的精神激励是持久、强大的，是对员工精神世界深层次的激励。企业的激励机制和企业文化是密不可分的，完善的激励机制可以更好地巩固企业文化，而企业文化又为激励机制奠定基础，对人力资源管理起到积极的促进作用。四是体现在薪酬管理、职务晋升上。企业的薪酬和晋升工作要遵循公正、公开、公平原则，才能使员工对工作保持积极向上的热情。职务晋升要和企业的人才观念一致，真正做到重视人才、尊重人才。

3.3　中小企业人力资源管理环境问题的优化

人力资源管理环境是一个综合复杂的环境，它既是中小企业生存的外部条件，也是影响企业发展的基础。因此，解决企业人力资源管理环境问题对于企业来说很重要，一方面，对于外部环境虽然很多无法改变，但必须高度重视，要尽可能地调整企业政策来适应外部环境的变化；另一方面，对于内部环境要早发现、早诊断，尽可能构建一个适应人力资源管理与开发的优良环境。

3.3.1　做好服务职能转型，应对新经济时代变化

进入 21 世纪，中国经济模式将从以生产为中心的时代逐渐过渡到以服务为中心的时代。新兴的服务型行业包括公共事业管理、教育、咨询、信息、法律、商务、通讯、旅游、娱乐、运输、设计、家政，等等。在服务型行业就业的人员将逐渐超过生产型行业，生产型行业也将涌现出大批从事生产性服务的就业人员，如售前咨询服务、售中运输装配服务、售后维修改造服务等。

目前，服务型行业还没有走上成熟阶段，服务型行业中大多数都是中小企业，而且许多一线工作岗位都是薪金较低、职业发展潜力相对较小的工作。在这些岗位上工作的人员文化素质参差不齐，缺乏高水平的服务工作能力，制约着服务型行业的发展。这就要求中小企业人力资源管理工作应重点做好三个方面的工作。一是服务型人才的选拔。服务型人才的素质能力要比生产型人才更为全面，服务型人才是直接与顾客打交道的人，除了要掌握专业知识和技能，

还要具备完善的人格和各种社会工作能力，要具备乐于为人服务的意识和热情，要有足够的耐心和容忍度，极灵活的头脑和应变能力，要善于体察顾客的心理。二是服务型人才的绩效评价。服务型人员工作绩效的评价往往比较困难，它不像生产型人员可以用产量和产值来衡量，也不像科技型人员可以用具体科技成果来评价。企业对服务人员的绩效评价不能简单地看服务的数量和时间，要看其提供服务的质量和效果，而这些需要顾客的感受来评价。三是服务型人才的激励。中小企业做好服务型行业，必须要吸引大量高素质的人才从事服务型工作。首先，要赋予服务型工作应有的重要的社会地位。服务型工作直接为社会公众提供各方面服务的同时，为国家创造了巨大的财富，服务工作关系到国计民生，应该受到全社会的尊重。其次，要努力创造实现服务型人才个人价值的条件，如工作稳定性、业务考核评价的科学性、职称的评定、优秀人才的提拔、社会应赋予的荣誉等各方面，使服务型人才工作安心，工作有奔头，努力上进。

3.3.2 顺应信息化环境要求，完善人力资源管理体系

目前，中小企业已然置身于信息化环境之中。以中小互联网企业管理的计算机使用率为例，2013 年[45]，我国中小互联网企业在其管理工作方面的计算机总体使用率已经达到了93.1%，互联网使用率也已经达到了83.2%，说明互联网环境下实施信息化管理已经成为目前中小企业人力资源管理的最主要特点。信息化是指当前人类社会高度发展的一种状态，在这一状态中人类社会以智能化工具为代表的新的生产力，逐步代表传统生产工具，通过各种不同智能化工具的开发、培育及发展，实现在信息获取、传递、处理、再生利用等多方面功能的发展强大。在这一环境下，无论是对于社会生产力的发展，还是对于社会经济发展，都必然有着极为重要的影响。信息化环境下，由于智能工具的不断开发及功能拓展，与信息相关的各种功能不断强化，信息化环境也表现出突出的特点：信息化环境的信息处理量大、处理速度快；信息化环境实现了信息的数字化、网络化、集成化；信息化环境下知识信息扩展性强；信息化环境竞争激烈；信息化环境价值体系发生改变。

针对信息化环境的突出特点，实施中小企业人力资源管理变革对于企业而言是一项富有挑战性和长期性的任务，企业只有对自身人力资源管理体系进行同步的革新，才能实现与环境发展的高度同步。结合信息化环境的主要特点，企业的人力资源管理模式应当做出如下调整，方可达到与环境需求的同步。一是要以现代人力资源管理理论为基础，明确企业的管理核心理念、以人的全面自由发展为管理目标。二是实施战略性人资管理。在具体的信息化人力资源运作机制构建过程中，通过人力资源管理现状的调研分析，明确当前存在的问

题，并展开深入研究，明确问题的成因。根据企业的人力资源管理现状及信息化环境对人力资源管理的影响与要求，对企业人力资源管理进行规划，明确职能体系的构成；针对职能体系规划进行管理方法技术的研究。将人力资源管理机制细化至具体的运作流程，并进行不断的优化。三是建立基于成本管理的绩效评价体系。绩效评价是管理企业经营运行、促进提升资源配置效率的关键途径。基于成本管理下的绩效评价体系是把成本管理作为企业战略目标的核心，与绩效评价相融合，对企业经营过程和结果进行评价反馈和调整的新型体系，从而提高企业资源配置效率，有效提升企业自身的竞争力。中小企业应结合自身的特点，一方面，在确定自身战略目标的前提下积极提升内部管理水平，可引入成本管理方法来对内部运行成本进行控制，创造成本优势扩大利润，形成竞争优势；另一方面，在不断发展的过程中，需要对企业经营过程和成果进行评价，找出内部成本费用开支的不合理之处，同时结合市场环境的变化来对自身资源配置进行调整，从而达到保持竞争优势和促进企业持续发展的目标。四是做好企业信息化的准备工作。如硬件环境方面，要通过较大投入来改善信息化硬件配置情况、丰富现有人力资源信息化模块。在软件环境方面，做好企业的文化、企业管理流程和制度、员工信息化技能水平培训、人力资源信息化需求调研等工作。

3.3.3　做好人才培养，应对独生子女型人力资源

目前，大批独生子女已经逐渐走上工作岗位并成为社会的核心力量。中小企业中独生子女数量快速攀升，独生子女在工作和生活上与非独生子女之间有着较大的差别，这也给中小企业人力资源管理工作带来了巨大挑战，企业如果仍然采用传统方式对他们进行管理，很可能会导致企业生产效率下降、员工工作积极性降低、企业凝聚力下降等严重问题。因此，独生子女型人力资源的开发与管理问题已经提到重要的议事日程上来，而且要作为长期的战略任务进行研究。独生子女的工作行为特点突出。一是具有多元化的价值观与较强的个性。独生子女多出生于经济持续高速发展的信息化时代，时代特征造就了多元化价值观的一代。同时，在独生子女的家庭教育、社会教育背景下成长起来的员工个性通常较强，他们更愿意相信自己，对自己的想法和看法非常坚持，更加向往特立独行、无拘无束的行为方式，对企业严苛的管理制度和措施往往很抵触，或者接受不了过于直接的批评和教育；特别是，绝大多数独生子女身体和智商发育良好，受到较高的文化教育，自我价值实现的意识一般都较强。二是思想较为开放，自我意识较强。大部分独生子女的思想比较开放，他们认为工作也只是维持生活并获取收入的一种方式，因此在工作中常常以自我为中心、缺乏责任心和与人合作的意识、心理脆弱、经受不起磨难和挫折，缺乏耐

心和宽容。当工作遇到困难或无法满足自己的需求时，他们往往会选择辞职或跳槽，很少会委屈自己坚持下去。三是自我约束力较弱。大多数独生子女员工的自我约束力比较弱，他们在工作中无法用较高的标准要求自己，甚至会因此出现一些工作失误，导致严重的后果。四是更加注重享受，缺少企业归属感。独生子女会更加注重个人享受和物资需求，对于生活质量的要求更高，但对企业归属感不高，认为工作待遇决定工作去留。这也使得他们对工资收入及工作条件的要求不断提高，很多独生子女员工无法承受高收入的诱惑，更好的工作机会出现在面前时，他们往往不会考虑企业对自己的培养和付出。

为用好、管理好独生子女员工队伍，人力资源的管理要重点做好 4 个方面的工作。首先，要从独生子女培训和培养抓起。企业不仅要重视专业技能的提高，更要重视情商和人格健康的心理教育，要重点培养责任心和合作意识、与人交往能力等。其次，创新员工管理方式。例如，在确保员工完成本职工作基础上，采用弹性化的工作方式和工作时间，使他们在工作过程中可以更加轻松自由。再次，建立与独生子女员工队伍的密切沟通方式。一方面，通过建立年轻人喜欢和广泛采用的微信、QQ 群、电子邮箱等媒介建立企业沟通平台，通过平台及时收集员工合理化建议和需求；另一方面，制定合理化建议奖励机制，鼓励员工积极参与到企业管理和决策中来，以便提升独生子女的成就感。最后，进行职业生涯管理。通过专业的职业生规划指导，帮助独生子女员工做好职业规划，并提供更多成长机会。

3.3.4 强化企业文化作用，提升凝聚力

企业文化是企业的可持续发展动力。企业文化是在一定社会、经济、文化背景下在一定时间内逐步形成和发展的一个稳定的、独立的价值观。目前，大多数中小企业并不注重企业文化建设。员工普遍对企业文化缺乏科学的认识。如许多中小型企业的管理者认为，没有企业文化仍然可以赚钱，企业现在的规模相对较小的初始阶段，没有必要高谈企业文化，只有达到一定规模时再谈文化也不迟。还有的管理者认为，“企业文化”仅仅是一种形式，对企业的发展没有实际意义。正是由于中小企业中很多管理者缺乏共同的价值观和对企业文化塑造工作的重视，个人价值观和企业理念很难与企业保持一致。这也是中小企业难以吸引和留住人才的一个重要原因。事实上，一些中小企业在一个较低的水平追求单一的成本效益，在很大程度上限制了管理者和员工的文化和追求的企业理念的积极传播，它使企业的价值观难以形成强大的核心文化力，大大降低了整体的企业文化推动力，抑制了物质生产力的提高。在中小企业中，这些消极错误的观点直接影响到那些对企业发展认可的员工，很多优秀员工因为在价值观、管理理念上无法找到和企业沟通并达成共识的渠道，缺乏对企业归

属感、组织承诺，对企业未来预期和自身职业发展空间均没有清晰的规划和乐观的判断，因此，在外部机会到来之时，这些员工会不可避免地外流。

中小业应建立一个“以人为本”的企业文化。但创建独特的企业文化、竞争力，是中小企业的人力资源管理中最困难、最具挑战性的工作，也是需要完成的一项长期的战略任务。那么，如何为企业发展创造一种企业文化，促进企业文化建设进入良性发展的轨道，从而推动人力资源管理绩效改善？首先，管理者必须高度重视企业文化的负责人的选拔和培养。要为企业文化建设，尽可能选择有一定的文化素质，热心文化事业的人才，从事人力资源管理，使他们致力于建立企业文化建设，将其与人力资源管理相结合。其次，从不同时期企业的发展，认真研究、归纳、总结、提炼、升华、形成文化系统的特点，通过广泛的宣传和员工认知、认同和实践工作来形成符合中小企业特点的企业文化体系。最后，要进行标杆管理。可以学习成功企业的做法，借鉴国内外优秀企业的成功经验。通过学习和借鉴，有效地与自己的经营理念、经营特点结合在一起，形成自己独特的文化。同时，企业文化建设绝不能只停留在口号、标语水平。中小企业应将企业文化渗透到人力资源管理全过程，从员工招聘标准的制订到培训内容和项目的选择，再到绩效考核指标的设计和薪酬系统的优化，均要体现出企业文化的要求。

第4章　中小企业人力资源工作分析问题

工作分析被视为人力资源管理首要的职能。中小企业人力资源的使用和开发必须建立在对岗位的科学分析和对人才的合理配置上，二者缺一不可。人力资源管理活动是为企业经营服务的，而企业经营活动又是通过具体的岗位来完成的。因此，工作分析是各项具体人力资源管理活动的起点和依据，它根据企业的经营目标设计每个岗位的工作，对岗位的工作内容进行清楚准确的描述。

4.1　人力资源工作分析的基本原理

4.1.1　工作分析的内涵与结果

工作分析又称职务分析、岗位分析，是指对组织中某个特定岗位的工作内容和职务规范进行全面描述和研究的过程。工作分析的结果是产生职务描述和任职说明。职位描述就是确定工作的具体特征，即主要通过工作调查，在取得有关真实信息的基础上，对职位的名称、工作的职责、工作的要求、工作的场所、工作的时间以及工作的条件等一系列内容做出比较系统的描述，并加以规范化；任职说明就是找出任职人员的各种要求，即任职资格说明。有了准确、规范的职位描述，就要想到承担本岗位的员工应该具备什么样的资格和条件。这些资格和条件一般包括：工作经验要求；专业知识与技能要求，如操作能力、决策能力、创新能力、组织能力、协调能力、沟通能力、判断能力、交往能力等要求；心理要求，如责任心、胸怀、胆略、忍耐力、挫折承受力、风险态度等；体力要求等。这些要求就构成了职位规范工作的结果——“任职资格说明”的主要内容。

工作分析是一项十分细致的工作，它的工作结果也是制定各种人力资源管理政策提供信息资料的基础，是人力资源管理诸要素中最基本的要素。如工作分析是组织招聘录用员工、实施培训的依据，是对员工进行绩效评估管理、制定公平薪酬政策、进行职业生涯管理、完善员工关系管理等工作的前提。通过工作分析主要回答两个主要问题。

第一，“这是一个什么岗位?”这一问题与岗位上的工作活动有关，包括岗位名称、工作职责、工作要求、工作场所、工作时间以及工作条件等一系列内容。

第二，“岗位胜任条件是什么?”这一问题则与从事该岗位任职者的资格有关，包括专业、年龄、必要的知识和能力、必备的证书、工作的经历以及心理要求等内容。

中小企业若想保持持续的竞争力，势必要靠人才的使用和高效配置。通过工作分析，不仅有助于企业员工本人反省和审查自己的工作内容和工作行为，以帮助员工自觉主动地寻找工作中存在的问题，圆满实现岗位对于企业的贡献；还能使人力资源管理人员充分地了解企业经营的各个重要业务环节和业务流程，从而有助于人力资源管理职能真正上升到战略地位。借助于工作分析，企业的最高经营管理层能够充分了解每一个工作岗位上的人目前所做的工作，可以发现岗位之间的职责交叉和职责空缺现象，并通过岗位及时调整，提高企业协同效应。众所周知，企业的生产经营目标是靠有组织的生产经营活动来实现的，而生产经营活动又是通过具体的工作来完成的。因此，人力资源管理者首先要完成的工作就是根据企业生产经营目标设计工作，对每项工作内容进行清楚准确的描述，对工作职责、权力、隶属关系、工作条件进行具体说明，并对完成该工作所需要的行为、条件、人员提出具体的要求。如企业的招聘广告上，常有“45 岁以下，全日制专科以上学历，有 8 年以上相关工作经验，有相关岗位从业资格证书”等具体要求，这属于职位规范的一般要求。对不同的岗位还有不同的生理要求和心理要求，包括健康状况、力量和体力、感官灵敏度、视力等级、观察能力、集中能力、记忆能力、理解能力、性格、气质、态度、事业心、合作精神，等等。这些都属于工作分析。也就是说，没有周密、细致的工作分析，人力资源管理的科学性就无从谈起，只有在科学规范的工作分析基础上，中小企业才可以为制定各种人力资源管理政策提供信息资料，对岗位进行更为科学合理的设计，从而提高员工的工作积极性以及工作绩效。

4.1.2　工作分析的本质与要素

（1）工作分析的本质

工作分析的本质是指从不同的个人职业生涯与职业活动的信息调查入手，顺次找出工作群、职务、职位、职责、任务与要素的过程，并由此进行分析、整理、运用信息来确定工作的内容、范围、属性关系、繁简难易程度与所需资格条件的信息管理过程。如果从信息管理的角度来理解，决定工作分析效果的关键是信息来源的渠道、信息采集的内容、信息调查的方法、信息分析与运用的工具等方面是否科学与适用。其中，工作分析的信息来源最为关键。关于工作分析的信息来源，外国人事心理学家从人力资源管理的角度出发提出从 7 个方面对工作进行分析[46]：谁来完成这项任务；这项任务具体做什么事情；职务时间的安排；职务地点在哪里；他为什么做这项职务（职务的意义是什么）；他为谁做这样的职务；他是如何做职务的。总之，工作分析就是要为管理活动提供与工作有关的各种信息。

（2）工作分析的要素

既然工作分析与人力资源的获取、整合、保持与激励、控制与调整、开发等都有着密切联系，那么作为人力资源管理的一项职能活动，工作分析同样也应该具备任何一种活动所必备的基本要素。

① 工作分析的主体。

工作分析的主体一般都由工作分析小组构成。小组成员一般由三类人员构成。一是人力资源部门的人员。人力资源部门人员分两部分，一部分是人力资源部门的工作分析专员，他们是工作分析工作的具体组织者、方案拟定者，是企业工作分析的主体。这些人员既具有企业人力资源管理工作的专业知识和经验，还要熟悉被分析岗位的情况。他们具体负责：根据企业实际情况，选择合适的工作分析方法，制定操作规范和相应的各种登记分析表格；确定参与某岗位工作分析的组成人员；出据分析报告。另一部分则是人力资源部门外聘的企业外部专家或者顾问。这些外聘人员既可以对工作分析过程提供更加专业的技术指导，也可以防止工作分析出现主观偏差，有利于保证工作分析结果的科学性和客观性。外聘专家的聘用与否要视企业实际情况而定，如果涉及到面很大、企业缺乏相应专业人员且有实力能够承担相应费用则考虑聘请专家。二是企业的各级管理者，尤其是企业的高层负责人也要参与进来。其中，企业高层负责人主要负责提供决策支持和人、财、物、组织等资源支持。各部门及各级管理者由于对所负责范围内的工作岗位的信息较为熟悉，在工作分析中既要负责提供相关信息，还要负责与被分析岗位员工进行沟通，同时在工作分析结束后要负责直接应用工作分析的结果。也就是说，各级管理者应该是进行工作分析的执行者，负有严格、公正、规范执行的责任，同时对实际分析过程有权提出更符合岗位情况的变更，这些管理者与人力资源管理者相互配合、协作完成。在前期的策划和方案拟定及分析开始的阶段中，以人力资源部门为主，在具体的分析活动中则以各部门管理者为主，在后期的分析汇总，出具报告阶段又以人力部门为主。三是被分析岗位任职者。岗位任职者是工作分析主体中最关键和最“天然”的分析主体。由于任职者最了解岗位的实际情况，但又会带有很明显的主观色彩，所以他们在工作分析各个阶段要和人力资源部门人员、岗位主管人员等在一起共同参与相关工作，如接受工作分析访谈、填写各类问卷并提供相应岗位信息、审查和修改所有岗位分析人员编写出的反映他们工作活动和职责的结论性的描述、参与编写职务描述和任职说明书等。

② 工作分析的客体。

工作分析的客体就是组织内部的各个职位。工作分析不是对岗位任职者本身工作情况的描述，而是从岗位本身出发，分析岗位的职责权限、主要工作内容。一方面，要求在工作分析中遵循对事不对人的原则，即以任职者所在岗位的任务职责要求为出发点，严格按照岗位的要求来编写职务说明书；另一方面，要在工作分析中立足当前岗位的实际要求而不能以未来岗位的要求作为分析对象，而且这种要求应围绕岗位职责开展而非岗位待遇。每次工作分析职位范围的选择取决于工作分析的目的。一般情况下，企业主要有三种情况要进行工作分析，而且每种情况对应选择的职位类型和范围会有所不同。具体情况见表 4–1 所示。

表 4–1　　工作分析的时机与工作分析客体的对应关系

序号	需要工作分析的情况	需要分析的岗位类型和范围
1	企业从未进行过工作分析	一般有两种思路：一种是先重点岗位后全部岗位；另一种是全面开展
2	企业有工作分析，但因发展需要对职位进行增减或者调整	仅限增减或者调整岗位：如由于技术改造减少定员或者生产效率提高都要对现有工作内容进行重新分析
3	新企业成立	一般新企业成立之时，很难做到规范的工作分析，但此时却是形成工作分析原则、标准的最佳时期。因此，企业新成立时是做好工作分析，为人力资源管理其他后续的职能工作奠定扎实基础的最佳时机

③ 工作分析的内容。

工作分析的内容取决于工作分析的目的与用途。有的工作分析是为了规范新工作的内容；有的是为了对现有工作进行调整和进一步明确，从而制定更为合理的薪酬奖励制度；还有的是为了改善工作环境，提高企业员工的绩效水平。另外，不同的组织内由于自身特性不同，工作分析的内容和侧重点也会不同。工作分析的结果是职位描述和职位规范。这两部分往往合成为工作说明书，也可以叫作职位说明书或者岗位说明书。一般来讲，工作分析的主要内容包括以下三个部分。

第一，工作内容分析。工作内容分析是工作分析的核心。具体包括：一是工作目标与职责分析。工作目标与职责是工作分析中最为重要的内容。它是对工作总体目标和职责的反映，可用简单的语句勾画出工作目标与主要职责，不必细分出具体的任务和活动，描述应简单、明了。工作目标与职责的内容有：

工作任务范围、工作责任重要程度、工作权限。具体包括：资金、设备、仪器、工具、原材料的使用和保管；完成工作任务的数量、质量；市场开发、产品设计、工艺流程；监督管理他人及被监督管理；权利与责任对等程度等。二是工作任务分析。工作任务是完成某项工作职责时所要进行的工作，要详细描述岗位应完成的所有工作任务及所需时间、发生频次、工作量等；一些工人岗位要列出详细的工作流程。工作任务的描述要全面，特别是相对较为重要、有一定工作量的工作任务不能遗漏。描述也要具体，让人对该岗位所做的工作有一个清晰的了解，避免泛泛而谈。当然根据岗位层级的不同，详细程度的要求也有所区别，职级高的岗位可概括一些，职级越低要求描述越详细。如：总经理岗位的职责之一：制订和实施公司年度经营计划。履行此职责需完成的工作任务：根据董事会下达的年度经营目标，组织制订、修改、实施公司年度经营计划等；董事会秘书岗位的职责之一：负责董事会会务工作。履行此职责需完成的工作任务：拟定会议通知，并按规定的时间要求书面通知全体董事等。三是工作关系分析。工作关系分析的内容主要是要反映出组织中各个岗位之间的分工与协作的关系，即本岗位与企业内部的哪些岗位或公司外部的哪些单位、部门之间有业务联系，何种业务联系。具体关系有：上下、平行、交叉层级之间的隶属和协作关系。比如企业的一项较为重要的生产岗位的工作任务分解到两个或两个以上岗位时，这些岗位之间就存在着不可缺少的流水作业或者同步协作关系。同时，还要分析生产岗位间的调配和流动关系，即某一级别的生产岗位可以晋升、平调、降级到哪些岗位。四是工作要求分析。工作要求具体包括两个层面：一方面是指完成本岗位工作应达到的数量、质量、应具备的工作作风、工作态度及应遵守的规章制度等；另一方面则是指岗位间工作职责的协作关系，即明确规定各个岗位间协作目的、方式、内容等。在分析各岗位间协作职责时需要明确指出工作流程中各岗位衔接或转换的节点以及各岗位间的责权利界限。

第二，工作环境分析。工作环境分析是对岗位员工工作中所受到的外部环境和条件的影响因素、影响程度的分析，目的是确定环境要素是否给员工的身心造成不良影响，并据此判断是否给予补偿以及如何补偿的过程。工作环境分析的内容主要包括四个方面：一是物理环境分析，即工作地点的温度、湿度、照明度、噪声、粉尘、空间、异味等物理因素对员工的影响程度；二是工作中的工具设备分析，要求对工作中所用到的机器、设备及辅助性工具等的操作难度、技术要求、使用频率、维护运行要求等内容进行详细分析；三是对工作的安全环境分析，即员工所处工作环境的危险性、劳动安全卫生条件、职业病患病可能、危害程度等，通过对本岗位工作可能出现的安全风险、安全注意事项、安全操作规程、须佩戴的劳动保护用品等进行分析；四是人际环境分析，人际环境分析主要指从事该岗位需要接触和处理、沟通协调的人际交往数量、频率、程度等，具体包括同事、上下级、客户等关系。

第三，任职资格分析。任职资格是对相应人员入岗的具体要求，决定了任职者是否胜任工作岗位的条件。任职资格分析是工作分析的另一个难点，特别是对能力要求的分析。能力是具有复杂结构的多种心理及行为特征的综合，任何活动都要求人具有多种能力。不同的岗位，对能力的要求各不相同，要根据各岗位的工作职责、工作任务及工作要求等内容进行分析，把握各岗位对能力要求的不同之处。具体任职资格条件主要包括：生理和心理要求，所必需的专业知识、工作能力、职业资格，要求详细、具体。如生理要求包括：健康状况、身高、裸眼视力等身体条件的限制、性别要求、任职者年龄要求、形象气质要求等；心理要求包括：任职者的性格类型、任职者必须具备的心态、任职者必须具备的职业道德品质等；业务知识则是指完成本岗位工作所必须具备的专业知识、业务知识及本岗所需的其他相关知识；能力要求是指为完成工作任务所需的领导能力、管理能力、沟通与协调能力、创造能力、分析判断能力、解决问题与决策能力等；操作技能则是指为完成本岗位工作任务需何种技能；资格证书是指根据国家规定，从事某岗位所必须持有的职业资格证、特种作业人员操作证等。

4.1.3　工作分析的流程与方法

（1）工作分析的流程

工作分析是人力资源管理部门一项艰巨而复杂的基础性工作。它是在对企业一切问题进行深刻了解的基础上进行的，所产生的结果可以在企业人力资源管理的组织设计、招聘录用、绩效管理、人力资源规划、员工培训、薪酬设计等多个领域应用。企业在实行过程中，必须牢牢把握与工作岗位实际情况相结合的基本原则，必须从本企业工作岗位中获得真实可靠的信息，所产生的岗位说明书也必须能够指导企业的实际工作，不能照抄照搬其他企业的工作分析成果。在管理工作中，要顺利地进行工作分析，需遵循一定的工作流程。一般来说，工作分析要经过 5 个阶段即工作分析准备阶段、岗位信息收集阶段、岗位信息分析阶段、岗位说明书编制、岗位说明书的运用与调整阶段。

① 工作分析准备阶段。

在工作分析准备阶段主要有 5 项任务。一是要成立工作分析小组并做好工作分析的计划。工作分析小组成员的胜任程度直接决定工作分析信息收集的准确性和科学性。工作分析小组成员一般由公司的人力资源管理人员、公司各级管理者、被分析岗位任职者等组成。这些成员的选择既要满足熟悉被分析岗位的要求，还要确保提供岗位信息的客观性、全面性和专业性，同时还要体现出对工作分析工作的高度重视和支持。二是要确定工作分析目标，并根据分析目标来确定收集信息的岗位样本。在实际工作中，如果没有制定明确的工作分析目标，那么在工作分析过程中就可能盲目进行大量的信息采集，而这些信息的针对性一般较弱。三是要组织专项培训。如不仅要对工作分析小组成员和工作分析其他关联员工说明工作分析的重要性和与每个与员工切身利益的相关性进行宣讲，还要重点对工作分析小组成员讲解分析工具的使用和注意事项。四是确定工作分析样本。工作分析样本的确定主要由工作分析的目的决定，而工作分析目的一般有三种类型：新建企业需要、企业从未做过现需要做、企业发展中阶段性需要。企业要根据不同工作分析目的选择相应分析样本的数量、层次和范围。五是根据工作分析目的和样本情况确定信息收集的方法和工具。一般工作分析中常用的信息收集方法有问卷调查法、现场观察法、工作日志法、访谈法、关键事件法等。每种方法适用不同的岗位类型，每种岗位可以一种或者几种方法并用。

② 岗位信息收集阶段。

岗位信息收集阶段主要有三项任务。一是收集和工作分析有关的背景资料。如收集国家职业分类标准或国际职业分类标准、企业现行组织结构图、现有的职务说明书或职位描述资料、年度工作总结等。同时，对收集到的这些资料进行消化吸收，工作分析小组可以通过对资料的消化发现问题并做好记录。二是编制收集信息的表单和工具。工作分析小组要在查阅大量文献和背景资料的基础上进行问卷或者访谈提纲的编制，同时听取行业专家和人力资源专家的意见对问卷进行修改。修改后的问卷由工作小组成员进行试填，通过试填后对发现的易产生歧义的问题和归类不恰当的问题进一步修改，同时听取工作分析相关人员意见，直到最后确定表单。三是收集样本信息。根据确定的信息收集方法编制相应的调查问卷或者访谈提纲，广泛收集各种信息。信息具体包括两个方面的内容：确定工作的具体特征；找出工作对任职人员的各种要求。前者称为工作描述，后者称为任职说明。信息内容可以概括为“6W2H”，即以下几点。

- Who：谁从事此项工作？责任人是谁？对人员的学历及文化程度、专业知识与技能、经验以及职业化素质等资格要求。
- What：做什么，即本岗位工作或工作内容是什么？负什么责任？
- Whom：为谁做，即顾客是谁？这里的顾客不仅指外部顾客，也指企业内部顾客，包括与从事该岗位的人有直接关系的人：直接上级、下级、同事，客户。
- Why：为什么做，即岗位对企业的意义所在。
- When：工作的时间要求。

• Where：工作的地点、环境等。

• How：如何从事此项工作，即工作的程序、规范以及为从事该岗位所需的权力。

• How much：为该分析岗位所需支付的各种费用、报酬。

在信息收集过程中要重点把握好 4 件事。第一，用好已有的资料。例如，职位分类标准、组织结构图和工作流程图。收集到这些资料后，要对这些信息进行有效性确认。在判断已有资料使用价值时，应重点考虑四个因素：信息来源、收集资料过程中的样本和方法、整理资料的步骤、已有资料与新任务之间的关联度和相似性。第二，确定正确的信息范围。工作分析的目的不同，信息采集的范围也不同，不一定每次工作分析活动都要采集全面信息，既不应漏掉必须采集的信息，也不必采集与分析目的无关的信息。第三，选择正确的信息来源。信息采集范围确定后还要选择信息源，可以选择哪些信息源，找哪些人访谈，看哪些现场，记录哪些活动，调阅哪些资料，应根据工作分析的目的和任务来进行具体设计和选择。信息的收集是多方面的：不同层次的信息源提供的信息存在可信度上的差别，工作分析人员应该站在公正的角度听取不同信息，不能心存偏见，确保信息的真实性。第四，灵活运用各种方法。工作分析方法多种多样且各有优缺点，在实际工作分析中，应结合调查对象加以选择，既可采用其中一种方法，也可以多种方法并用。

③ 岗位信息分析阶段。

岗位信息分析阶段主要包括三项任务。一是审核已收集的各种信息。工作分析所获得的信息必须送交相关人员进行审查确认。工作分析提供了与工作的性质和功能有关的信息，这些信息必须与从事这些工作的人员以及他们的直接主管核对可能出现的偏差。这一核对工作有助于确定工作分析所获得的信息是否正确、完整，同时也有助于确定这些信息能否被所有与被分析工作相关的人理解。二是创造性地分析，发现有关工作或工作人员的关键成分。对所采集到的信息进行综合分析，包括工作责权分析、工作关系分析、工作环境分析、任职资格分析等。在分析的基础上形成规范性的信息，对比各条信息，挑选出其中具有关键性的部分。三是归纳、总结出工作分析的必需材料和要素。具体进行分析时可从几个方面进行：岗位基本信息分析包括岗位名称、所在部门、直接上下级等基本信息；工作权限分析主要分析在人事和经济方面有多大权限，另外还包括任务完成过程中的权限，包括决策权、审批权、指挥权、指导权、监督权、否决权、处罚权、汇报权、设计权、修正权、执行权、建议权、协作权等，并分析有哪些缺损的权限；工作职责分析主要进行岗位任务范围、责任大小和重要程度分析；任职资格分析是要了解岗位所需的最低学历、所需的相关专业、所需的工作经验、上岗所需要接受的培训、所需要的身体要求、需要具备的性格；工作关系分析主要分析受谁监督、监督谁、与哪些部门和岗位发生联系、联系的种类和程度如何、该工作可以晋升到哪些职位、可以转换到哪些职位；工作环境分析主要是分析所处的环境，以及该环境对人产生的影响。如室内、室外、独立办公室、敞开式办公室、温度、工作地点移动频率、危险性、患职业病的可能等；工作时间分析主要分析是否需要长时间工作、工作时间分配是否均衡、是否会扰乱人的生理规律、平均的加班时间、平均的出差时间；工具设备分析主要分析从事工作所需用到的一些办公设备和用品、岗位尚未配备的办公设备和用品。最后，归纳总结挑选出重要信息，为岗位说明书的形成准备资料。

④ 岗位说明书编制阶段。

岗位说明书编制阶段的工作主要分为三步：第一步，根据前期信息收集和分析工作编制岗位说明书初稿。一般来说，一份比较完整的岗位说明书应该包括以下几个具体的项目：岗位标识、岗位概要、履行职责、业绩标准、工作关系、使用设备、工作的环境和条件、任职资格、其他信息。这些信息中前 7 项属于工作描述，后面的任职资格属于任职说明。具体编制岗位说明书时，一般都要按照一定的格式来进行。岗位说明书是表明企业期望员工做些什么、规定员工应该做些什么、应该怎么做和在什么样的情况下履行职责的总汇。岗位工作说明书的基本格式因不同的情况而异，需根据企业具体情况进行制订，在编制时要注重文字简单明了，并使用浅显易懂的文字填写；内容要越具体越好，避免形式化、书面化。第二步，对岗位说明书初稿进行修正。工作分析小组将初稿交由专家讨论，专家包括工作分析专家和行业专家，通过听取工作分析专家和行业专家的意见，不断地完善并形成岗位说明书修正稿。第三步，岗位说明书审定。经过专家修订的岗位说明书还要交予企业高管进行审定，审定后形成岗位说明书定稿。同时，要开展对企业员工进行岗位说明书的培训，培训的目的在于让任职者了解岗位说明书的意义与内容，让人力资源部门与员工了解如何在工作中运用岗位说明书。

⑤ 岗位说明书的运用与调整阶段。

编订好的岗位说明书对企业各项管理工作影响巨大，尤其是在人力资源管理系统中，工作分析是基础。可以说，工作分析对人力资源各个方面的工作都会产生一定的影响。工作分析的结果对于人力资源规划的准确性和科学性有很大影响。具体来说，人力资源规划要预测和平衡好企业发展所需要的人力资源数量、质量和结构问题，就必须借助于工作分析来对现在和将来岗位任职者的胜任资格进行科学判断，从而才能判断任职者和岗位是否匹配，空缺多少？缺什么样的人？例如：一个房地产企业，要转型为一家互联网公司，这时人力资源规划应该如何做？仅仅照抄一家现有互联网公司的模式是不够的。好的办法是在现有工作分析的基础上，先把现有人员的构成进行分析，然后将未来互联网公司所需要的能力和知识进行预测，并根据其差距，提出能力的补充要求，并推测出人力资源的需求；工作分析结果应用在招聘和培训环节就更加直接了，如岗位说明书就是招聘条件和培训内容的直接依据；工作分析对绩效考核的影响也比较直接。如在开展员工绩效考核时，按照员工工作要求提取的考核指标就是结合员工工作职责或工作内容开展的，而这些内容则是工作分析的结果。特别是员工的晋升和调整也要参考工作分析的结果。也就是在企业的实际工作中，管理者应该选择最适合新岗位而不是在旧岗位表现最好的那一个员工。这是因为工作分析已经将新岗位所需要的工作内容、工作能力、任职要求进行了详细的分析。员工的绩效仅代表了在过去岗位工作的成绩，是否能够适应新岗位的能力及任职要求才是最重要的衡量标准；工作分析对薪酬管理的影响也比较明显。如很多企业普遍采用的岗位工资制，就是基于工作分析的结果确定每个岗位的薪酬标准的。即使是基于绩效或能力的薪酬体系，也并未从根本上脱离员工岗位和基于岗位评估的薪酬设计的基础。

同时，工作分析不是一劳永逸的。在当前企业发展变化极快的情况下，应该建立工作分析的动态管理机制，制订好固定的盘点调整和临时性调整计划，确保职位体系与企业的发展需要相匹配。在实际工作当中，随着企业规模的不断扩大，岗位说明书在制订之后，还要在一定的时间内，有必要给予一定程度的修正和补充，以便与企业的实际发展状况保持同步。

（2）工作分析的方法

目前，工作分析的方法可以分为定性和定量两大类，但由于定量的分析方法操作起来比较烦琐、成本高昂，对专业工作分析人员的依赖性过强，再加上管理实践已经从对职位进行严格、精细的评价转向更为重视人的能力发展以及对外部环境的适应性。同时，定性分析的方法因其成本低、使用灵活便捷、员工参与度高、适应环境性高等优点被广泛接受与认可。因此，多数企业都采用以下几种常用的定性分析方法。

① 访谈法。

访谈法也称采访法、面谈法，它是通过工作分析人员与员工面对面的谈话来收集职位信息资料的方法。它是比较常见的一种工作分析方法。运用访谈法可以对任职者的工作态度和工作动机等有较深层次的了解，由任职者亲口讲出的工作内容具体且准确性高，双方的交流与沟通不仅能收集到职位信息，还能让任职者了解工作分析的重要性，使他们更容易接受工作分析的结果。访谈时，可以要求任职者叙述所做的工作内容以及他们是怎样完成工作任务的，然后，使用标准格式记录下他们的叙述。访谈法的优点是可收集到较多的信息，尤其对工作方面的信息可以了解得更为深入、确切，还增加了沟通的机会；但这种方法的不足之处在于被访谈者对访谈的目的往往持怀疑态度，回答问题时会有所保留，导致信息失真。访谈工作费时费力，所花费的时间较长，如果被访谈者采取不合作的态度，收集的信息就可能是扭曲的、不真实的。因此，修正的方法是通过相同职位获得的相似资料或者其他相关人员的看法来矫正偏差。访谈时要注意修正偏差。有时被访谈者会有意无意地歪曲其职位情况，比如，把一件容易的工作说得很难或把一件难的工作说得比较容易。这要靠收集多个同职者的访谈资料加以对比和校正。

访谈法更适合对任职者心理和生理要求的分析，且不能单独用于工作分析。访谈法是否成功，关键在于谈话者之间的坦诚和信任，访谈者必须与被访谈者建立融洽的感情沟通和交流，取得对方的理解和支持。在进行访谈前还应拟定一份详细的问话提纲，以避免问题的遗漏或在谈话中跑题。访谈结束后要将收集到的信息资料请任职者及主管核对，并有针对性地做出适度的修改和补充，以保证获得真实可靠的职务信息。在有些情况下，对于某些岗位不可能去现场观察或者存在难以观察的情况，或需要进行短时间或长时间的心理特征的分析，以及被分析的对象是对文字理解有困难的人，在诸如此类的情况下，也需要采用访谈法。

根据访谈对象的特点可将访谈法分为：个别访谈和集体访谈。集体访谈的对象一般是做相同工作或者相近工作的员工；按照访谈活动计划的规范化程度也可以分为：结构性访谈、非结构性访谈、半结构性访谈，其区别在于访谈内容和方式是否事先做了比较严格的设计。具有严格的访谈目的、内容、方式的访谈，称为结构性访谈；随机性和灵活性较大的访谈，称为非结构性访谈；半结构性访谈居中。访谈时，可以采取个人、小组的方式来进行。访谈法进行的原则为：与主管密切配合；与被面谈者尽快建立融洽的谈话气氛；准备完整的问题表格；要求对方依工作重要性程度依序列出；收集整理之后的资料让任职者及其直接主管阅览，以利补修。访谈法进行的程序包括：拟定访谈问卷和访谈提纲；设计访谈方法和技巧；组织访谈培训，熟悉面谈法的一些标准；选择适当的回答者并提前进行沟通；访谈；访谈资料整理与分析。

② 问卷调查法。

问卷调查法是通过问卷来获取工作分析信息，实现工作分析目的的一种方法。问卷调查法因其具备操作程序简单、适用范围广、时间和人力成本较低等优点而被大多数组织用作收集职位相关信息的方法。但该方法也表现出一些不足：对问卷的设计水平要求较高、不同问卷填写者由于主观理解的差异导致问卷信息的误差较大、问卷回收率通常较低、不适合基层和一线岗位员工填写等。因此，使用问卷调查法来获得工作信息的质量，关键是取决于问卷本身的设计质量，同时还受被调查者文化素质的高低以及填写时的态度等因素影响。

总之，问卷调查法更适合管理职位、技术职位等专业性较强和层次较高职位的工作分析。

调查问卷分为开放式问卷和封闭式问卷。开放式问卷中的问题允许填写者或者回答者自由表达他们对问题的看法。该问卷精度不高、随意性较强。封闭式问卷则要求填写者或回答者在问卷提供的答案范围内进行选择。这种封闭式可以全面地、完整地收集信息，能对不同的组织结构进行个性化的设计，因此具有适应性强和灵活高效的优势。当然也有两者相结合的问卷，即问卷中既有封闭式问题也有开放式问题。

问卷调查法的操作程序：问卷及调查方法设计、确定调查对象、问卷发放与收集、问卷分析与结果调整。[47] 调查问卷共有 5 方面内容：第一，信息输入：工作者在何处与如何得到工作必要的信息；第二，心理过程：在工作中推论、决策、计划、处理信息的过程；第三，工作输出：在工作中物质的活动，使用工具装置；第四，与他人的关系：在工作中与他人的关系；第五，工作内容：物质的与社会的内容。[48]

在使用问卷调查法时要注意三个问题。一是注重问卷设计的质量。问卷设计时尽量包含详细的填写说明书和填写范例，调查问题与调查目的应高度一致，以免出现信息遗漏或者信息溢出现象。调查问卷的表达形式要简明易懂，并避免出现诱导式问题。二是重视调查前的培训。如应该对填写者进行面对面的辅导，重点说明填写问卷调查的意图、解读问卷的内容和填写规范。三是审核信息。在调查问卷回收前必须将问卷反馈到被调查者职位的上级主管，请他们帮助把握问卷信息的准确度。问卷回收后，要注意不同填写者之间的差异性。

③ 观察法。

观察法是指工作分析人员直接到工作现场，对某些特定的职位进行观察、收集、记录的方法。观察法是最简单的方法。它的优点：工作分析人员能够比较全面和深入地了解工作要求。成本较低、经济实用，且容易操作。但是其缺点也是显而易见的：如不适用于脑力劳动要求比较高的职位，以及以处理紧急情况的间歇性工作，如律师、消防队员等。观察法容易引起任职者的心理上的反感，认为这是一种监督和威胁，有时就会导致工作过程中行为动作出现差错或者走形现象。因此，观察法只适合那些工作内容是由身体活动来完成而且重复性较大、重复性周期较短的工作，如搬卸工、保安、售货员、流水线工人等。

由于不同观察对象的工作周期和工作突发性不同，可将观察法划分为三种。一是直接观察法。工作分析人员直接对任职者的全过程进行观察，适用于工作周期很短的工作。二是阶段观察法。工作分析人员为获取全面信息，必须分阶段地观察任职者的工作情况，适用于工作周期较长的工作。三是工作表演法。工作分析人员要求任职者现场演示实际操作过程，适用于工作周期很长且突发事件较多的工作。

观察法虽然操作相对容易简单，但有些环节把握不好，也会出现问题。因此在操作过程中要把握好5个要点。第一，注意选择适当的观察对象。观察对象的数量一般为3~5位，并且工作业绩应当较高。第二，观察过程中切忌采用“暗中观察”的方式，这样容易引起不必要的反感。第三，观察的地点要固定，观察的时间跨度要固定。第四，做好适度的“开场白”。开始观察前要简要说明观察目的，可以有效打消任职者的“跟随效应”。过细的介绍反倒会束缚任职者行为。第五，观察记录时一定要严格遵守观察记录的流程要求，本着严肃、敬业的态度做好每个环节的记录。如果在记录中出现疑问，要适时沟通、即时反馈。

④ 工作日志法。

工作日志法又叫工作写实法、工作日记法，就是由任职者本人将工作时间内的工作内容按照时间发生顺序记录下来，并以此作为工作分析材料的方法。这个方法要求工作分析人员指导从事工作的员工记录好每天的工作内容和活动并形成日记或日志。记录者不是工作分析人员而是从事被分析对象职位的任职者。实施这种方法的基本依据是从事某一工作的人对这一工作的情况与要求最清楚。该方法的优点是操作比较简单、成本低，对分析高水平和复杂性工作更经济有效。但这种方法也可能存在误差。如无法对日志填写过程进行监控，导致任职者填写活动的细化程度与预期要求差异较大；任职者也会出现“事后”补救记忆式填写现象，无法保证信息记录的真实与准确性；由于填写日志会占用一定时间，可能会对任职者的正常工作产生不良影响。因此，要求工作分析人员与填写者定期交流，以削弱信息来源的单一和误差，同时对工作日志进行事后分析和检查。工作日志法提供的信息相对比较细致，但填写者容易夸大事实且材料比较凌乱难以组织，整理起来比较困难，因此，该方法一般要配合其他方法使用，或者仅适用于对管理工作或其他随意性较大、内容复杂的工作分析。

在使用工作日志法时需要注意三个事项。一是工作日志的内容一定要按照工作活动发生的时间顺序进行记录。任职者本人连续记录自己所完成的工作任务，一般要记录10天以上，包括工作任务、工作程序、工作方法、工作职责、工作权限以及各项工作所花费的时间等。二是任职者需要及时记录下来工作活动和内容，不能靠回忆“创造”工作日志。三是工作日志法的准备工作很重要，即编制工作日志填写指南、培训辅导填写方法、设计合理的工作日志记录表等。

⑤ 关键事件法。

关键事件法就是请任职者的直接主管或者熟悉任职者工作情况的人记录对任职者来讲影响其工作绩效特别有效或者特别无效的行为，以此来确定任职资格的工作分析方法。一般而言，工作分析的方法可以分为职位定向方法和行为定向方法。前者相对静态地描述和分析职位的特征，收集各种有关“工作描述”一类的材料；后者集中于与“工作要求”相适应的工作行为，属于相对动态的分析。关键事件法就是一种常用的动态的行为定向方法。这种方法要求管理人员以及其他熟悉工作职位的人员记录工作行为中的“关键事件”——使工作成功或者失败的行为特征或事件。在大量收集关键事件以后，可以对它们做出分析，并总结出职位的关键特征和行为要求。关键事件法既能获得有关职位的静态信息，也可以了解职位的动态特点。

关键事件法的优点是关键事件法聚焦于岗位任职者的行为，因为行为可以有效观察和测量，所以最终形成的结论有理有据；缺点是收集归纳典型事例并进行分类需要耗费大量时间；由于描述的是典型事例，因此很难形成一个整体概念。在工作分析信息的收集过程中，一般不可将关键事件法单独作为分析工具，必须跟其他方法搭配着使用，效果才会更好。但如果遇到工作者有时并不十分清楚本工作的职责、所需能力等情况时，工作分析人员可以采用关键事件法。

实施这种方法的程序和要求：管理人员、员工以及其他熟悉被分析岗位工作的人员记录影响工作行为与结果的“关键事件”，也就是使工作成功或者失败的行为特征或事件；大量收集关键事件；对收集的信息进行分析，比较分析影响该岗位工作的关键特征和行为要求。具体实施中要注意把握两点。一是识别关键事件。首先，了解被分析岗位的工作职责，这部分内容可以参考现有职位说明书或通过工作分析人员的观察、访谈获取。其次，要识别岗位工作中的关键事件，这部分工作一般采用面对面访谈的形式。工作分析人员可以详细了解岗位任职者在工作中与工作绩效相关的最成功的事件和最失败的事件，目的是让任职者完整、详细地描述至少 4~6 个关于关键事件的“故事”。岗位任职者必须回答以下几个问题：当时的情境或背景是怎样的？什么事情导致了这样的情境？这件事都涉及到了哪些岗位和岗位任职者？在这种情境下，你的想法、感受和最想做的是什么？你是如何说的和如何做的？结果是什么？后来又发生了什么？通过对上述问题的回答，工作分析人员可以准确、有效地识别岗位工作的关键事件和核心工作职责。二是确认有效行为。针对岗位任职者所描述的关键事件，进一步探究其所采取的行为细节和行为背后的“秘密”。例如：汽车维修技师描述：“为了保证行车安全，必须旋紧车轮上的螺丝。”工作分析人员应该及时追问：“采用什么工具和方法才能保证旋紧螺丝？”他的回答是："用扳手拧 3/4 转，少于 3/4 转时螺丝是松的，而多于 3/4 转螺丝就会脱扣。"工作分析人员应该再追问："您是如何知道应该这样做的？您是怎样得出这样的结论的？"而对于知识型员工更应该关注什么思维方式导致了行为的产生。通过和岗位任职者进一步讨论关键事件更深层次的内容，工作分析人员可以判断哪些行为是和达成业绩密切相关的有效行为。

上述工作分析的这些方法并不是孤立存在的，因为各有优缺点和适用范围，在工作分析的实施过程中可以结合起来运用，以取得丰富的信息，并提高收集信息的效度和信度。

4.2 我国中小企业工作分析存在的问题

4.2.1 我国中小企业工作分析开展的情况

目前，我国中小企业虽然十分重视人力资源的开发与管理，但却还未清楚地认识到工作分析的重要性，甚至有一些企业从没有进行过工作分析，其岗位责任手册中的内容大多是原模原样地照搬其他企业的岗位职责内容，有些可能会进行一些修改，但这种修改大多是基于管理者的主观意愿进行的调整，很难具有客观性、完备性、系统性、明确性和可操作性。这类草率的做法当然不会得出符合企业实际情况的岗位职责。一些中小企业的招聘者不知道胜任某项工作所必需的资格条件，在员工招聘和选择上常常是漫无目的的。企业缺少适时的工作说明和任职说明，招聘者在没有一个清楚的指导性文件情况下去招聘、选择员工，这样做的结果自然很糟糕。

总体上看，我国中小企业在人力资源工作分析的方面主要表现出两个基本特征：一是中小企业几乎在工作分析方面是空白，人力资源管理多体现在培训、考核、薪酬等几个环节上，工作分析的内容和工作最多零散地出现在培训需求和绩效考核、薪酬标准制定的过程中，几乎没有形成什么规范化的工作分析结果；二是已经进行了工作分析的中小企业中，普遍存在重形式、轻应用的问题。在实际工作中，一些企业虽然进行了工作分析，得出一套岗位说明书，但却束之高阁，在管理上被戏称为抽屉文件。许多企业的岗位说明书，是沉睡于抽屉内的，从岗位说明书被审批通过的那一日起，就被真正地遗忘在抽屉里了。所以，不少企业的绩效做不好，薪酬体现不出激励，培训不到位，员工职业生涯规划落于空谈就源于工作分析没有真正做到位，只把岗位说明书当成一种形式，不重视其应用。企业的岗位说明书在制订和使用中出现了"两张皮"的现象，岗位说明书形同虚设，没有发挥应有的作用，人力资源管理工作也无法以工作分析为良好开端有序进行。工作分析的效用大打折扣，必将影响后续性人力资源管理工作的开展，员工感觉不到工作分析之后带来的相应变化和改进，很难在今后的工作中再度配合人力资源部的工作。[49]

4.2.2　我国中小企业工作分析的主要问题

我国中小企业工作分析工作还处于非常不成熟的初级阶段，具体表现在以下几个方面。

（1）工作分析的主体缺位

工作分析并不是一件简单的事务性工作，不但分析人员要有一定的专业素质和专业背景，分析过程也需要有一定的标准和规范。就参与者而言，要求职务分析专家、人力资源管理人员、有经验的岗位任职人员三方主体参与。在很多中小企业里，工作分析只被视为人力资源部的工作。实际上，工作分析应以组织的高层管理者为核心，人事部门负责过程的统筹管理，业务部门全力配合、积极参与的一个系统工程。而在现实中，部分从事工作分析的人员不懂专业或为了简单让从业人员自己撰写岗位说明书，导致结果脱离实际。有的组织连人事部门都没有完全理解工作分析的作用，只是为了分析而分析，自然也无法说服业务部门组成项目管理团队来共同推进，从而导致岗位说明书完全是由人事部门一手包办，内容空洞且流于形式的现象，很难在实际工作中得到高层的认可和广大员工的认同，推广应用的难度可想而知。只有在精通业务的从业人员及其主管与人力资源专业人员共同参与的前提下才能实现工作分析的真正意义。

（2）工作分析的对象和目的模糊

首先，中小企业的工作分析对象不清晰。不少企业做工作分析是针对现有在职员工进行分析。而工作分析的对象是职位，而非员工。其出发点是从职位本身出发，分析职位的工作职责、工作关系、工作权限、工作环境及任职要求等；职务描述的只能是职务本身的特征，与现任职者无关。切忌以现任职者的特征为参照来编写岗位说明书，否则写出的岗位说明书不能真实地反映职务的信息，岗位说明书会既无权威性又无生命力。其次，对工作分析的意义理解不清。一些中小企业的管理阶层没有做好宣传和引导的工作，如告诉员工什么是工作分析，它的目的是什么，造成了员工恐惧和抵制行为。员工恐惧是指由于员工害怕工作分析会对其已熟悉的工作环境带来变化或者会引起自身利益的损失，而对工作分析小组成员及其工作采取不合作甚至敌视的态度。比如在工作分析的访谈过程中，员工对工作分析小组的工作有抵触情绪，不支持访谈或调查工作；员工提供有关工作的虚假情况，故意夸大其所在岗位的实际工作责任、工作内容，而贬低其他岗位的工作。

（3）工作分析的方法选取不当

由于缺少标准化、规范化的程序与模式，缺少工作分析的技术指导，很多中小企业在做工作分析时，往往缺乏与专业人员的合作，只是在现有人员的条件下想当然地操作，对自己的目的及该采用工作分析的方法均不清楚，使得工作分析的过程有一定的盲目性，无法收集到所需准确的工作信息。对各种工作分析方法的优缺点和使用条件不清楚，只是简单拿一种方法进行粗略的调查，甚至没有系统地深入分析和调研，简单地从网上或其他企业借鉴过来。其结果自然是员工不满，管理者也不认同。

（4）工作分析内容不科学

工作分析的内容之一就是职务描述，很多企业做出的职务描述几乎等同于各级人员岗位职责，仅仅列举人员的职责与任务，而对职务要求的研究不够；对职务的职责、任务、权力、利益说明多，对人员的素质要求描述不够。缺乏任职资格的分析，不能有效地激励和考核员工。因此，很多岗位说明书不仅内容过粗，而且缺乏可操作性和可衡量性，区分度差。但还有一类的企业由于没有把握住职务分析的目的和核心要义，做出的说明书不仅内容过多过细，事务性内容罗列多，而且无法突出岗位核心特征，不便于记忆、理解和掌握，可行性差。这些企业的岗位说明书内容越来越多，无视企业的具体特点和个性需求，以为只有繁复的职务说明书才能最大限度地说明问题、解决问题，一味求多求全，赋予工作分析太多的任务。正是求全求大的心理使工作分析承受了不能承受之重。

（5）工作分析结果效用低

中小企业普遍缺乏对岗位说明书的有效使用。首先，工作分析利用率低。许多企业实行了岗位责任制，而岗位职责只包含了工作描述中的内容，岗位说明书中另一个重要内容——职务资格——并没有得到体现，更别说进行利用了。如果职位中的人员不具备岗位的任职资格，可想而知，再精确的岗位职责、再好的管理制度也没有什么意义。如果对工作职责没有规范的标准化要求，则将无法考核，从而也就难以履行了。许多企业的岗位说明书存在着内容不全，定性的东西多，定量的东西少，可操作性差等问题，无法在人力资源开发与管理过程中有效地运用。其次，工作分析结果一成不变，无法适应环境变化。工作分析并不是一件一劳永逸的事，随着科学技术和社会劳动分工不断发展，随着企业经营状况的变化，整体工作系统的结构也在不断变动，企业必须不断取得变动的资料，据此修正才能保证其准确性、适应性。事实上，许多企业的岗位说明书一旦制订，就很少变动，“一稿定终身”，之后没有根据企业的变化来重新进行工作分析，修订岗位职责的内容，造成岗位职责的内容与实际工作相脱节，岗位职责当然起不到它的作用了。造成上述问题的主要原因如下。一是中小企业对工作分析重视程度不够，工作态度不认真。一些企业在进行工作分析时，起初可能充满了热情，但由于工作要求细致周到，任务量大，渐渐地对工作分析失去了认真的态度。这样就使工作分析流于形式化了，并没有真实地反映出工作内容的信息，得出了不符合实际的岗位说明书。二是企业的工作分析工作绩效要通过长时间的运行才能显现出来，因此，很多急功近利的企业就不愿意投入大量的人力与物力开展相关工作。再加上，中小企业从事工作分析人员的专业素质较低，无法对整个过程进行有效控制，自然会影响到工作分析的效果。

4.3　解决我国中小企业工作分析问题的对策

4.3.1　保证多元化的参与主体

岗位说明书的编写既是落实工作责任和确定任职资格条件的过程，也是组织目标层层分解的过程。它需要组织各个部门的密切配合和全员的参与才能完成。管理者的高度重视、员工的参与、专家的咨询指导、工作分析人员的努力都是必不可少的，也是不能相互代替的。在工作分析的过程中，工作分析人员要取得领导和相关人员的支持，要与他们充分沟通和交流，了解员工的需求特点，让员工明确自己的工作责任以及自己在组织中的作用。切莫因为工作紧张就匆匆忙忙应付了事。若不在充分交流的基础上收集信息，在以后岗位说明书的应用过程中，就容易出现员工不理解、不利用、不执行的情况，使岗位说明书变成可有可无的摆设。

4.3.2　形成动态管理模式

对岗位说明书的动态管理，其核心在于根据内外部条件的变化，及时地对岗位说明书进行更新。一方面，工作分析要求岗位设置以及相应的部门设置保持相对稳定和完善，以尽量减少因部门和岗位调整而大规模修订岗位说明书的情况出现；另一方面，企业部门的岗位设置也不可能一成不变，要随着企业内外环境和条件的变化而变化，因此，实现岗位说明书的动态管理是非常必要的。但从另一角度看，如果部门和岗位设置不是很稳定，那么就没有必要投入大量的人力、财力对这些岗位进行工作分析。再加上岗位说明书的大规模调整是费时费力的事情，也难以协调职位变动时机的不同步与变动程度不一致之间的矛盾，所以，企业最好先对部门和岗位进行调整和优化，然后再进行工作分析。因此，在岗位说明书的动态管理模式下，需要建立一个定期修改调整的周期，一般 1~2 年要修改一次。岗位说明书的格式应简洁实用，重点突出，项目也不宜过多。职务描述的措辞要明确通用，内容应详略得当，不要写得太详细，但也不能太概括简单，以实用为准则。岗位说明书的管理应该成为任职者本人及其上级主管的责任，而非仅仅是企业人力资源管理部门的责任。由人力资源专业人员向员工及直线管理者提供工作分析的培训及示范，培养他们对职位说明书的自我管理、自我更新能力，是更好地适应职位动态要求的一条捷径。

4.3.3 注意多种方法的选择

工作分析要根据企业自身情况和分析对象不同，选用适当的方法。无论是进行工作分析人员的专业水准还是选用分析方法的适当性，都会对工作分析结果产生重大影响，一切都应是基于对组织基本情况的客观、详实调查基础上进行的。工作分析的方法多种多样，但企业在进行具体工作分析时要根据工作分析的目的、不同工作分析方法的利弊，针对不同人员选择不同的方法。一般来说，每种工作分析方法各有利弊，如观察法要求观察者需要足够的实际操作经验，虽可了解广泛、客观的信息，但它不适于工作循环周期很长的、脑力劳动的工作，偶然、突发性工作也不易观察，且不能获得有关任职者要求的信息。面谈法易于控制，可获得更多的职务信息，适用于对文字理解有困难的人，但分析者的观点会影响工作信息正确的判断，面谈者易从自身利益考虑而导致工作信息失真，职务分析人员问些含糊不清的问题会影响信息收集，且不能单独使用，要与其他方法连用。问卷法费用低、速度快、节省时间、不影响工作、调查范围广，可用于多种目的的职务分析。缺点是需经说明，否则会理解不同，产生信息误差。关键事件法直接描述工作中的具体活动，可提示工作的动态性，所研究的工作可观察、衡量，故所需资料适应于大部分工作；但归纳事例需耗大量时间，易遗漏一些不显著的工作行为，难以把握整个工作实体。人力资源管理者除了要根据工作分析方法本身的优缺点来选取外，还要根据工作分析的对象来选择方法[50]。

4.3.4 强化岗位说明书的运用

工作分析之所以成为人力资源管理的基础性工作，主要因为它对人力资源管理各项职能的发挥起着重要的作用。人力资源管理的各项工作均离不开工作说明书中工作描述和工作规范的有力支持。因此，在工作分析结束后，人力资源部要注重在实际工作中应用岗位说明书。强化岗位说明书的应用效果主要做好 4 个方面的工作：一是设计一套职务分析的质量评估标准，并分派专人负责质量的控制；二是实行全过程监控，由企业高层管理者负责总进度与总体效果的考核，并会同相关部门制定监控办法；三是加强岗位说明书沟通和推广工作，采用多种有效的宣传和讲解形式，达到全员参与、全员认同的效果；四是主要岗位说明书与现有其他管理体系文本的协调与配合，避免重复和交叉，甚至出现互相矛盾现象。

第 5 章　中小企业人力资源规划问题

企业作为一个经济组织，要实现自己的发展战略目标，就必须保证组织机构的有效正常运转。而组织机构制定和实施企业人力资源规划，则是实现发展战略目标的重要工作。

5.1　人力资源规划的基本原理

5. 1. 1　人力资源规划的内涵与目标

（1）人力资源规划的内涵

人力资源规划必须适应组织总体规划。企业总体规划的目的是使企业的各种资源（人、财、物）彼此协调并实现内部供需平衡，由于人力资源是企业内最活跃的因素，因此人力资源规划是企业总体规划中起决定性作用的规划。正如德鲁克所强调的，企业人力资源规划必须立足于变化的环境，从识别、分析实现企业战略在人力资源层面所面临的主要矛盾和问题出发。人力资源规划与企业战略的协调，有利于企业利用市场机会，提升企业的竞争优势，帮助企业实现战略目标。

人力资源规划也叫人力资源计划，是指为实施企业的发展战略，完成企业的生产经营目标，根据企业内外环境和条件的变化，通过对企业未来人力资源需求和供给状况的预测，制订人力资源供需平衡计划，从而实现企业人力资源的合理配置，有效激励员工的过程。简单来讲，人力资源规划就是对企业在某个时期内的人员需求和人员供给进行预测，并根据预测结果采取相应措施达到人力资源供需平衡。其实质就是在保持企业与员工个人利益相平衡的条件下，使企业拥有与工作任务相称的人力。因此，在这种意义上讲人力资源规划具有更重要的意义，因为人是企业中最活跃的资源，也是最宝贵、最重要的资源，特别是在市场经济条件下和竞争更加激烈的环境下更是如此。

可以从以下 6 个方面理解人力资源规划的内涵。

① 人力资源规划的本质是一种战略规划，着眼于为未来企业生产经营活动预先准备人力，持续和系统地分析企业在不断变化条件下对人力资源的需求，并开发制定与企业组织长期效益相适应的人事政策的过程。

② 人力资源规划要在企业发展战略和经营规划的基础上进行。人力资源管理是企业经营管理系统的一个子系统，要为企业经营发展提供人力资源支持，因此人力资源规划必须以企业发展战略为指导，否则人力资源规划将无从谈起。

③ 人力资源规划对企业人力资源需求和供给的预测要从数量和质量两个方面进行。企业对人力资源的需求和供给，数量只是一个方面，更重要的是保证质量，也就是说需求和供给不仅要在数量上平衡，还要在结构上匹配。

④ 人力资源规划所进行的是企业人力资源需求和供给的动态平衡。企业的内、外部环境在不断地变化，使得企业战略目标处在不断的调整之中，从而企业人力资源的需求和供给也在不断地变动。因此，人力资源规划所寻求的是企业人力资源需求和供给的动态平衡。

⑤ 人力资源规划能同时满足企业利益和个人利益。企业通过人力资源规划保证企业未来某个时期人力资源的供需平衡，要想达到这种平衡，需要采取相应的措施。各种平衡措施的运用不但可以实现企业的目标，同时可以促进员工的成长和发展。

⑥ 人力资源规划还是一个系统工程，是组织内部的整合规划。如同组织的营销整合，关系到组织各部门的绩效。在大部分组织中，人力资源的高层主管和人力资源专家主要负责计划的编定，其他方面的经理也必须提供必要的信息给人力资源管理专业人员，同时他们也从人力资源专业人员那里得到相应的信息。

（2）人力资源规划的目标

人力资源的特点是把员工看作资源，并且全面考虑企业的需求，根据企业战略和目标，从人力资源的获取、配置、使用、保护等各个环节上统筹考虑，因此能较好地达到企业的目标。人力资源规划虽然与企业的其他规划是并列平行的，属于企业总体规划的重要组成部分，但它是企业开展各项人力资源管理活动的依据。人力资源规划的总目标：确保企业各类工作岗位在适当的时机，获得适当的人员（包括数量、质量、层次和结构等），实现人力资源与其他资源的最佳配置，有效地激励员工，最大限度地开发和利用人力资源潜力，从而最终实现员工、企业、客户、社会利益一致基础上的企业经济和社会效益最大化。

人力资源规划的具体目标可以细化为以下 5 个方面[51]。

① 确保企业通过人力资源规划得到和保持一定数量具备特定技能、知识

结构和能力的人员。

② 人力资源规划一定是在充分利用现有人力资源基础上进行的。

③ 人力资源规划要借助科学的工具和方法才能够预测企业组织中潜在的人员过剩或人力不足。

④ 人力资源规划的过程也是培养和训练员工队伍的过程，即建设一支训练有素、运作灵活的劳动力队伍，增强企业适应未知环境的能力。

⑤ 通过科学的人力资源规划来减少企业在关键技术环节对外部招聘的依赖性。

总之，人力资源规划的结果是制定人力资源净需求规划，并用以指导人力资源在招聘、培训、开发、晋升等环节的工作，确保企业人力资源在数量和质量上的需求活动。企业外部环境中政治、经济、法律、技术、文化等一系列因素处于不断的变化之中，企业中的人力资源状况也不断调整和变动，这使得企业的人力资源战略目标也处于不断的变化与调整之中，人力资源战略目标的变化则必将引起企业内外人力资源供需的变化，人力资源规划就是要对人力资源供需状况进行分析预测，以确保企业在近期、中期和长期对人力资源的需求。

（3）基于企业战略视野的人力资源规划要求

在目前的企业竞争中，人才是企业的核心资源，人力资源规划必须放在战略的高度来思考。企业的发展取决于企业战略决策的制定，企业的战略决策基于企业的发展目标和行动方案的制定，而最终起决定作用的还是企业对高素质人才的拥有量。因此，人力资源规划能有效地对与企业发展战略相适应的管理和专业技术人才进行科学的预测，以最大限度地发掘他们的才能，从而确保企业战略的实施。1962 年，美国著名管理学家钱德勒（Chandler，1962）首次从大型企业成长史的角度，研究了企业战略与结构的相互关系，正式开始了企业战略问题的研究。他认为，企业战略就是确定企业最基本的长期宗旨和目标，并制定行动方案，为实现这些宗旨和目标配置所需资源。安索夫（Ansoff，1965）认为，企业战略是一种决策，企业高层管理者为保证企业的持续生存和发展，通过对企业外部环境与内部条件的分析，对企业全部经营活动进行根本性和长远性的规划与指导。有效的战略分析应重点考虑产品的市场范围、竞争优势、协同、成长方向及外购活动与自我配套之间的选择等 5 个方面。[52] 从狭义的角度看，企业目标确定过程虽与战略制定过程互相联系，但又是截然不同的。企业战略不仅仅是指企业实现其宗旨和一系列长期目标的基本方针和具体计划。例如，1989 年明茨伯格（Minzberg）指出：战略是一系列或整套的决策或行动方案。在他的定义中明显地带有“决策流”的痕迹，因为明茨伯格所指出的“这套方案”既包括刻意安排的（或计划性的）战略，也包括任何临时出现的（非计划性的）战略。[53] 狭义的企业战略概念更注重企业外部环境的动态性和复杂性以及企业的适应性。归纳以上学者的观点，结合我国企业的具体情况，本书认为企业战略是企业为实现长远目标，在科学分析企业内外条件和环境基础上所进行的总体谋划活动。

按照一般的分类方法，企业战略通常被分为三个层次，即公司战略、经营战略（或事业部战略）和职能战略。公司的战略由企业最高管理层承担，它限定了公司竞争活动的范围，即各种行业和市场，具体决策内容包括在多元化、垂直整合、知识和新业务方面的投资，资源在企业不同业务部门之间的配置和资产剥离等；经营战略（事业部战略）主要由各个业务部门制定和实施，它是有关企业如何在一个行业内或市场中进行竞争的决策；职能战略主要是由生产、R & D、营销、人力资源和财务等各个部门将企业的经营战略进一步细化并实施。[54]可见，人力资源战略属于企业战略中职能战略层面的内容，其制定和调整必须要依据企业的总体经营战略。

基于战略的视角进行人力资源规划，还要理解有关人力资源战略的内涵。对于人力资源战略的内涵，不同的经济学家有不同的看法。[55]根据美国人力资源管理学者舒勒和沃克（Schuler & Walker，1990）的定义，人力资源战略是“程序和活动的集合，它通过人力资源部门和直线管理部门的努力来实现企业的战略目标，并以此来提高企业目前和未来的绩效及维持企业竞争优势”。而库克（Cook，1992）则认为：人力资源战略是指员工发展决策以及处理对员工具有重要的和长期影响的决策。它表明了企业人力资源管理的指导思想和发展方向，而这些指导思想和发展方向又给企业的人力资源计划和发展提供了基础。企业人力资源战略是根据企业战略来制定的。科迈斯-麦吉阿（Gomez-Mejia，1998）等人则把人力资源战略定义为企业慎重地使用人力资源，帮助企业获取和维持其竞争优势，它是组织所采用的一个计划或方法，并通过员工的有效活动来实现组织的目标。国内学者赵曙明教授则将人力资源战略定义为[56]企业根据内部和外部环境分析，确定企业目标，从而制定人力资源管理目标，进而通过各种人力资源管理职能活动实现企业目标和人力资源目标的过程。李佑颐认为：“人力资源战略是根据企业战略来制定人力资源管理计划和方法，并通过人力资源管理活动来实现企业战略目标。”盖勇在《人力资源战略与组织结构设计》一书中指出：“所谓人力资源战略，就是指企业根据内部、外部的环境分析，确立企业目标，从而制定企业的人力资源管理目标，并通过各种人力资源管理职能活动来实现企业目标和人力资源目标以及维持和创造企业的可持续发展竞争优势的过程。”

为便于理解人力资源规划与人力资源战略的区别，本书认为，人力资源战略属于企业战略的范畴，属于企业战略的一部分。一方面，人力资源规划的制定依据要服务于企业战略中的人力资源战略；另一方面，人力资源规划的制定好坏直接决定企业人力资源战略，即企业战略目标是否能够实现。因此，要理解和掌握人力资源规划的内涵就必须要从战略的高度来分析和研究人力资源规划。

5.1.2　人力资源规划的基本内容与分类

（1）人力资源规划的基本内容

通过人力资源规划工作，企业可以解决以下几个问题。

① 在某一特定时期内，企业需要多少人员、这些人员的层次和类别是什么？

② 企业在相应的时期内能够供给多少与需求的层次和类别相对应的人力资源？

③ 在这段时期内，企业人力资源需求和供给比较结果如何，企业应当通过什么方式来达到人力资源供需的平衡？

总的来说，上述三个问题形成了人力资源规划的三个基本内容，涵盖了人力资源规划的主要方面。如果能够对这三个问题做出比较明确的回答，人力资源规划的主要任务也就完成了。

（2）人力资源规划的分类

① 按照规划的时间长短划分。

企业人力资源的规划按照期限有长、中、短之分，长期人力资源规划是指五年或者五年以上的规划，由于规划的时间比较长，对各种因素不可能做出准确的预测，因此这类规划往往是指导性的，在具体实施时要随着内外部环境的变化而不断调整，具有战略性；短期人力资源规划是指一年及一年以内的规划，这类规划由于时间相对较短，因此其目标比较明确，内容也比较具体，具有操作性；中期人力资源规划则介于长期和短期之间，一般是指一年以上五年以内的规划。对短期规划来说，中期规划具有一定的指导性，但是对长期规划来说，中期规划又是它的具体落实，就好比是长期规划的阶段性目标，往往具有战术性的特点。在实际工作中，企业人力资源规划期限的长短，主要取决于企业环境的确定性、稳定性和企业人力资源素质高低的要求。如果经营环境不确定、不稳定，对人力资源素质要求不高，企业可以随时从劳动力市场补充所需的劳动力，则企业的人力资源规划可以以短期规划为主，反之必须制定较长期的人力资源规划。

② 按照规范的范围大小划分[57]。

按照企业人力资源规划的范围大小看，企业人力资源规划包括两个层次，即人力资源总体规划和人力资源专项业务规划。人力资源总体规划是有关计划期内人力资源开发利用的总目标、总策划、实施步骤及总体预算的安排，总体计划与企业的战略直接相关，是实现企业战略目标的人力资源保证，总体规划又是制定各专项人力资源业务计划的依据。人力资源规划中涉及的专项业务计划包括：人员补充计划、人员使用计划、提升计划、教育培训计划、薪酬激励计划、员工关系计划、退休解聘计划等。专项业务计划是总体规划的展开和具体化，以保证企业整体人力资源规划目标的实现。每一专项业务计划也都由目标、政策、任务、步骤及预算等组成。

③ 按照规划的性质划分。

按照人力资源规划的性质划分，可以将人力资源规划划分为战略性人力资源规划和战术性人力资源规划。战略具有总体性、系统性、长远性、指导性、竞争性、现实性等特点，导致了战略性人力资源战略规划比战术性人力资源规划更全面、更系统、更长远。人力资源战略规划着眼于长期规划、企业总体人力资源规划。因此，战略性的人力资源规划主要是根据公司内部的经营方向和经营目标以及公司外部的社会和法律环境对人力资源的影响，来制定一套跨年度计划。同时还要注意战略规划的稳定性和灵活性的统一。在制定战略计划的过程中，必须注意国家及地方人力资源政策环境的变化、公司内部的经营环境的变化、人力资源预测的结果、企业文化的整合与渗透要求等 4 个方面的要素；人力资源战术规划则是根据企业未来面临的外部人力资源供求的预测以及企业的发展对人力资源的需求量的预测，根据预测的结果制定的具体的、短期的、具有专门针对性和操作性的业务规划。具体包括前文提到的专项业务计划的所有内容，如人员补充计划、人员使用计划、提升计划、教育培训计划、薪酬激励计划、员工关系计划、退休解聘计划等。

5.1.3 人力资源规划的制定程序

（1）人力资源规划的制定程序

人力资源规划是在工作分析的基础上结合企业战略进行的。在战略规划层次上，人力资源规划主要涉及的内容包括：企业外部环境因素分析、预计未来企业总需求中对人力资源的需求、估计远期的企业内部人力资源数量、人力资源规划的调整等，重点在分析问题。在经营计划的层次上，人力资源规划涉及对人力资源需求与供给量的预测，并根据企业人力资源的方针政策，制定具体的行动方案。因此，在制定人力资源规划时，一般包括以下 4 个步骤。

第一步，信息的收集与准备。在信息准备阶段主要通过现场收集、访谈、文献查阅等方法收集人力资源规划所需要的各种信息，通过收集整理和分析信息来认清企业总体发展战略目标方向和内外部环境的变化趋势。该阶段需要调查的信息包括两大部分。一是企业内部与人力资源相关的基本信息，比如：企业组织结构的设置状况、职位的设置及必要性；企业现有员工的工作情况、劳动定额及劳动负荷情况；企业未来的发展目标及任务计划，生产因素的可能变动情况等。同时需要特别注意对组织内人力资源的调查分析。这一部分通常包括：企业现有员工的基本状况、员工具有的知识与经验、员工具备的能力与潜力开发、员工的普遍兴趣与爱好、员工的个人目标与发展需求、员工的绩效与成果、企业近几年人力资源流动情况、企业人力资源结构与现行的人力资源政策等。二是企业外部信息，需要调查的外部信息包括宏观环境信息和微观环境信息两类，前者包括社会的政治、经济、社会文化、法律环境等，由于人力资源规划与企业的生产经营活动是紧密联系在一起的，因此这些因素都会对企业人力资源的需求和供给产生直接或间接的影响；后者包括外部劳动力市场的供求状况、政府的职业培训政策、竞争对手的人力资源管理政策等，这些信息会直接影响企业对人力资源的需求和供给。

第二步，人力资源需求预测。人力资源需求预测主要是基于企业的发展实力和发展战略目标的实现规划。人力资源部门必须了解企业的战略目标分几步走，每一步需要什么样的人才和人力做支撑，需求数量是多少，何时引进比较合理，人力资源成本分析等内容。然后才能够做出较为准确的需求预测。在具体操作时，要在所收集的人力资源信息的基础上采用经验判断和各种统计方法，对人力资源的余缺情况进行预测，即预测由未来工作岗位的性质和要求所决定的人员素质和技能的类型。一般来讲，影响人力资源需求的企业内部因素主要有：企业的战略目标规划实现的时间安排、企业新产品开发和试制计划安排、产品市场覆盖率、企业产品或劳务的销售预测、企业预算等，这些因素会直接影响人力资源需求状况。当然，企业在进行结构调整时，如企业需重建新的部门或分公司等，其人力资源也要相应变化。此外，企业劳动定额的先进及合理程度、企业人员的状况，如退休、辞职、辞退人员的多寡，合同期满后终止合同人员数量，死亡、休假人数等也都直接影响人力资源需求量。对于不同的企业，每一因素的影响并不相同，改善技术、改进工作方式、改进管理等非商业因素也会影响到人员需要。因此，预测者要保持清醒的认识。

第三步，人力资源供给预测。当企业预测了人力资源需求后，就要决定这些需求有无供给，以及在何时、何地、以什么样的方式、多少成本获得。企业人力资源供给预测分为内部人力资源供给预测和外部人力资源供给预测。在进行内部人力资源供给预测时，要仔细地评估企业内部现有人员的状态和他们的运动模式，即离职率、调动率和升迁率。内部人力资源供给预测包括企业内部现有人员的状态：年龄、级别、素质、资历、经历和技能。必须收集和储存有关人员发展潜力、可晋升性、职业目标以及采用的培训项目等方面的信息。其中技能档案是预测人员供给的有效工具，它含有每个人员技能、能力、知识和经验方面的信息，这些信息的来源是工作分析、绩效评估、教育和培训记录等。人员在企业内部的运动模式，即人员流动状况。人员流动通常有以下几种形式：死亡和伤残、退休、离职、内部调动等；外部人力资源供给预测包括：本地区人口总量与人力资源比率、本地区人力资源总体构成、本地区的经济发展水平、本地区的教育水平、本地区同一行业劳动力的平均价格与竞争力、本地区劳动力的择业心态与模式、本地区劳动力的工作价值观、本地区的地理位置对外地人口的吸引力、外来劳动力的数量与质量、本地区同行业对劳动力的需求等。但在进行实际人力资源供给分析时，管理者首先考虑企业内部人力资源供给情况，即尽可能从企业内部补充需求人员；然后考虑外部劳动力市场的供给情况。

第四步，制订供求平衡计划。在对企业人力资源的需求与供给情况进行深入的预测分析之后，需要根据两个方面的预测结果，进行全面的综合平衡。企业人力资源供求达到平衡（包括数量和质量）是人力资源规划的目的。企业人力资源供求关系有三种情况：人力资源供求平衡；人力资源供大于求，结果是导致组织内部人浮于事，内耗严重，生产或工作效率低下；人力资源供小于求，企业设备闲置，固定资产利用率低，也是一种浪费。人力资源规划就是要根据企业人力资源供求预测结果，制定相应的政策措施，使企业未来人力资源供求实现平衡。但事实上，企业人力资源供求完全平衡这种情况极少见，甚至不可能，即使是供求总量上达到平衡，也会在层次、结构上发生不平衡，高职务需从低职务者中培训晋升，对新上岗人员需进行岗前培训等。企业应依具体情况制定供求平衡规划。具体操作时，首先，将人力资源需求和内部供给的预测值加以比较，以确定人员的净需求之后，就可以估计所选择的人力资源管理政策和措施能否减少人员的短缺或过剩。然后，制定能满足人力资源需求的总规划，再根据总规划制定各项具体的业务计划以及相应的人事政策，以便各部门贯彻执行。最后，企业还要根据实施的结果进行人力资源规划的评估。人力资源规划评估的重点是对规划的有效性进行调整、控制和更新。规划的有效性是指人力资源规划是否对组织有用。评估后需及时将评估的结果反馈，修正人力资源规划。

5.1.4 人力资源规划制定的方法

（1）人力资源需求预测的方法

正如前文所述，企业在进行人力资源需求预测中需要考虑的影响因素很多，如根据产品和服务的销售预测量来推算出人员需要量；预期的人员退休、辞退、合同终止人数、离职员工的流动率等可以推算出企业的职位空缺规模；企业新产品开发和试制计划安排、生产技术水平或管理方式的变化等对人力需求的影响等。由于经济全球化及信息技术的飞速发展，当今企业面临的内外部环境日益复杂。因此，企业在进行人力资源需求的预测时，考虑的往往不是单个因素的影响，而是多种因素的共同作用和相互影响。一般将人力资源需求预测方法总体上分为定性预测和定量预测两大类。

① 定性预测方法。

这是一种较为简单、常用的方法。此方法是由有经验的专家或管理人员进行直觉和经验式判断预测，其准确程度取决于预测者的个人经验和能力。该方法一般有两种。

第一，经验预测法。经验预测法是人力资源预测中最简单的方法，它适合于较稳定的小型企业。经验预测法就是用以往的经验来推测未来的人员需求。不同管理者的预测可能有偏差，但可以通过多人综合预测或查阅历史记录等方法提高预测的准确率。要注意经验预测法只适合于一定时期的企业发展状况没有发生方向性变化的情况，对于新的职务或者工作方式发生变化的职务该办法不合适。

第二，专家讨论法。专家讨论法适合于技术型企业的长期人力资源预测。现代社会技术更新非常迅速，用传统的人力资源预测方法很难准确预计未来的技术人员的需求。相关领域的技术专家由于把握技术发展的趋势，所以能更加容易对该领域的技术人员状况做出预测。

② 定量预测法。

定量预测法是利用数学和统计学的方法进行预测，常见的定量预测法有 4 种。

第一，趋势预测法。根据过去一定时期内员工数量的变动趋势对未来的人力资源需求做出预测，比较适合于短期的人力资源预测，如移动平均法、指数平滑法等。这类方法比较简单易用，可以用于连续预测，但考虑的影响因素较少，因而预测结果的准确性受到影响。

第二，劳动生产率分析法。这是一种通过分析和预测劳动生产率，进而预测人力资源需求量的方法。因此，这种方法的关键部分是如何预测劳动生产率。如果产品的生产率的增长比较稳定，那么预测就比较方便，使用效果也较佳。

第三，转换比率分析法。这是用来预测企业辅助、服务人员需求量的一种方法。企业中的辅助或管理、服务人员的数量往往与企业一线岗位上员工人数或企业员工总数有直接关系，先预测一线员工的数量，然后根据辅助人员数量与一线员工数量的关系，预测辅助人员需求量。用公式表达为

$$辅助人员数量=一线人员数量/辅助人员的生产率$$

第四，劳动定额法。劳动定额法又称工作负荷法。它的考虑对象是企业目标和完成目标所需人力资源数量间的关系，考虑的是每个人的工作负荷和企业目标间的比率。企业的目标一般是指生产量或者销售量等容易量化的目标。每个人的工作负荷则是指某一特定单位工作时间内每个人的工作量。预测未来一段时间里企业要达到的目标，如要完成的产量或销售时折算需要完成的总工作量，再结合每个人的工作负荷就可以确定出企业未来所需的人员数量。

（2）人力资源供给预测的方法

人力资源供给预测分为企业内部人力资源供给预测和企业外部人力资源供给预测。企业内部人力资源是企业人力资源供给的重要来源。影响企业内部人力资源供给的因素主要有员工流失情况（如离职、退休、辞退等）和内部流动情况（如晋升、降职、调换等）。通过对企业内部人力资源信息的及时掌握，预测出企业在一定时期内人力资源供给的数量、质量和时间。

① 内部供给预测的方法。

第一，人员替代法。针对企业中某一职务，首先，通过工作分析，明确工作岗位对员工的要求，确定岗位需要的人数；其次，根据绩效评估和经验预测，确定哪些员工能达到工作要求、哪些员工可以晋升、哪些员工需要培训、哪些员工需要被淘汰；最后根据以上数据，企业就可以确定该岗位上合适的人员补充。制定人员接替图，可以避免企业人力资源中断的风险。通过人员接替计划，建立人才储备梯队，既培养了后备人才，又避免了人员流动的风险。

第二，马尔科夫模型（Markov Model）。马尔科夫模型是一种统计模型，广泛应用在语音识别、词性自动标注、音字转换、概率文法等各个自然语言处理等应用领域。经过长期发展，尤其是在语音识别中的成功应用，它成为一种通用的统计工具。在人力资源管理实践中，马尔科夫模型是用来预测等时间间隔点上（一般为一年）各类人员分布状况的一种动态预测技术，是从统计学中借鉴过来的一种定量预测方法。它的基本思路是找出过去人力资源流动的比例，以此来预测未来人力资源供给的情况。它可以用来预测具有等时间隔（如一年）的时刻点上各类人员的分布状况。马尔科夫模型是根据历史数据，预测等时间间隔点上的各类人员分布状况。此方法的基本思想是根据过去人员变动的规律，推测未来人员变动的趋势。步骤如下。

- 根据历史数据推算各类人员的转移率、迁出转移率的转移矩阵。
- 统计作为初始时刻点的各类人员分布状况。
- 建立马尔科夫模型，预测未来各类人员供给状况。

例如：在某一年，在某研究所里，平均80%的高级工程师仍在研究所，20%的高级工程师退出；大约65%的助理工程师留在原职位，15%的助理工程师提升为工程师，20%的助理工程师离职。则该研究所的人员转移率矩阵如表

5-1 所示。

表 5-1　　人员转移率矩阵表

初始人数	职称	高级工程师	工程师	助理工程师	离职
20	高级工程师	0.80			0.20
30	工程师	0.20	0.70	0.10	0.10
40	助理工程师		0.15	0.65	0.20

根据初始人数，利用表 5-2 所示的转移率矩阵，可以计算出下一年各类人员的供给情况，见表 5-2。

表 5-2　　人员供给情况

职称	初始人数	高级工程师	工程师	助理工程师	离职
高级工程师	20	16			4
工程师	30	6	21	3	3
助理工程师	40		6	26	8
合计		22	27	29	15

使用马尔科夫模型进行人力资源供给预测的关键是确定出人员转移率矩阵表，而在实际预测时，由于受各种因素的影响，人员转移率很难准确地确定，往往都是一种大致的估计，因此会影响到预测结果的准确性。

② 外部供给预测的方法。

在许多情况下，尤其是当企业扩大生产规模时，内部人力资源供给往往满足不了企业的需要，需要对企业外部人力资源供给进行了解和预测。外部人力资源供给预测应该考虑的因素主要包括：所在地区的经济发展水平；劳动力市场状况；地区劳动者择业的心态模式等。企业外部人力资源供给预测的常用方法如下。

• 查阅资料。企业可以通过互联网以及国家和地区的统计部门、劳动和人事部门发布的一些统计数据及时了解人才市场信息，另外，也应及时关注国家和地区的政策法律变化。

• 直接调查相关信息。企业可以就自己所关注的人力资源状况进行调查。除了与猎头公司、人才中介所等专门机构保持长期、紧密的联系外，企业还可以与高校保持长期的合作关系，以便密切跟踪目标生源的情况，及时了解可能为企业提供的目标人才状况。

• 对雇用人员和应聘人员的分析。企业通过对应聘人员和已经雇用的人员进行分析也会得出未来人力资源供给状况的估计。

5.2 中小企业人力资源规划的问题

目前，我国中小企业的人力资源管理总体水平还处于初级阶段，其人力资源规划存在很多问题，主要集中在以下几个方面。

5.2.1 中小企业人力资源规划的环节缺失

我国中小企业普遍缺乏人力资源规划程序，甚至绝大部分企业在这方面还是一片空白，其直接后果表现为人力资源结构不合理。一方面，企业内不合要求的人员大量过剩；另一方面则是具有特殊技能和知识的人才紧缺，人才流失严重，企业的竞争力和效益难以提高。但企业很难预测潜在的人员过剩或人力不足，特别是中小企业，普遍存在人力资源质量偏低、管理人员缺位的现象。但究竟数量缺多少？人力资源质量有哪些不足？大部分中小企业没有科学的数据。中小企业人力资源规划缺失的另一种后果就是人力资源配置不合理，人才的岗能匹配程度很差。中小企业没有科学的人力使用计划，人力资源配置的方法也没有科学合理的标准和依据，造成企业中普遍存在的专业不对口、层次不合理、部门分布不均衡的情况。在中小企业也会经常出现“大马拉小车，小马拉大车”的现象。企业对员工的使用没有详细的规划，没有全面考虑员工的技能、性格、愿望、兴趣，普遍存在“任人唯亲”“凭主观判断用人”的现象。这就造成人员使用的不合理，员工的积极性不高，致使人才浪费、流失严重，企业竞争力下降。

5.2.2 中小企业人力资源规划的认识偏差

大多数中小企业人力资源管理还只注重招聘、员工合同管理、考勤、绩效评估、薪金制度、调动、培训等与企业内部员工有关的事项，没有关注顾客需求和市场变化与企业经营战略、市场环境相一致的人力资源管理规划。许多中小企业的管理者人才观念落后，认为人才应该是接受过高等教育、有着高学历的人或者是外来引进的技术人员。他们并没有把企业内部现存的普通员工归为“人才”。因此，当企业出现人力资源需求时，往往从企业外部考虑人才供给，从而导致人力资源规划成本过高等问题。人力资源是第一资源，企业核心力的竞争关键是人才的争夺，越来越多的企业已经把人力资源中长期规划与企业可持续发展战略紧密联系在一起，人力资源规划编制的重要性已被企业所重视。但在我国占绝大多数的中小型企业中，对人力资源规划还是重视不够，认识还不到位。多数决策者还没有从企业发展战略来认识和规划人力资源，有的企业根本没有中长期人力资源规划，或者即使有，也只是简单、笼统的、缺乏科学性；有的决策者认为“规划”赶不上“变化”，他们看不到人力资源规划的长效性，而只重视抓生产、搞开发、跑营销，他们认为企业的经营计划是重要的，而人力资源规划不直接与企业的效益挂钩，所以价值显示不出来。实际上，企业任何计划都是由人来完成的，如果我们不重视对人力资源的规划和管理，其他计划也无法完成。许多中小企业主认为，劳动力市场是对企业敞开大门的，企业任何时候都可以招到需要的人才。他们还认为，有钱就有人，只要给员工比别的公司更高的酬劳、奖金，员工就会为企业工作。更有甚者认为给员工发了较高的工资就有权要求员工对企业忠诚，而员工既然领了工资就应该对企业服从和忠诚。这种仅指望以高报酬赢得员工的想法是幼稚可笑的，这样并不能真正让员工从内心对企业忠诚。

5.2.3　中小企业人力资源规划缺乏支持系统

首先，中小企业的人力资源规划缺乏方向性，其内容的选择和制定需要依据企业的总体战略。目前，许多中小企业是没有清晰的企业发展战略和明确的战略目标的。这样使得人力资源规划没有方向感，不知道企业究竟需要什么样的人才。正因为这样，许多企业没有进行人力资源储备，人力资源结构层次上也存在诸多的不合理，人力资源规划上的问题严重制约了企业的发展。其次，中小企业人力资源规划缺乏组织机构的保障。目前，中小企业的人力资源规划机构不够健全，还没有建立起一个系统全面的人力资源规划体系，有的企业在人力资源规划上仅仅停留在事物的表面或某一个局面。中小企业领导对人力资源管理认识不足、重视不够，为了降低成本，不愿设置专门的人力资源管理机构，人力资源管理者多由总经理办公室人员兼任。已设置人力资源部的中小企业大多是将“人事部”改为“人力资源部”，人力资源管理没有得到应有的重视。中小企业的人力资源管理部门多数还处在执行企业领导命令的层面上，无法统筹管理整个公司的人力资源，无法将公司和部门战略与人力资源战略统一结合。由于受职权限制，实际工作停留在主管层以下。特别是国内多数中小企业还是家族式企业，其核心就是企业主，其对人力资源规划的定位就是招聘、薪酬、考核等职能的实现，企业人力资源规划的范围相对狭窄，其管理理念和操作方式层次也比较低。有的企业认为这些工作都是老总说了算，没有把人力资源规划作为人力资源管理部门的一项重要职能。其实，人力资源规划不是简单地招人、用人，而是要围绕企业发展的目标，在科学分析现有人力资源供求状况的基础上合理进行人力资源规划。

5.2.4　中小企业人力资源规划专业人才匮乏

我国中小企业从事人力资源工作的人，大部分都没有经过人力资源管理的专业训练，缺少对专业、政策法规的掌握，因此，人力资源规划的制定和实施难度较大。即便是在那些已经成立了人力资源部的中小企业中，人力资源管理人员的队伍也普遍存在一些问题，如整体素质不高、专业人员很少、专业知识储备不足、专业技能不够等。特别是中小企业的人力资源管理部门的成员大部分时间被一些具体的事务占领，不能进行有效的工作。他们大部分的精力都要忙于各种具体行政事务的处理和参加会议，很少有精力用于为企业战略提供人力支持。另外，中小企业没有为人力资源规划的从业人员提供系统的培训，很多人力资源管理者没有受过良好的培训，眼界不高、经验不足。不能够从全局把握和判断企业的人力资源工作的重点和难点，更不能对统计数据和管理现象进行科学分析和推理。这说明，人力资源规划工作是一项非常专业和复杂的工作，对个人素质、领悟能力和学习能力要求都很高。而在这些综合因素中，有很多不是通过正规教育过程所能获得的。一位优秀的人力资源工作者需要的是其对工作深刻体验和对社会的敏锐洞察和深厚的专业功底。否则，单纯依靠原理、技术或数据处理的人力资源规划无异于纸上谈兵。

5.3 解决中小企业人力资源规划问题的思路

人力资源规划是整个人力资源管理的基础，甚至在一定程度上决定了中小企业的长远健康发展。一个中小企业在人事政策上如果出现了较严重的问题，往往是因为没有制定一个科学细致的人力资源规划。而能否制定并有效实施人力资源规划并不取决于企业规模的大小，最关键的是依据企业的发展战略和经营管理特点制定出适合的政策。因此，对中小企业人力资源规划存在的问题亟待解决，刻不容缓。

5.3.1 人力资源规划要与企业战略相匹配

中小企业管理者在制定战略时，应同步思考未来发展所需要的人力配置，企业围绕战略目标，系统看待企业人力资源管理，以指导整个人力资源管理工作。只有根据企业发展战略，制定中长期人力资源规划，有计划地开展人力资源开发、培训和考核，形成企业人才阶梯型结构，才能满足不同发展时期对人才的需要。自20世纪80年代开始，市场经济条件下的“非连贯性”竞争环境的特征使得越来越多的中小企业家认识到，要建立自身的竞争优势，关键是如何去建立并运行有效的人力资源管理。企业人力资源管理者的角色也必须从过去那种行政、总务、福利的管理者向企业学习、教育的推动者，高层主管的咨询顾问，战略业务伙伴，管理职能专家和变革的倡导者转变。而企业的人力资源规划就是为人力资源的有效配置而制订的一种确保企业战略实现的供需计划。因此，人力资源规划从内容上派生和从属于企业战略。企业战略是企业管理层所制定的策略规划，是以企业未来为出发点，旨在为企业寻求和维持持久竞争优势而做出的有关全局的重大筹划和谋略。企业战略和人力资源战略之间是一种单向的关系即垂直关系。要制定有效的人力资源规划，就必须明确企业人力资源战略以及人力资源在其中的位置与作用。人力资源规划被定位在职能战略层次上，它是在企业人力资源战略基础上形成的，通过发挥其对企业战略的支撑作用，促进企业战略的实现，因此，人力资源规划必须与企业战略相一致。戈梅斯-梅吉亚等学者相对于波特的竞争战略，提出了三种人力资源战略，如表 5-3 所示。[58]

表 5-3　　与波特的竞争战略相应的人力资源战略

企业战略	组织战略特点	人力资源战略特点
成本领先战略	持续的资本投资； 严密的监督员工； 严格的成本控制，要求经常、详细的控制报告； 低成本的配置系统； 结构化的组织和责任； 产品设计以制造上的便利为原则	有效率的生产； 明确的工作说明书； 详细的工作规划； 强调具有技术上的资格证明与技能； 强调与工作有关的特定培训； 强调以工作为基础的薪酬； 将绩效评估作为控制机制
差异化战略	营销能力强； 产品的策划与设计； 基础研究能力强； 公司以质量或科技领先著称； 公司的环境可吸引高技能的； 员工、高素质的科研人员或具有创造力的人	强调创新和弹性； 工作类别广； 松散的工作规划； 外部招聘； 团队基础的培训； 强调以个人为基础的薪酬； 将绩效评估作为发展的工具
集中化战略	结合了成本领先战略和差异化战略的特点	结合了以上两种人力资源战略的特点

资料来源：GOMEZ-MEJIA L R，BALKIN D B，CARDY R L. Managing Human Resources. Prentice-Hall，Inc.，1998.

戈梅斯-梅吉亚等学者认为，当企业采取成本领先战略时，强调通过控制成本和加强预算降低企业成本，以使企业获得低成本竞争优势。与此对应的人力资源战略应当强调员工的效率、低成本、高结构化的程序，以减少企业的不确定性。当企业采取差异化战略时，核心在于通过创造独特的产品或服务获得竞争优势，强调较强的营销能力、产品研发和设计能力。与此对应的人力资源战略则应强调创新和弹性、以团队为基础的培训和考核、差别化的薪酬等。当企业采取集中化战略时，实际上是企业在某个特定领域采取成本领先战略或差异化战略。企业集中化战略的特点是这两种战略的综合或具体化，因此，人力资源战略也就与企业集中化战略目标相对应并综合以上两种人力资源战略的特点。

5.3.2 转变人力规划的理念，确立战略目标

在世界经济步入新经济时代的过程中，人力资源规划工作中最核心的问题是人才理念的变革。因此，我国的中小企业管理者应该注意自我的观念更新，纠正对“人才”的错误认识。首先，树立“以人为本”的现代人力资源管理理念。不分身份等级，将企业中的所有成员均看作待开发利用的资源，而不是成本和负担。“人才”不仅仅指企业的经营者、高层管理人员、关键岗位技术员以及那些从外部引进的人才，更重要的是企业内部的普通员工。其次，树立人力资源管理规划的全局观，从企业的人力资源实际状况出发，人力资源规划的完成不仅需要各职能部门和生产部门的通力合作，更需要企业高层决策者的支持。最后，确立人力资源规划的前提。在制定人力资源规划时要明晰企业发展与企业战略目标的要求，而后才能分解到人力资源方面，随后才会有人员需求计划、招聘计划、薪资福利计划等与之相配套。人力资源部门要搞清楚企业未来的行业定位、经营策略、经营规模和产值目标等。行业定位决定了选择什么样的人才，经营策略决定了选择什么类型的人才，经营规模和产值目标决定了人才的成本。只有在企业战略目标清晰的前提下，人力资源规划才能有的放矢。因此，做好人力资源规划工作不能仅仅依赖人力资源管理部门，要调动各级管理者和全体成员参与规划，共同完成。

5.3.3 建立科学的人力资源规划系统

中小企业应该采用科学的管理方法和手段，建立起符合企业发展需要的人力资源规划体系。首先，要逐步建立独立健全的人力资源管理部门，使企业能够从整体上了解和把握企业的人力资源状况，并使之与企业的发展战略相匹配。其次，重新认识人力资源管理，界定清楚人力资源部门的职责和任务。再次，设计科学的人力资源规划流程，注意信息的收集和整理，把握企业的总体发展战略，采用经济适用的供求预测方法，及时为企业的经营管理部门提供和储备适用的人才。最后，建立和完善人力资源信息系统。科学的人力资源规划需要建立在大量翔实而全面的内外信息基础上，需要不断地更新和使用企业人力资源信息。建立人力资源管理信息系统，以备管理分析时用。可以分为两方面：一方面是人力资源需求预测，根据本企业的内外部条件与企业的发展战略规划选择预测技术，确定人力资源需求的质量、数量要求，有针对性地进行人员招聘、培训、配备和晋升；另一方面是人力资源供给预测，根据企业内外部条件，对未来一段时间内企业空缺岗位需要补充的人员总数，以及如何获得供给的一种估算。

5.3.4　建立人力资源规划的支持系统

首先，提高人力资源规划者的素质。人力资源管理需要很强的专业素质和知识，称职的人力资源管理者应该热爱工作、具备专业知识、人际关系很好、善于与人沟通、知人善用。应该通过加大培训力度和外部招聘等途径，提高人力资源管理者的队伍素质，保证规划的科学性和有效性。要做好人力资源规划，必须提高人力资源管理者的素质，通过人力资源管理者素质、能力的提高，来实现人力资源规划的专业化。中小企业应加大对专业人力资源管理人员的配备和培养，提高人员的整体素质和水平，使人力资源管理逐步走上科学化、正规化的道路，发挥人力资源管理的核心作用。人力资源管理的主要职责已从日常性人事关系协调转向为企业发展提供人力资源方面行之有效的解决方案；由简单的事务管理转向全方位、深入的员工潜能开发；由事后管理转向过程管理乃至超前管理；规范化、标准化代替了经验管理，成为企业提高效率的重要手段，这些变化对人力资源管理提出了新的素质要求。其次，优化人力资源规划工作环境。人力资源规划与管理工作需要一个良好的企业文化氛围和和谐的环境。在企业的人力资源规划中应该充分注意与企业文化的融合与渗透，只有符合本企业的人力资源特色，才能保障企业经营特色和经营战略的实现，进而使企业的人力资源具有延续性。最后，人力资源规划的实施需要一个和谐的环境。人力资源规划不仅是面向企业的发展目标，也是面向员工个人奋斗的计划。企业的发展和员工的愿景是互相促进的关系。如果只考虑了企业的发展需要，而忽视了员工的发展，企业的人力资源规划难以有效实施，那么企业的发展目标则难以实现。[59]

第 6 章　中小企业员工招聘存在的问题

伴随着人力资源流动和配置的社会化、国际化、市场化程度不断加深，员工招聘在中小企业员工队伍稳定和提升方面的作用也日益突出。员工招聘工作的难度和复杂性也不断加大，其成效直接关系到企业人力资源的输入与配置质量，影响到员工队伍素质的高低乃至企业的生存与发展。

6.1　员工招聘的基本原理

6.1.1　员工招聘的内涵与原则

（1）员工招聘的内涵

关于员工招聘的内涵，国内外学者有着不同的理解。在美国学者乔治·米尔科维奇与约翰·布德罗所著的《人力资源管理》中对招聘所下的定义：招聘是确认和吸引大量候选者的过程，从中挑选可接受雇佣要求的人。亚瑟·小舍曼、乔治·勃兰德与斯科持·斯耐尔所著的《人力资源管理》一书中则认为，招聘是寻求和鼓励潜在的应征者申请现有的或预期的空缺职位的过程。在这一过程中，组织应致力于使应征者得到工作要求和职位机遇的全面信息。某一项工作是由组织内部还是由外部来承担，取决于人员的可用性、组织的人力资源政策和工作的要求。[60]我国学者廖泉文认为，员工招聘是企业根据人力资源规划和职务分析的数量和质量的要求，通过信息的发布和科学甄选，获得本企业所需的合格人才，并安排他们到企业所需岗位工作的活动和过程[61]。

从以上观点可以看出，虽然对招聘的含义有不同的表述方式，但都有着共同之处：首先，招聘的前提是建立在对企业供需状况进行科学预测的基础上，同时对各岗位的职务进行分析。它是满足企业人力资源需求的过程，即招聘的依据是职位需求、应聘者的素质条件、企业的人力资源规划结果等。其次，招聘是一个过程，这一过程包括吸引应聘者、对应聘者进行筛选、录用等环节。综合国内外学者的观点，本书认为招聘是指根据组织战略和人力资源规划的要求，通过多种渠道和方法，把符合职位要求的人员吸引到组织中来，以填补空缺岗位的过程。也就是说，员工招聘就是确保人员空缺的岗位能够招收到合适人员的过程。

从员工招聘的界定看，员工招聘作为企业人力资源管理活动的一个重要组成部分，是企业吸引人才的过程。企业通过这项工作，为企业吸引符合岗位要求的工作人员，以确保企业各项活动的正常进行。但仍有很多人错误地认为招聘仅仅指的是企业对人才单方面的选择。在竞争激烈的经济发展局面下，人才短缺已成为所有中小企业所关注的焦点，也需要各种方法来解决这一问题，现在所有的招聘绝非企业对人才的单向选择，而是双向选择，企业与人才平等对待。这也提醒了中小企业需要对招聘有效性进行更深入的研究。企业之间的竞争实际是人与人的竞争，而人力资源招聘工作就是依据岗位空缺来选择合适的人才，为企业注入新的血液。特别是在市场经济中，人员流动性越来越强，一个企业想要永远留住自己所需要的人才是不现实的，所以人员招聘工作是企业人力资源管理的经常性工作。为此，准确理解招聘的内涵，需要把握以下三点。

① 招聘活动的双重目的。

招聘活动的目的有两个：一是根本目的，即通过有计划的招聘活动以达到吸引符合职位要求求职者应征的目的；二是在实施招聘活动过程中还要实现企业宣传的目的，即通过各种招聘活动来宣传企业，为企业扩大影响。

② 招聘是一种有计划的活动。

企业的招聘与选拔工作应该有计划地进行。人力资源招聘计划是在企业的发展战略与目标确定之后，在科学预测未来的人力资源需求与供给的基础上制定的。因而，人力资源招聘的计划性体现在，无论是在招聘的数量和质量上，还是在招聘的时间和条件上，均要符合企业战略规划和人力资源规划的要求。该规划明确要求招聘活动必须围绕着企业经营发展的总体计划来安排，与其他部门实际工作相匹配。从企业角度来讲，好的招聘活动应该是在适当时间、适当地点以最小化成本吸引到满足企业发展需要的员工来应聘。

③ 招聘的效果依赖于信息发布过程的有效控制。

企业要找到合适的人员，需要有相对较大的选择范围。这就要求企业人员需求信息发布的范围应相对较广，包括企业内部大范围的空缺职位公告以及对外公开发布招聘信息。信息发布渠道的选择、信息内容的设计、信息发布的时间等因素都会影响到应聘者的数量与质量。而应聘者的数量与质量又将最终影响录用新员工的质量。

（2）员工招聘的原则

招聘原则直接影响到招聘工作能否满足企业的人力资源需求。招聘除了要为企业招聘到符合标准的人力资源以外，还是一项经济活动。因此，只要是经济活动，那么在所有行业中，无论准备招聘的人员数量多少，无论招聘工作由谁来完成，要把招聘工作做好，都必须遵循以下原则。

① 效率优先原则。

效率优先原则就是要以效率为中心，追求成本与收益之间的相互平衡，即以尽量少的招聘成本吸引高素质、符合企业需要的人员。招聘活动不管采取何种方式招聘，都要产生各种支付费用，主要包括宣传招募信息的广告费用、选拔考核的审核费用等。因此，在招聘过程中，就要求企业人力资源管理部门在进行人员招聘活动时采用适当的招聘渠道，采取灵活的方式，做出合理的安排，尽可能降低这些成本，保质保量地完成招聘要求，使企业的整体效益达到最优。

② 因事择人原则。

所谓因事择人，就是员工的选聘应以实际工作的需要和岗位的空缺情况为出发点，根据岗位对任职者的资格要求选用人员。绝对不能因讲人情、讲面子而将不符合岗位要求的人员招进企业，安置在岗位上，既浪费了人才，又损害了企业的利益。这就需要人力资源部门通过工作分析明确空缺岗位需要具备的学历、年龄、技能、体能等，在招聘过程中就要侧重于考察应聘者的能力、素质等。总之，招聘人员只有掌握了标准并从岗位的实际要求出发，才可能防止人浮于事的现象存在，做到人与事的有机结合，从而确保提高人员使用效率和企业工作效率。

③ 双向选择原则。

一方面，企业招聘的标准是具体的、可衡量的，并以此作为招聘部门考察人、面试人、筛选人、录用人的标杆，因为人才不是越优秀越好，只有合适的才是最好的；另一方面，企业也要通过信息发布和交流让每一名应聘者真实了解企业的客观情况，作为双方自主选择的依据。

④ 公开与公平原则。

公开指招聘单位把招聘的职位名称、拟招人数、职位资格、招聘方式与流程、招聘时间与地点、联系方式等信息向社会进行公布。公平就是指在员工招聘中引入公平竞争机制，在对应聘者的思想素质、道德品质、业务能力等方面进行全面考查的基础上，按照考查的结果择优选拔录用员工，给予社会上人才以公平竞争的机会。例如，不能因应聘者的民族、性别、身体条件、宗教信仰等不同而歧视应聘者，从而违背国家法律的规定。企业在法律、法规限制的范围内招聘所需的各类人员。通过公开招聘信息、招聘方法，既可以将招聘工作置于公开监督之下，防止以权谋私、假公济私的现象发生，也确保给予合格应征者平等的获选机会。

⑤ 能级匹配的原则。

一般说来，招聘人员时应尽量选择素质高、质量好的人才，但也不能一味强调高质量，应坚持能级相配和群体相容的原则。简而言之，就是要根据企业中各个职务岗位的性质和任职资格选聘相关人员，要做到人尽其才，用其所长。

⑥ 全面考核原则。

人力资源管理部门在进行人员招聘与选拔工作时要注意对候选人在业绩、知识、能力、态度等多方面进行考查。仅仅在某个方面胜任而其他一些方面不足的人员常常不易在企业中顺利发展，也不能满足企业长期发展的需要。但招聘人员必须认识到，金无足赤，人无完人，往往优点突出的人，其缺点也很突出。在用人中要发挥他的长处，放大他的优点，尽量规避他的缺点，容忍他的短处。

6.1.2　员工招聘的影响因素

企业在进行招聘时，往往会受到很多因素的影响，归纳起来主要有外部因素和内部因素这两大类。

(1) 外部因素的影响

① 国家的法律法规。

每个国家都用法律的手段来控制和规范各企业招聘，因此，招聘时首先应考虑的因素就是国家的法律法规，它对组织的招聘工作具有强制约束力，任何组织的招聘活动都不允许违反国家的法律法规。例如，西方国家政府法规禁止雇用歧视等。而我国每年都会对《就业服务与就业管理规定》进行修改后施行。以《中华人民共和国劳动法》为准绳颁发的一系列与招聘和录用有关的法律、法规。还有《职业介绍规定》《就业登记规定》《企业经济性裁减人员规定》《集体合同规定》《中华人民共和国企业劳动争议处理条例》《国务院关于促进科技人员合理流动的通知》《人才流动争议仲裁规定（试行）》《女职工禁忌劳动范围的规定》《未成年工人特殊保护规定》等。如企业在招聘信息中不允许有年龄、性别、种族、婚姻、地域等特殊规定，除非能证明这些信息对生产效率有直接影响，否则就可视为有歧视行为。但在我国一些很重要的行业和很关键的工作岗位上也有很多任职条件上的限制，例如《证券机构管理条例》规定证券相关行业的从业人员需要拥有证券从业资格证。同时，对不同的职位还有具体的规定，如只有拥有证券分析相关证书的人才能从事证券分析师的工作。很多对信用要求很高的职位会考察应聘者是否有过违法或者受到法律制裁的情况。

② 外部劳动力市场。

外部劳动力市场的供求状况会影响招聘的结果。当劳动力市场处于供给大于需求时，企业会比较容易吸引应聘人员；当劳动力市场供给小于需求时，企业吸引应聘人员就比较困难。除了招聘数量外，招聘质量以及相关的招聘成本也会受到不同程度的影响。例如，2016 年全国大学毕业生达 699 万人；2017 年大学毕业生有 749 万人，外加 2016 年未就业的毕业生。高校毕业生人数连续两年创历史最高，直接反映了劳动力市场过剩的事实。劳动力过剩对企业员工招聘工作无疑会产生很多有利影响，确保企业以较低的成本迅速获得较优的人才。

③ 经济运行状况。

经济处于繁荣时，劳动力需求较大，企业需花费更高成本来吸引应聘者，满足招聘需要；经济萧条时，劳动力需求萎缩，企业只需付出较低的代价就可以吸引到相同质量的应聘者来应聘。例如，2014 年受全球经济影响，我国出口贸易、IT、机械和汽车等行业遇冷，使得多数中小企业倒闭、大型企业被迫裁员。2017 年上半年，全国就有 6.7 万家民营企业倒闭。同时，经济运行情况还会因地域不同而产生明显差异。中国地大物博，地域经济差异也逐年凸显，沿海和东部地区消费水平相对较高，企业数量较为密集，人才需求量自然就很大，故求职机会多，但竞争也较为激烈。

④ 应聘者的状况。

一是应聘人员的求职意向。应聘人员的求职意向可以认为是求职者渴望得到一份工作的意愿或热情。当一名求职者发现自己很适合某家企业的某个岗位或者说很想进入某家企业的时候，就会表现出对工作充满热情和动力。相反，求职者感到岗位不适合时，则会比较随意，对工作表现出无所谓的态度，这样会直接影响到能够进入企业的评判点。二是应聘人员的专业能力。在企业招聘过程中，很多求职者并不知道自己的专业技能能否胜任该职位，但是很多人都抱着试一试的态度，自我认为完全能够胜任这份工作，但是在很多时候进入企业后才发现自己并不能胜任这份工作，从而导致了人才流失。三是应聘者的适应能力。任何一家企业的岗位都不只是个岗位，其中还包含企业文化、工作环境以及新同事间的工作氛围，应聘者的适应岗位能力会直接影响其工作的质量。如果一名员工在进入企业之后，没办法和同事和睦相处，更不用说团队协作了，甚至很多员工都不能认同企业的价值观，这样的求职者自然是很难在企业生存下来。四是应聘者的工作能力。具有一定工作经验的求职者一直是企业青睐的对象。企业普遍都会在招聘要求后备注“有经验者优先考虑”，这也是许多企业为了能尽快让求职者适应工作流程、减少培训的成本而提出的要求。

（2）内部因素的影响

① 企业自身的影响力。

对于广大应聘者而言，在选择企业的时候，对企业的形象和品牌有着强烈的倾向性。因为，在应聘者眼中，知名度、发展前景较好的企业不仅拥有较高的薪酬及福利待遇，而且拥有舒适宽敞的办公环境。应聘者甚至关注到企业是否拥有自助的员工午餐、健身房等，当然最主要的还是希望企业能给予自己更好的发展条件，并能在这里学习到更多的知识。所以，在各大招聘信息中，企业开始展示各种福利待遇、各种优秀发展机会，更注重的是对招聘板块进行创意设计，试图给应职者留下深刻的印象，以吸引更多的人才。总之，企业的外部形象越好，品牌号召力越强，对招聘活动就越有利，应聘者会越多，从而提高招聘的效果。

② 企业的薪酬制度。

一方面，薪酬制度的设计是影响招聘效果的重要因素，如果企业实施具有竞争力的薪酬制度，则对高素质人才的吸引力更大，反之则增大了招聘工作的难度；另一方面，薪酬制度的设计与给付水平。企业对应聘者传递的信息中，除了必要的岗位信息和任职资格、条件外，其中薪酬制度的设计和给付水平往往是最吸引人的，所以，在整个招聘流程中，企业要制定完善具有竞争力的薪酬制度，并确保能够吸引到企业所需要的高素质人才。

③ 招聘人员的能力。

一家企业的招聘者是企业中除了销售人员之外最能代表企业形象的人员之一，企业的招聘者在招聘的整个流程中也起到了很关键的作用，因此，招聘者的综合素质不仅会直接影响应聘人员对公司的判断，还对企业能否找到合适的员工也有着不可小视的作用。然而在实际情况中，企业往往在招聘者的选拔中比较随意，很多中小企业的招聘者通常没有经过完整专业的培训，因此在招聘过程中，很多招聘人员经常表现得很不专业，从而损坏公司的名誉。因此，企业首先在选择招聘者的时候就要精挑细选，然后对其进行完整的专业培训。招聘者，代表着企业的形象，在招聘中自身的素质及经验对招聘有效性有直接的影响，一般还应该具备较好的沟通能力及技巧，让面试者在轻松的状态下完全地释放自己。

④ 招聘工作的计划性。

企业对整个招聘流程要做相应的方案计划，计划的完善程度会在很大程度上确保招聘工作的质量。例如，招聘具体岗位数量、任职要求、薪酬待遇、职业规划的阐述、招聘的时间进程及具体流程、人员的具体分配、招聘成本的预算、招聘渠道的选择等。充足的招聘预算可以扩大招聘范围，招聘渠道更丰富，吸引到更多的高素质人才来应聘；充裕的招聘时间可以让招聘双方有充足的时间准备，有利于提高人力资源的质量。反之，有限的资金、时间会使组织选择的机会降低，对招聘效果产生不利影响。也就是说，招聘计划中的每一步环节都不可或缺，只有拥有科学合理的招聘计划，让每名招聘人员、求职人员了解招聘各环节，才能使招聘流程有序地进行下去，并且让求职者感受到企业的专业性。

6.1.3 员工招聘效果的评价

企业的招聘活动是否有效，需要从招聘工作的整个过程来考核。也就是说，为保障招聘效果要做好前期准备、过程控制、结果反馈等关键节点的评价工作。

（1）招聘准备的有效性评价

招聘工作的起点在于是否提前做好人力资源规划。而人力资源规划要结合企业总体发展战略和具体经营发展规划。对于人力资源管理而言，在企业发展的不同阶段要对招聘提出不同的要求，首先要满足企业当前的工作短缺的人才，其次要根据企业的发展战略和规划制定相对详细的人力资源规划。具体而言，判断一项招聘准备工作是否有效的标志在于是否制定了一份科学合理的招聘计划书。因为，招聘计划书基本确定了整个招聘过程的关键要素。一份完整的人员招聘计划书应该包括6个方面的主要内容：第一，人员需求清单。包括招聘岗位的名称、人数、任职资格要求等内容，可根据岗位说明书进行确定。如果一家企业没有做好工作分析，就很难保证招聘清单的准确性。第二，招聘信息发布的时间和渠道。即确定在什么时间、通过什么方式发布招聘信息，以获取最大的效果。在这个内容中要注重内部培养和外部招募相结合的方式进行。例如，在选择内部培养人才的方式对就需要着重考虑人才在岗位上的发展潜力而不是过多要求经验，针对这种人才最好用人才市场和校园招聘相结合的方式进行选拔；相对于内部培养而言，外部招募人才则有更高的需求标准。第三，招聘小组人选。包括招聘小组人员姓名、职务、职责。一般来说，为确保招聘甄选的科学性和合理性，招聘小组一般需要由人力资源部经理、招聘工作人员及用人部门的负责人组成。第四，应聘者的考核方案。包括考核的方法、场所、时间、题目设计者姓名等，为筛选、评价应聘者做好准备。其中，考核的方法最重要，常用的考核方法主要包含简历筛选、笔试、面试、无领导小组讨论、团队游戏、角色扮演、人才评价中心、体检等几个过程，但是这个过程做的好与坏，标准高与低，却极大影响到人员招聘的质量如何。对于不同层次、不同类别的岗位，选择不同的招聘模式，是选择简单直接的模式还是选择复杂的模式，同样会影响到招聘的整体效率和效果。第五，招聘费用预算。包括资料费、广告费、人才招聘会费用等。第六，招聘工作时间表。由于人力资源总监的招聘工作需要多个部门和人员的协作，所以时间表应该尽可能详尽，以便他人配合。

（2）招聘过程的有效性评价

招聘过程实际上就是企业和应聘者之间的互动过程。企业一方面向应聘者表明本企业是一个难得的工作单位，同时也想充分了解应聘者的有关信息，判断其可以成为企业中哪个种类的员工，以及他们潜在价值的大小。而应聘者一方面想向企业表明自己十分有发展前途，并且十分愿意接受这份工作，同时也想准确了解企业的情况，判断自己是否应该加入这家企业。所以，招聘过程不仅影响着企业的未来，同样也影响着应聘者个人的未来。具体而言，招聘过程主要看三个方面是否得到了有效控制。首先，招聘小组成员的表现要做到及时监督。确保招聘小组的表现符合企业要求，因为他们的表现将直接影响到应聘者是否愿意接受企业提供的工作岗位。有研究显示，招聘小组成员的个人风度是否优雅、知识是否丰富、办事作风是否干练等都将直接影响应聘者对企业的感受和评价。因此，在招聘过程中，要对小组成员进行有针对性的培训，如仪表、提问方式、企业情况介绍、交谈语气等，并且还要进行模拟面试，同时进行录像，再放给这些人观看、研讨，以便矫正。其次，注意使用适当的招聘条件。在招聘过程中，企业总是会使用各种方法吸引应聘者，如奖励、工作条件、职业前景、技能训练、自助餐、优惠住房贷款和工作的挑战性等。但这些条件的说明一定要谨慎，确保符合企业的实际条件。最后，企业在想方设法吸引外部人才加盟时，要注意好新员工与原有员工之间的公平关系。企业在吸引应聘者时，不要只宣传企业好的一面，同时要注意让应聘者了解企业不足的一面，以便应聘者对企业的真实情况有一个全面的了解。企业可以使用小册子、录像带、光盘、广告和面谈等方式开展真实工作预览工作。[62]

（3）招聘结果的有效性评价

招聘结果是评判招聘有效性的最重要因素。首先，企业在招聘人才的时候能够做到及时性，即及时招聘到企业需要的人才。例如，招聘计划的达成率。其次，招聘数量上的评价。企业通常用应聘人数比、录用人数比以及招聘完成情况来依次评价招聘活动的结果有效性。应聘人数比指的是应聘者的人数和企业计划招聘人数的比例，该比例越高说明招聘的前期宣传工作效果越好，意味着企业有更多的机会招聘到自己需要的人才。录用人数比例指的是参加应聘的人中被录用人数和参加应聘人员总数的比，该比例越高说明参加应聘人员的素质越高，同时也意味着企业有更多可能招聘到自己需要的人才。再次，要看员工转正一年内的绩效考核。该考核决定着招聘是否有效。即使满足招聘入职的条件，并且在招聘中较为优秀的员工，也要最终进行绩效考核的评价，该员工为企业所创造的收益才是衡量招聘有效性的最有力的指标。将多数求职考核评价及条件指标与工作绩效考核进行对比，即能初步拟定如何提高招聘有效率的具体指标，从而结合实践得出结论。最后，要看离职率。企业在招聘到人才之后还要能够留住人才，主要考察6个月之内是否离职这个指标。这个指标也是判断招聘有效性的最终要素。企业较高的离职率说明该企业人力资源管理存在较大的问题。人员的流失将会带来新的招聘成本的开支，也会暴露出人力资源管理的问题。例如，某员工自身条件优秀，在工作期间表现优异，最终却选择了离职。如在企业挽留并满足其提出相应条件下，仍坚持离职的员工，企业就需要寻找自身的问题，是人力资源管理的问题还是招聘有效性较低的问题。

（4）招聘成本的有效性评价

前面已提到招聘计划、招聘过程以及招聘结果的有效性的评价，但是在所有的环节当中始终穿插着一个不可忽视的重要因素，那就是招聘的成本。对于一家企业而言，最终的目的是追求利润最大化，没有利润的企业肯定是不合格的企业，企业的招聘工作也是如此。很多学者通过长期观察研究和调研论证发现，企业花在招聘上的财力、物力和人力都是一笔不小的费用，不管是在成本相对较低的网络招聘还是在费用较高的猎头公司上，都需要投入很多资金，所以在评价招聘的有效性时，成本是一项不可缺少的评价要素。如果以经济学理论为基础探讨这一经济行为，就是指企业通过最小的成本来招聘到需要的人才。通过大量的关于招聘成本的相关研究发现，可以将招聘中所需要的成本进行细化并分为4类[63]。第一类是最直接的成本。这类成本主要是直接表现出来的。例如，企业举行一次校园招聘就需要支付线上和线下的宣传费用、招聘人员的差旅费和工资以及场地费等。第二类是重置成本，即企业在招聘过程中遇到违约或者毁约的情况下不得不重新招聘人才所产生的费用。第三类是机会成本，这是从经济学的概念中引入到招聘中来的，可以理解为企业在选择招聘渠道或者活动时而放弃的其他可能招聘到人才的可能。最后一类是风险成本，主要可以理解为企业没有按时完成招聘而导致岗位空缺所造成可能损失的成本。企业需要明确的是在考虑招聘成本的过程中，不能一味地追求低成本，而应该主要依据企业的发展规划和发展战略来合理制定企业招聘的预算。

6.2 中小企业员工招聘的优劣分析

中小企业在员工招聘方面既有优势也有不足。作为企业人力资源管理者，要充分了解中小企业在招聘中的优势和不足，这样才能确保在招聘中取长补短，帮助企业寻找适合企业发展的人才。

6.2.1 中小企业员工招聘的优势

（1）用人机制比较灵活

由于中小企业大多数都属于民营企业，民营企业的属性就决定了企业在用人的环节上比大企业具有更高的灵活性和自由度。例如，民营企业对应聘者的学历、资历、背景、经历、年龄不设置统一标准，要根据应聘者实际表现和岗位的现实情况灵活调整。在中小企业里，员工能力和工作效率比学历等更加具有现实意义。也就是说，有才干的人不会被埋没，员工对企业的贡献很容易就会被企业发现和认同。

（2）适当的奖励机制

中小企业由于规模小，会更加珍惜宝贵的人力资源。优秀的员工是中小企业赖以生存和发展的资本。为了保留现有稀缺的人力资源，一般中小企业会对有贡献的员工在工资给定、奖励晋升、福利待遇等方面不拘一格，尽可能满足员工的合理需求。同时，很多发展较好的中小企业会把企业与核心骨干员工紧密联系在一起。例如，给予优秀员工以较高的绩效工资，给予高层骨干员工一部分本企业的股份或者期权作为长期激励，这样，员工和企业的利益紧密联系在一起，员工会更加努力为企业贡献力量。

（3）善于借助外力

聘请咨询顾问，是一些中小企业普遍使用的一种方法。因为自身人力资源招聘体系不完善，所以从企业外部的高校、咨询服务公司、研究机构、行业协会、政府等相关机构聘请专家和顾问为本企业提供技术支持。这些顾问不仅能够帮助企业迅速解决专业问题，还能在企业能够承受的合理费用的前提下实现双赢。

（4）沟通效果良好

员工招聘过程也是企业和应聘者双向沟通的过程。在这个过程中，中小企业因为管理层级较少、管理链条较短，无论是应聘者还是招聘小组成员，都能在较短时间内迅速对招聘过程中出现的问题给予及时的解决。同时，由于中小企业本身的实力和民营企业的文化特征，在招聘过程中很容易让应聘者感受到招聘者亲切、不拘一格的交流方式，能够很快地达到相互了解和接受。

6.2.2　中小企业员工招聘的劣势

（1）影响力不够

相对于大型企业而言，中小企业无疑在企业实力吸引力方面略逊一筹。大型企业不仅拥有悠久的历史和广泛的知名度，其充裕的资金也保证了企业的招聘宣传，硬件的差异是客观存在的，而这也恰恰是广大应聘者最看重的。

（2）条件不高

在相同区域内、同行业竞争条件下，中小企业与大企业无法比较。中小企业在工作条件、薪酬和福利待遇等方面很难与大企业抗衡。大企业由于自身资金充裕，在面对同等人才时，大企业根据自身的先天优势完全可以提供优厚的待遇和更加完备的条件。

（3）稳定感不高

中小企业的抗风险和自身经营发展的能力都不如大企业。这就意味着，中小企业在出现经营困难的情况下，更加容易破产和倒闭。这就给应聘者留下了在中小企业工作不稳定的印象。应聘者为了自身的长远发展以及稳定的职业规划、安定的生活条件往往会忽视中小企业。

（4）社会观念存在偏见

一方面，应聘者对中小企业存在错误的认识。例如，很多大学毕业生以及待岗求职者认为中小企业无法提供好的平台，自己发挥不了真才实学；另一方面，在市场经济体系中，很多中小企业的合作伙伴，如供应商、零售商、金融机构、政府都会先入为主地认为中小企业的诚信不够、产品服务水平较低等。

6.3 中小企业员工招聘存在的问题

6.3.1 招聘理念比较落后

多数中小企业人力资源管理者本身的专业素质较低，在招聘时仅凭经验办事，重学历不重能力，重应聘者言谈而不重应聘者的实绩，甚至以貌取人。例如，某房地产集团公司成立于2009年，是典型的民营企业，注册资本4000万元，现有员工约200人，其中管理人员25人，专业技术人员30人。公司下设房地产、装饰、物业管理、文化广告和金融担保五个子公司。集团于2015年9月特设人力资源部，专门负责企业人力资源的开发与管理工作。各子公司具体人事事务由集团人力资源部下派人事专员分管。该企业经营者为中专文化，在招聘思想方面具有典型的传统观念和主观意识。如不管什么岗位，总是要求高学历、高职称以及对录用人员主张招之即来、来之即可用的短视目光和功利行为。[64]高学历的人才确实具有较高的学习能力，但高学历的人才不一定具备职位相匹配的工作能力，有些高学历的人才动手、沟通、应变能力较差，因为长期的读书缺乏与外界的沟通，并且很多高学历的求职者也会对用人单位择优选择，他们不仅仅只选择了一家求职单位，很可能当企业管理者庆幸自己找到如此的优秀人才之后，他却放弃了企业，并让企业又得付出更高的成本去重新招募人才，效果适得其反。据了解，国内很多中小企业管理者，在人员招聘方面普遍存在这种不良倾向。例如，有一些企业着眼于近期利益，认为招来即用，无需培养，特别挑剔应聘者的工作经历，甚至要求必须有5年以上工作经验，而对应届大学毕业生却不屑一顾。在招聘过程中一些企业往往忽略了应届毕业生的优势恰恰在于经历单纯、理论基础好、可塑性强，一味地重视应聘者的工作经验，致使招聘难度加大。还有的企业在招聘中盲目追求高学历的人才。因此，中小企业一定不要忽视自身用人机制灵活的优势，科学合理地选择适合自己的人才。

6.3.2　招聘专业化程度低

任何先进的用人理念与招聘方法都离不开招聘人员的实际工作行为与能力，而且招聘人员作为企业的代表，在进行人力资源招聘时，通过自己的言谈举止，可以起到宣传企业形象、推广企业文化和经营理念的目的，所以对于企业招聘人员具有较高的要求。但事实上，中小企业的人力资源从业人员素质较低。首先，招聘人员缺乏专业性。中小企业因人员配备不足会弱化人事部门的工作，直接由岗位空缺部门的直属经理来进行面试招聘，而直属经理缺乏人力资源专业知识及理论实践，无法根据科学的甄选方法选到合适的人员。其次，招聘工作无计划。目前，很多中小企业规模小，管理水平不高，人力资源管理工作更是缺乏科学的规划性，企业需要人时就到人才市场去招聘，其招聘往往呈现出“现要现招”的特点。一些人才公司工作人员介绍说，老板们委托招聘一些高层管理人员，常常要求“随聘随到，来即能用”。一家企业的老板更是直言：“我今天花高薪招聘，就指望明天立即上岗，后天能给我赚回加倍的利润。”[65]这些企业用人往往随意性非常大，且特别注重眼前利益，属急需型。一旦岗位缺人，紧急招聘，根本不会进行系统的计划和选拔录用。企业招聘人员疲于奔命，招聘成功率很低。然而，人才引进是企业为实现其发展目标而进行的一项严谨有序的计划工作，需要通过人力资源计划和岗位说明书、招聘计划、招募、录用和评价程序。而中小企业的这种无序“救火式”的招聘行为往往导致招聘企业多次重复性地到本地区的人才市场上寻找所需人才。这样既费时又费力，造成了招聘成本过高、招聘效果不良的后果。据统计，中小企业中很大一部分尚未摆脱这种随意用人状况。如在中小企业发达的温州地区，很多企业的人员年流动率达 50%。最后，招聘标准不规范。据中人网的调查结果反映：在企业对外发布的招聘标准中，56%的企业认为自己的标准与实际招聘的岗位需要一致，但求职者却只有 4%的认同率。这说明招聘单位在招聘标准的制定和执行中“内外不符”的情况相当严重。这种做法使企业对员工的需求和配置存在无法估计的严重缺陷，甚至在时间紧迫的情况下，有时会降低录用标准。另外，很多中小企业在招聘时往往也存在临时确定招聘标准的随意行为，所立标准要么宽泛，要么随意性较大。招聘时，招聘人员对评判尺度难以把握，操作起来更是随意，难以发挥各种甄别测评工具的真正效用。中小企业在招聘中存在很多主观性和草率性，一般是看学历、看简历，更多的是凭招聘者的经验、印象和直觉，但这些手段并不能很好地了解求职者。根据一家人才公司与120家民企合作的经验反映，大多数情况下企业往往是根据招聘人的感觉来决定是否录用一个人，而不是系统地评估一个人是否符合录用条件，尤其是一些家族化管理的企业，常常出现随意拍板、随意改变录用决定的情况。[65]

6.3.3 招聘过程不完善

首先，操作程序上不规范。在人员招聘中，经常可以看到一些中小企业组织实施不力、操作程序不规范。主要表现在招聘渠道选择单一、招聘人员配置随意、招聘环境安排简单、面试问题标准不一，经常是以经验取人、以貌取人为主，没有一个合理、规范的操作流程，从而在客观上造成了对应试者的不公平、不尊重，损坏了用人单位的企业形象。例如，创业初期的小企业，可能员工合计不到10人，极度缺乏人员，在企业的人事招聘中，会简单地认为将招聘信息发布到招聘网站上，突出自身企业的优异发展前景及具有优势的薪资待遇就能吸引优秀的人才。同时，企业通常都要求应聘者在报到之日就上岗工作，没有一个过渡与引导的过程。其次，招聘方法不当。大多数中小企业在招聘时，往往采用传统的面试法，很少采用笔试法、情景模拟法和心理测验法来全面考察应聘者的写作能力、分析创造能力、组织决策能力和人际交往能力。面试法具有简单、直观、节省时间的特点，但仅靠面试很难测试一个人的实际能力。再次，忽视对应聘者背景的调查。中小企业不完善的应聘过程容易忽视对应聘者背景的调查。新闻经常报道员工泄密及偷走企业设备及挪用公款等违法行为，所以对入职员工做相应的背景调查是非常有必要的，特别是对财务人员还需要进行深入调查。最后，招聘效果无评估。大多数中小企业对招聘结果的成本核算与效果评估做得不够，有的甚至根本没有意识到对招聘结果的评估与总结，常常认为只要人员到位就万事大吉，很少考虑对招聘工作进行总结和评估。没有对招聘开支与收益是否合理进行分析，没有对招聘中的成败得失进行总结研究，就无法为以后的招聘活动提供有效的经验和积极的借鉴。

6.4 解决中小企业员工招聘问题的对策

6.4.1 加强培训，转变观念

要在本质上解决招聘问题，中小企业必须加强培训工作，让管理者真正认识和体会到员工招聘的深刻内涵和积极意义，以便在工作中，做到思想统一，并在实际行动方面为招聘工作搭建良好的思想平台。中小企业也只有在持续有效的培训和学习过程中，各级管理层才能真正实现观念转变，形成科学的招聘理念，端正思想，杜绝经验主义，破除那些错误的用人观，实现因事设岗、因事择人的目标。

首先，针对中小企业各级主管在招聘过程中的专业知识的匮乏和理念的误区，要制定相应措施。如聘请人力资源管理专业的人员为高层管理人员做专题讲座，建议他们参加与招聘有关的各种研讨会和培训班，创造与先进企业交流的机会。只有通过感性认识的提高和专业知识的补充才能让企业的高层管理者充分认识到招聘工作的深刻内涵与意义。树立正确的人才观，做到真正从企业实际出发、从岗位实际需要出发选拔适合企业的人才。作为企业内部的中层主管，除了上述的做法外，还要特别增加部门之间的横向协作训练、人力资源规划和工作分析技能的培训，以便能够及时准确地为人力资源部门提供用人信息。其次，要加强对招聘岗位人员的培训。针对人力资源招聘岗位人员要做好三个方面的培训工作。一是进行相应的人力资源招聘与选拔技术操作能力的提升训练。二是强化与应聘者的沟通能力。招聘是双向选择的过程，在与应聘者沟通的过程中，招聘人员为了找到合适的人才，就必须能够及时准确、客观地将企业的真实情况表达清楚，并能够掌握对方的状况，以便减少选择失误。三是加强企业招聘政策与制度培训。不熟悉企业相关政策就无法与应聘者充分地交流意见，影响沟通效果。最后，中小企业要严格把好招聘岗位人员的入门关。通常，一名合格的招聘人员应具备以下条件：良好的气质、整洁的衣着、得体的举止、良好的语言表达能力和察言观色的能力，业务内行，有亲和力、良好的情商、高效和强烈的责任心，此外，还必须具有服务意识。

6.4.2 制订科学合理的招聘计划

首先，科学制订招聘计划的前提是人力资源规划和工作分析。通过人力资源战略规划，确定人力资源需求的数量、结构。员工招聘作为人力资源规划中人员补充规划的实施途径之一，必须按照人力资源规划的要求进行，并与人力资源规划的各部分内容相配合，以提高招聘工作的科学性和计划性。另外，通过工作分析，制定工作描述和工作说明书，确定对人力资源的具体要求（如身体要求、技能要求等），然后根据这些标准进行正式的员工招聘。只有做好工作分析与设计，才能完成企业的业务流程优化和组织结构设计等工作，并在定岗定编的基础上，以岗位说明书的形式，明确企业内部各岗位的职务概况、责任范围及工作要求、机器设备及工具、工作条件与环境、任职资格等要素，据此对各缺员岗位开展招聘。其次，确立科学的选拔标准。工作分析的结果还可应用于人员选拔工作，其主要用途是确定做好工作所需的知识、技能、能力和个性，并将其作为人员选拔的标准。同时，工作分析可用于测定工作的相似性，即把可用同一选拔工具的相似工作归为一类，以利效度研究。而选拔工具在员工招聘中的作用同样也是不可忽视的。中小企业应把选人放在首位，其选人标准应该是任人唯贤、唯才是用、一专多能，尽量发挥人的潜能，使一个人能身兼数职。既避免了部门繁杂、管理重复，又使得真正有用之才尽显其能，达到提高工作效率的目的，严格选拔，加强培训。在选拔人员时，从多角度、多侧面选出真正具有实学的人。同时，对每一名员工加强职业能力培训，不断提高其业务水平。增强后备人才的培养，面向未来做好人才梯队建设。[66]

6.4.3 完善人力资源招聘过程

招聘过程是一个复杂、系统、连续的程序化操作过程，这个程序的每个组成部分都是为了保证企业人员招聘录用工作的质量，为企业选取合格的人才。一般来说，一个完善的人才招聘流程应该包括三个阶段。第一，准备阶段。在这一阶段主要是通过调查研究、工作分析、人员分析等，明确用人工作岗位的工作特性，及这一工作岗位工作人员应该具备的管理才能、心理品质，确定最佳的人才选拔程序。第二，选择阶段。这是正式进行人员选拔的阶段。为了保证能从众多的求职者中选择出企业所需要的合格人才，需要经过各种测试技术来选择出企业所需的合格人才，择优录取。第三，招聘总结及检验效度阶段。新员工录用后，要对招聘过程的有效性进行评估和总结。

在这个流程中还要注意把握两个关键点。一是招聘渠道的选择。要注意内外招聘渠道的结合。内部选拔的优点在于：对应聘者的能力有清晰的认识；应聘者了解企业及工作的要求；有利于鼓舞员工的士气；招聘成本低；适应期短。但内部选拔也存在着明显的缺点，例如：容易“近亲繁殖”；可能会因操作不公或心理因素导致内部矛盾等。外部招聘也具有很多优势：有更多的应聘者可供选择；会给企业带来新的技能及理念；激励老员工保持竞争力及发展技能。当然，外部招聘也不可避免地存在着缺点，比如会增加甄选的难度和风险；需要更长的培训和适应阶段；内部的员工因此感觉被忽视；增加搜寻成本等。因此，企业的招聘渠道选择一般都要求以内部选拔为主，以外部招聘为辅，具体的结合力度取决于企业战略、职位类别以及企业在劳动力市场上相对位置等因素。如针对经营者选择面窄的问题，可以从外引进职业经理人。二是选拔方法的运用。在员工招聘过程中，除了使用笔试、面试两种常用的基本方法外，还可根据工作岗位对应聘者心理素质、性格特征以及思维理解、分析决策能力等方面的要求，灵活运用其他的选拔测试方法。尤其是在招聘高层次、复合型的经营管理和专业技术人才时，酌情采用情景模拟，如公文处理、角色扮演、无领导小组讨论、心理测试等方法。这些方法能够有效提高测验的效度。更重要的是，不同的岗位对应征者的关键知识、能力、技能的要求不同，而有效预测不同知识、能力和技能的招聘方法是不同的，比如，对工作技能要求比较高的岗位选择以工作模拟为基础的甄选方法为主。对一般能力要求比较高的岗位选择则以书面测量为基础的甄选方法。对于有良好适应性和积极工作态度要求的企业员工，则可结合岗位特征与需求来综合分析。一般来说，对刚到中小企业的且没有实际工作经验的员工，对其一般能力和心理特质进行人员考评是主要目的，可采用心理测验、结构化面试相结合的方法来甄选，如果特别需要企业员工能快速适应工作环境要求，则可通过培训性测试来考察，与针对有既往工作经验应征者的模拟测试不同，培训性测试主要针对无经验的应征者，它包括一个有组织、有控制的短暂学习阶段，在这个阶段中，可考察求职者的学习能力、沟通水平和主动行为特征。

第 7 章　中小企业员工培训问题

随着现代企业竞争的日益激烈，多数中小企业开始把竞争的手段转向对企业人力资源教育和培训的投入和管理上来，期望通过对人才的培养和开发全面提升企业的核心竞争力。但随着企业教育培训的深入，越来越多的员工培训问题摆在企业家面前，一方面是不断激增的培训投入与收效甚微的巨大反差；另一方面是企业充满热情的培训和员工对接受培训的淡漠和茫然。

7.1　员工培训的基本原理

7.1.1　员工培训的内涵与原则

（1）员工培训的内涵

培训是人力资源开发中的一个重要组成部分。“人力资源开发”[67]一词是由美国乔治华盛顿大学的教授奥纳德·那德勒在 1967 年提出来的，而其被普遍接受是在 20 世纪 80 年代。当时人力资源开发的设计包含培训、教育、开发三个领域。之后，那德勒没有将“教育”这部分作为一个单独的领域，而是笼统地将其与未来的“学习”需要统称为“开发”。那德勒的界定很好地将培训、教育、开发进行了系统的区分，也清晰地反映出了人在学习成长过程中的不同阶段。在那德勒之后，美国人力资源管理专家洛丝特认为，培训是指向员工传授工作所需知识和技能的任何活动，是与工作有关的任何形式的教育。[68]她对培训的阐释显得更具有包容性：将培训明确提升到了“教育”的高度，一方面肯定了培训内容的范围外延，另一方面也传递了培训形式不再是单纯的课堂教学。而其也有一定的局限性，该观点主要考虑的是员工的视角，并未涉及培训与实现组织目标之间的关系，从而忽视了培训在三个层面上的整体性。另外，洛丝特的培训概念将培训活动严格限制为“工作所需”及“工作有关”，忽略了培训对于个人发展的需要。此后，布朗和麦克丹尼尔将培训描述为组织为提高效率和绩效以应对来自竞争者或新技术革命的挑战而对员工进行的训练和再训练或教育和再教育过程。劳埃德·拜厄斯和莱斯利·鲁则将培训定义为一个包括获取技能、观念、规则和态度以提高员工绩效的学习过程。[69]他们的理论都涉及了绩效改善，在某种程度上将培训在个人层面上的目的和组织层面上的目的相结合。尤其是前者，特别强调了培训的连续性，体现了培训作为终身教育形式之一的基本属性。诺伊认为，培训是指公司为了有计划地帮助员工学习与工作有关的综合能力而采取的努力，这些能力包括知识、技能或者是对于成功完成工作至关重要的行为。[70]

同时，“员工培训”在不同国家的界定有所不同。日本、韩国等称之为“职业训练”；英、美等国称之为“职业培训”或“员工职业教育”；德国称之为“职业培训”或“企业职业训练”；法国则称之为“企业培训”或“职业继续培训”；[71]那么我国则把它称为“岗位培训”或“职工教育”[72]。在发达国家中，可以看出员工培训几乎成了企业人力资源开发和管理的同义语，因此更贴近管理学从管理角度出发。在我国学界中对于培训主要有以下一些观点：培训指企业为了使员工获得或改进与工作有关的知识、技能、动机、态度和行为，以利于提高员工的绩效以及员工对企业目标的贡献，企业所做的有计划的、有系统的各种努力。[73]培训就是通过改变受训人员的知识、技能、态度，从而提高其思想水平及行为能力，以使其有适当的能力去处理现时担当的工作，甚至准备迎接将来工作上的新挑战。培训的终极目标是要实现个人发展与组织永续的和谐统一；[74]培训是指通过一定的科学方法，促使员工在知识、技能、能力和态度4个方面的行为方式得到提高，以保证员工能够按照预期的标准或水平完成所承担或将要承担的工作任务；[75]培训是指任何用以发展员工的知识、技巧、行为或态度，以有助于达到组织目标的系统化过程[76]；培训是企业组织创造一种学习环境，使员工在该环境中不断学习、发现问题、解决问题的过程中，自身能力得到提高，使自身价值观、工作态度和行为方式不断改善，在自己工作岗位上为企业做出更大贡献[77]；国内的学者主要认为培训是通过对员工教育活动改进员工任职能力，以使企业绩效不断提高的一种有计划的、连续性的活动，其目的是使员工获得目前工作所需的知识和能力[78]。

从上述国内外学者们的研究结果可以看出，员工培训通常包括两方面的内容。一是企业为了实现自身和员工个人的发展目标，有计划地组织员工学习和训练。其目的在于使员工对工作程序、产品和企业文化等有所了解，并获得目前工作所需的知识和技术，以适应并胜任现职工作。二是企业着眼于未来目标，组织员工学习未来所需的知识，以更新和提高员工的知识结构与技能，发掘和培训员工的创造力与创新精神。企业对员工进行培训，就是为了使员工通过学习调整自己的行为方式，进而提高业绩，更有利于实现企业目标。它涉及到培训需求分析、方案设计、培训实施以及效果评估等各个环节。因此，本书认为，员工培训是指为实现组织发展目标而对员工的知识、技能、态度，乃至行为等方面实施的有计划的、连续的系统学习和提升过程，该过程不仅要确保员工通过学习能够胜任岗位要求，还要确保有效提升员工现在和将来的工作绩效。

（2）员工培训的种类与内容

员工培训的种类有很多，根据分类依据不同，内容则不同。例如，根据培训对象可以分为新员工培训、在岗员工培训、调岗员工培训等；根据培训时间节点又可分为岗前培训、在岗培训、脱岗培训；根据培训内容划分则可以分为知识培训、态度培训、技能培训等几个方面。其中，新员工培训是指给企业的新雇员提供有关企业的基本背景情况，使员工了解所从事的工作的基本内容与方法，使他们明确自己工作的职责、程序、标准，并向他们初步灌输企业及其部门所期望的态度、规范、价值观和行为模式等，从而帮助他们顺利地适应企业环境和新的工作岗位，使他们尽快进入角色。培训的内容主要有：企业的经营历史、宗旨、规模和发展前景、经营范围、主要产品、市场定位、目标顾客、竞争环境等；企业的规章制度和岗位职责，包括工资、休假、医疗、晋升与调动、劳动秩序等工作要求；企业内部的组织结构、权力系统，各部门之间的服务协调网络及流程，有关部门的处理反馈机制；业务培训；企业的文化、价值观和目标；员工行为和举止的规范等。在岗员工的培训则是指在工作现场内，上级管理者和技能娴熟的老员工对下属、普通员工和新员工们在日常的工作中，对必要的知识、技能、工作方法等进行指导、培训的一种学习方法。它的特点是不离开工作环境，在具体工作中双方一边示范讲解、一边实践学习，有了不明之处可以当场询问、补充和纠正。调岗培训则是针对转岗或者晋升员工的培训，培训内容主要是针对新岗位的要求进行的。

知识培训的作用是确保员工基本具备完成本职工作所必须具备的知识；态度培训的作用则是建立起企业与员工相互信任、培养员工对企业的忠诚度、培养员工应具备的精神准备和心态；技能培训的作用是促使员工掌握完成本职工作所必备的技能。通过三方面内容的培训来激发员工的潜能。在三者当中，态度培训最为艰难。因为，员工的态度是很难发生改变的。态度之所以难以转变就在于它是融合在员工的日常生活和潜意识里的，需要来自权威的力量去引导这种潜意识发生改变，这就需要重视培训师的选择。通过优秀培训师的激发去调动员工的内力，当在内心引起共鸣和感悟的时候，就会引起观念的转变。相对于态度培训而言，技能和知识等内容则可以通过培训和各种理论学习不断补充。知识培训具体包括专业知识、通用知识、行业知识、职业知识、企业知识等；技能培训对员工所具有的能力加以培养和补充。对于三者关系而言，员工培训首先需要进行的就是知识培训，理论知识可帮助员工建立完整的知识体系，相当于提高了员工的接受程度，给员工多方面的发展奠定了基础。只有建立理论知识体系之后，才能开展技能培训，这样才能使得技能培训的效果更好，更容易被人接受。员工培训强调的是一种主动的学习，而不是被动的接受。从原理上分清技能的组成要素，这些技能对于促进企业生产效率的提高有很大的帮助，在实现企业经营目标的同时，也实现了员工的价值。员工的态度培训则是在具备相应知识和技能前提下，可以有效地帮助员工建立起正确的职业道德观念，磨炼出优良的品行，激发员工在开展工作的时候，更富有工作热情与活力，并带有持续性。

（3）员工培训的原则

企业在实施培训活动时，应当遵守以下几项基本原则，这样才能充分发挥培训与开发的效果。

① 战略性原则。

员工培训的战略性原则包括两层含义。其一，员工培训要服从或服务于企业的整体发展战略，其最终的目的是实现企业的发展目标。也就是说，员工培训要做到有规划、有目标。不能盲目跟风，看到社会上什么流行就学什么、别的企业培训什么就培训什么，或者企业产生问题了才想到培训，这些都是员工培训缺乏战略性规划的现象。因此，好的培训一定要做到结合企业发展战略，把握时代发展脉搏。其二，员工培训也要从战略全局的角度来考虑，要用系统的眼光去组织培训，不能只局限于某一个培训项目或某一项培训需求，不能为了培训而培训。例如，员工培训应该尽量做到全程、全员和全方位的管理。因为，员工在培训过程中既是学生，也是员工。在培训过程中，要努力通过学习理顺上下级和部门之间的关系、促进员工自身成长。培训内容的设计也应该密切结合企业经营管理现状、贴近员工岗位技术能力要求。而且，培训工作要与员工职业生涯发展规划有机结合，尽量做到在关怀员工成长的层面进行培训，这样有利于调动员工的培训积极性，从而增强培训效果、提升工作绩效。

② 有效性原则。

效果和质量是员工培训成功与否的关键，为此必须制订全面周密的培训计划和采用先进科学的培训方法和手段。员工培训要把目光放长远，既要注重培训的战略性，也要注重其实效性。首先，要注意培训的坚持与累计。有的培训，可能进行一两次就能看到明显的效果；而有的培训，可能需要多次培训效果的累积，在形成规模效应后效果才会凸显出来。其次，要注意因材施教。员工的具体情况和个体差异是不同的，其岗位和能力以及个人发展意愿都不尽相同，有针对性地对员工进行因材施教，在大大提高培训效率的同时，员工也很容易接受并取得好的培训效果。因此，要从企业实际出发，培训的内容必须要针对员工个人和工作岗位所需要的知识、技能以及态度等，要与参与培训的员工的年龄情况、知识结构、能力结构、事项状况紧密结合。在培训项目实施中，要把培训内容和培训后的使用状况衔接起来。要注意培训迁移，学以致用，培训结束后企业应当创造一切有利条件帮助员工实践培训内容，要将培训和工作结合起来，这样才能保证培训的效果发挥到最大化。如员工培训必须坚持理论联系实际，侧重培训的实用性，提高员工的动手操作能力和岗位投入水平，并充分利用集体培训过程中所学到的基本常识和专业理论，在培训中从岗位操作的角度出发，紧紧抓住员工的岗位特点，并结合员工的学历水平和知识结构因材施教。

③ 全面性原则。

首先，要把握住员工培训的意义在于全面提升员工的绩效水平，因此培训对象为全体员工。这就要求，企业要根据战略目标和实际情况有计划、有步骤地对在职的各级各类人员进行培训，这也是提高企业员工整体素质的必由之路。其次，培训的内容包括：知识、技能和态度培训三个方面，三者相互作用，相互支撑，并建立在对企业文化的认可基础上。企业中的任何职位都要求任职者既要掌握必备的知识技能，又要了解并遵守公司的制度，并具有基本的职业道德。因此，企业既要安排文化知识、专业知识、专业技能的培训内容，还应安排理想、信念、价值观、道德观等方面的培训内容。而后者又要与企业目标、企业哲学、企业精神、企业道德、企业风气、企业制度、企业传统等密切结合起来进行教育，使之切合本企业实际。

④ 科学性原则。

首先，员工培训要遵循学习的基本规律，要调动员工参与的积极性，发挥内因驱动学习的主导优势。主动性是员工培训取得成功的一个重要基础，只有结合了员工的工作需求，调动了员工的主动性，员工就会克服工作、生活中的各种困难，积极参与到培训中来，从而提高培训的质量和效果。要提高员工参与培训的主动性，企业人力资源管理者就要注重提高培训质量和效果，并将培训内容与工作实际结合起来，确保员工积极参与到培训中来；企业人力资源部和部门主管还应该定期调查员工的培训需求状况，让员工根据自己的岗位工作对技能的要求、自己的技能状况，结合行业的发展趋势，提出培训需求；企业人力资源部和部门主管综合员工培训需求，制定相应的培训计划和培训方案。其次，要合理配置企业的培训资源。也就是要将全员培训和重点提高相结合，要将企业培训分出层次，既要追求全员发展、提高全体员工的普遍素质，为企业的发展打好坚实基础，也要对企业的骨干员工进行重点培训和提高。最后，员工培训必须是建立在长期的计划基础上。任何一项科学有效的培训工作都不可能一蹴而就。由于员工的流动，员工的入职培训需要经常开展，科学技术的日益发展和竞争的加剧，也要求员工不断学习，接受新的知识。经营环境的变化、员工技能的提高和绩效的改善也为员工的培训进行支持；而且员工职业生涯规划的实施更需要企业给予指导，需要企业开展相应的培训活动。这些因素要求企业的培训制定一个包含短期、中长期的培训计划，综合考虑各方面的因素。

⑤ 经济性原则。

员工培训是企业的一种投资行为，要考虑效益。所有的培训都是有费用的，无论是有计划的培训还是无计划的培训。培训材料、培训设备和场地的租赁、培训师资费用都是培训的直接投资，间接费用包括主管和受训者的时间、纠正错误和培训期间的生产损失。企业只有认为培训能够给企业的生产效益、生产服务质量带来提高，并产生高于费用的效益时，才会进行培训。而企业在制定培训计划时，也会把经济性原则作为首先考虑的一个方面。

⑥ 激励性原则。

培训本身就是激励的一种方式，而对培训本身来说，要把员工的培训结果与其薪资待遇和任免奖惩结合起来，要让受训者清楚地知道认真参加培训和敷衍了事都会产生怎样的后果，这种激励的作用，会让员工摒弃走过场的心理，会更追求培训的实效性。具体而言，一是要建立培训的评估机制。企业的员工培训一般分为 4 个层次：员工学习态度的评估，即是否对培训安排满意的评价；员工学习知识的评估，即通过课堂或者课后的知识测试来检验员工是否掌握了相应的培训内容；员工学习行为的评估，即通过培训前后员工在工作中行为的改变程度来判断培训是否有效的一种评价；员工业绩的评估，即通过对员工培训前后的工作业绩的实际变化来反映出培训效果的一种评价。二是要建立培训结果的运用机制。培训与其他工作一样，严格考核与奖惩相结合是不可缺少的管理环节。严格考核是保证培训质量的必要措施，也是检验培训质量的重要手段。只有培训考核合格，才能择优录用或提拔。鉴于很多培训只是为了提高素质，并不涉及录用、提拔或安排工作问题，因此对考核优秀者给予适当的奖励，对考核不合格者进行再培训和物质方面的惩罚，成为调动受训者积极性的有力杠杆。还可将考核成绩计入档案，与今后的奖励、晋升等挂起钩来。

⑦ 差异化原则。

企业的培训必须要结合培训对象的个性化要求以及岗位的要求来设计培训内容和方法。具体表现为两个层面。一是培训内容要体现出差异化。由于培训目的中每个岗位的工作内容都不是一样的，每个员工的工作方式和绩效产生形式也不尽相同。不同管理层级的员工管理技能要求不同，如高层管理者要求战略管理和行政管理技能很高，中层管理者则要求处理人际关系能力要很强，而基层管理者则必须对业务非常熟悉，对现场的控制能力很强。因此在培训中应当根据员工的实际水平和所处的具体岗位确定相应的培训内容，进行个性化的培训。二是员工个体素质的差异化。虽然培训与开发要针对全体员工来进行，但这绝对不是意味着在培训过程中就要资源平均分配。全员培训并不意味着平均使用力量，在企业实际培训过程中还要考虑培训内容的重点，这个重点有可能就是对企业的兴衰有着更大影响力的管理人员和技术骨干，也可能是新员工的岗前培训、新产品的生产培训等。按照“二八”原则的解释，企业中80%的价值是由20%的人员创造的，加之企业资源的短缺，因此在培训中应当向关键岗位倾斜，特别是中高层管理者和技术人员。正如德国企业家柯尼希指出的：“由于企业中领导人员的进修与培训太重要了，所以应当由企业上级谨慎计划并督导其实现。”

7.1.2 员工培训的价值

培训是提升企业员工人力资本、实施人力资源开发战略的有效途径。就企业而言，培训可以发掘人才潜能，发挥人才作用，营造企业的核心竞争能力，为企业目标的实现服务。就员工个体而言，培训可以使员工更新观念，掌握新技术，适应企业的更高要求，应付更有挑战性的工作。

（1）培训有利于提高组织经济效益

在实践中，企业通过招聘，吸收了新的员工。这些新员工对企业目标、企业文化、具体岗位工作的内容要求等，并不一定真正理解与掌握，而且他们目前所具有的知识能力可能与实际的工作环境需要之间还有一定的差距。因此，对于企业来说，很有必要尽快提高他们的能力，并使其融入企业，以积极有效的行为和心态开展工作。

此外，当企业中的老员工换了新的岗位，或者企业环境发生了变化，如产品的升级换代和设备更新、管理模式改变等，企业也需要对他们进行培训，帮助他们适应新的环境。这就是人力资源管理的又一项职能——培训。新经济的实践也证明，人才的教育、培训是最有效的投资，可以使企业以极小的投入换来无尽的收益，同时通过人才的能力提升让他们感觉到自我发展有奔头，有所贡献也有及时补充，从而更加忠实于企业。因而越来越多的中小企业积极投资于人才的培训，使自己的组织变得更加富有创造力。企业的有效培训不仅可以使学习成为每个人的自觉行为，主动地按照企业发展需求相应自我提高，还会让员工在与同事交流中学得更多、进步更快，产生归属感。因此，从某种意义上说，人力资源员工是企业人力资产增值的重要途径，是企业组织效益提高的重要途径。

（2）培训有利于提升企业核心竞争力

彼得·圣吉认为，有能力比竞争对手更快地学习是未来唯一持久的优势。员工培训能够改变员工的知识、技能、态度、忠诚感、学习力与创造性等，这些正是人力资本的构成要素，而人力资本与组织资本共同成为企业核心竞争力的来源。现代社会企业的竞争归根结底是人才的竞争，培训能提高员工的能力、提高员工的工作效率和业绩。因此，培训是获取人员优势的重要手段，培训能够帮助企业打造核心竞争力，形成企业的竞争优势。例如，企业通过对员工进行有效的培训，不仅能够使员工的知识结构得到更新，工作技能明显提高，人际关系还会得到改善。经过培训的员工，往往掌握了新的知识结构，从而获取了最新的工作方法（如用计算机代替手工操作），直接促进了员工工作质量和劳动生产率的提高，也降低了各种损耗，并减少事故的发生，从而带来整个企业业绩的提高。日本一个研究结果证实，不同素质的工人，对降低产品成本的作用大不相同，如果一般工人的作用是 5%的话，经过培训的工人的作用则是 10%~15%，受过良好教育的工人的作用则是 30%。这说明，受过良好教育的工人的作用是初始状态工人的作用的 6 倍。[79] 同时，通过培训，协调人际关系，提高企业员工自身思想道德素质，可以使员工达成共识，形成全力，增强员工自觉性和企业凝聚力，协调集体与个人利益关系，沟通思想，化解矛盾，可以减少管理成本，从而提高管理效率。

（3）培训可以帮助员工提升适应社会的能力

首先，培训可以帮助员工提高职业生涯规划的能力。马斯洛的需要层次理论指出，当人的一个低层次的需要得到满足后，下一个更高层次的需要就成为主导需要。企业的员工不仅渴望得到好的待遇，更渴望得到成长和提高的机会。通过培训不仅可以开发员工的潜能，提高员工的创新欲望和自身的能力，还能帮助员工自我成长，促进员工职业生涯的发展，实现员工的自我价值。目前，在企业培训中也流行着“给员工发福利不如给员工提供培训机会”“授人以鱼，不如授人以渔”的说法。其次，培训有利于员工增加知识，改进技能以更好地适应瞬息万变的社会环境。新世纪新时代以知识经济为主宰，科学技术突飞猛进，知识总量呈加倍增长趋势，知识更新周期大大缩短。员工在学校期间所学到的知识可能在企业工作期间不断被更新换代，甚至迅速被淘汰，乃至完全过时。据英国技术预测专家詹姆斯·马丁测算，人类知识的倍增周期在 19 世纪约为 50 年，在 20 世纪前半叶为 10 年左右，到 70 年代缩短为 5 年，到 80 年代以来几乎 3 年翻一番。与此同时，人类知识老化程度加快，一个人所掌握知识的半衰期，在 15 世纪为 80—90 年、19 到 20 世纪初为 30 年，60 年代为 15 年，进入 80 年代已经缩短为 5 年左右。因此，在知识经济和信息网络迅猛发展的 21 世纪，知识的更迭和换代会更加快速，员工如果希望紧跟技术发展的步伐，以得到必要的知识和技能，满足自身发展的需要，就必须重视员工培训，加速员工知识更新。

（4）培训对促进社会文明和维护和谐起着积极作用

企业是社会财富的创造者，企业的总体水平决定着国家的经济水平，企业的总体效益决定着国家的竞争力。随着竞争格局的变化和社会意识的普遍增强，企业社会责任问题日益突出，它处于整个社会组织责任体系中的重要地位，发挥着重要作用。一个没有社会责任意识的企业不可能有序经营，而一个缺少社会责任意识的企业的社会也不可能健康和谐地发展。企业的社会责任是指企业在追求利益最大化的同时对社会应承担的责任和应尽的义务，最终实现企业的可持续发展。再具体一点说，企业和组织在赚取利益的同时必须主动承担对环境、社会和利益相关者的责任，如环境保护、公益事业、健康安全、工作时间和劳动报酬等。强调企业的社会责任是构建企业与社会及社会和谐关系的核心思想。就员工培训而言，企业通过员工培训提高劳动者素质是承担文化和教育方面社会责任的体现。企业对员工开展培训就是在履行其社会责任中的教育责任。企业通过培训员工提升了企业核心竞争力，促进了企业的发展同时，员工工作动力得以激发，促进了自身职业生涯的发展。二者的共同发展加快了社会经济的发展和社会文明的进步，其最终结果是促进了个人之间、个人与组织之间、组织与组织之间、组织与社会之间的和谐发展，对构建和谐社会起到了促进作用；同时，企业还承担了促进就业、维护社会稳定的政治责任。如员工培训能够让员工增长知识、提升业务技能，使其能够挑战难度更大的任务。同时，企业还能通过员工培训实现“人岗匹配”“岗能匹配”“人企和谐”等，从而确保员工拥有更高的胜任力，增强员工的工作信心，激发员工工作积极性。因此，员工培训不但能够为企业挽留住更多的优秀人才，降低企业的不稳定性，也降低了员工的流动率，保持了社会的稳定性。

7.1.3 员工培训的风险识别

在企业发展过程中，企业员工培训发挥了重要作用。但是在企业培训过程中，受到各方面因素的影响，存在很多风险，影响着企业员工培训的效果，限制了企业的良性发展。

（1）员工培训风险的内涵

关于风险的界定，一般有两种较为认同的定义。一种是指未来收益的不确定性，即进行资本投资后所得收益的不确定性。[80]另一种是指未来损失的不确定性。美国学者海尼斯（J. Haynes）在其所著的《作为经济要素的风险》一书中，以及法国学者莱曼（Lehmann）在其所出版的《普通经营经济学》一书中，都把风险定义为损失发生的可能性。

关于培训风险，我国学者李文沁、田恩舜（2005）认为，培训风险是指企业培训过程及其结果由于观念、组织、技术、环境等诸多因素的影响而对企业造成直接或潜在损失的可能性。[81]董明华、何会涛（2005）则认为，培训风险是由于培训对象的特性和培训过程的不善管理而造成的培训人员流失、培训效果不明显、培训成果难以转化等给组织带来有形和无形损失的可能性危险。魏晓彤也指出，企业在进行培训工作时对未来不确定因素的状态和变化缺乏准确的判断和有效的预测，导致了不利事件的发生，造成了培训投资失误，从而形成培训风险。

根据学者们的界定可以看出，培训风险是各种因素的影响致使培训结果的不确定性。因此，可以将企业培训风险界定为企业培训投资在未来收益的不确定性或培训后发生损失的可能性[82]。大致包括两层含意：一种强调培训风险表现为不确定性；而另一种则强调培训风险表现为成本或代价发生损失的可能性。在培训的实践中，企业发生培训风险的表现形式是多种多样的，而导致每种风险的原因可能是大相径庭，也可能是有一些交叉，所以为了能够清晰而系统地进行分类，并为后来的风险分析奠定基础，这里主要是参照目前学术界大致认同的分类方法，将培训风险按照培训风险发生的因素进行分类，这样不但能够将识别风险与因素分析相结合从而简化研究进程，而且也能够防止因素分析上造成的交叉和疏漏。培训风险按照培训风险发生的因素可以大致分为两类：内在风险和外在风险。内在风险是指企业没有对培训进行合理规划和有效管理而导致培训的质量不高，使得培训没有达到预期的目的，培训的投资效益低下。培训的内在风险源于培训本身，它主要包括培训的观念风险和技术风险。培训的外在风险是指虽然培训项目达成了预定目标，但各种外在因素导致企业遭受各种直接或间接损失的可能性，常见的培训外在风险主要包括人才流失的风险、专业技术保密难度增大的风险、培训的收益风险等。

（2）员工培训风险的识别

① 员工培训风险产生的原因。

首先，很多学者从人力资本属性和产权经济学两个角度去分析培训风险产生的原因。他们认为员工培训风险的产生来自人力资本的自身属性。如人力资本具有依附性。对人体的依附，决定了人力资本具有自利性。一方面，人首先是经济人，都是利己的，都非常注重个人利益；而另一方面，人又是理性人，可以随时将所得信息和知识进行充分利用，从而满足自身对利益最大化的追求。对于这种特性，亚当·斯密说过：我们能够得到满意的商品，并不是由于商贩的善良，而是因为我们能满足他们对利益的追求。我们不需要对他们诉说自己的需求，而只是谈交易能够给他们带来什么好处。[83] 我国学者卢媛（2005）就认为，培训风险主要来自人力资本的产权特性、人力资本的生命周期、培训投资课题的不确定性、培训投资的收益间接性、培训投资内容的时效性。董明华、何会涛（2005）也认为，企业人力资源的流动性、培训投资者与受益者相分离、培训个体的差异性等，造成了企业培训风险的产生。殷智红、陶秋燕（2008）在前人研究的基础上指出：一方面，人力资本具有依附性、不均衡性和无形性；另一方面，人力资本所有权与使用权不可分离、人力资本承载者与企业投资者之间的矛盾、投资主体多元化所带来的收益权的分割困难等，这些都会造成企业培训风险的产生。

其次，员工培训风险还来自培训过程的复杂性和系统性。一方面，员工培训是一项复杂而又系统的工作，包括需求分析、计划制订、培训实施以及后续跟踪转化等多个环节，任何一个环节操作失误，都会使培训面临着更多的风险；另一方面，培训是一种资本增值方式。员工培训过程不仅仅是各个环节的简单组合，而且是一个统一的有机整体。只有将前期准备、计划、实施以及后期转化等多个环节进行有机整合，形成相互依赖、互为支撑的体系，才能真正达到企业和员工双赢的培训效果。否则，企业的培训将会是徒劳。李文泌、田恩舜（2005）就认为，培训风险的成因有两方面：一是源于培训本身，企业没有对培训进行合理规划和有效的管理领导，致使培训的质量不高，培训目的难以达成，培训投资效益低下；二是受客观的各种外在因素的影响，企业培训目标的达成变得困难，甚至产生风险，造成直接或间接的损失，这个是企业不可控制的。

最后，员工培训风险还要受到企业规模和发展阶段的影响。例如，无论是在企业规模上不占优势的中小企业，还是处于创业期或成长期的中小企业，都会更加容易面临员工培训风险的压力。例如，处于成长期的中小企业在面对激烈复杂的市场竞争环境，企业的生存压力不言而喻，因而没有更多的精力投入到培训当中。正因为如此，很多中小企业的管理层不能从长远的企业战略角度出发，树立科学的培训观念，而是将培训视为一种单纯的成本支出，不能看到培训带来的长期效益，从而不愿意让培训占据企业有限的时间和精力。同时，中小企业自有资金薄弱、资源有限，加上融资困难，导致企业运营资金不足，对培训的投入远远不够。再加上，中小企业部门结构简单，很少有企业设立专门的培训部门，大多数是归属于人力资源部或行政部门，培训工作也是由其他人员兼职负责，有的甚至没有设立人力资源管理部门。员工队伍也很不稳定，员工晋升、发展都受到一定的制约。因此，从企业自身条件看，规模较小、发展阶段较早的中小企业产生员工培训风险的可能性会更大。

② 员工培训风险的识别。

员工培训风险识别是有效规避员工培训风险的前提。它是指企业对员工培训过程中所面临的以及潜在的风险加以判断、归类和鉴定风险性质的过程。各种不同性质的培训风险影响着培训效果和培训收益，因此必须采取有效的方法和途径识别培训中所面临的以及潜在的各种风险。对培训风险的识别，一方面可以依靠企业自身力量进行风险识别，如通过感性认识和经验进行判断；另一方面，也可以借助企业外部力量，利用外界的风险信息和资料识别风险，如依靠对各种客观的会计、统计、经营资料和培训风险记录进行分析、归纳和整理，从而发现各种风险的损害情况以及具有规律性的损害。中小企业想要搜集足够多的风险资料具有一定的难度，也没有足够强的风险管理能力。但企业可以通过对同类型或同规模的企业中具有共性的风险资料进行分析，然后根据科学的方法，综合企业内的实际状况和不同特点，来识别出本企业将会面临的或潜在的风险。因此，行业中能获得的风险资料能够帮助企业有效识别自身培训风险。

风险识别不仅要识别培训中所面临的风险，更重要也更困难的是识别各种潜在风险。在此基础上，还要鉴定可能发生风险的性质，是可规避风险还是不可规避但能够管理的风险等。只有确定了风险的性质，才能采取有效的处理措施。一般来说，对于常见的各种培训风险，企业凭借以往的风险状况和相关风险资料就完全可以识别出来。但风险总是不断变化的，也总会出现一些新的风险，这类风险的识别，就没有那么容易，其识别要相对困难得多。所以，对一家企业的员工培训工作来说，培训风险识别是一项专业性、持续性、制度性工作，企业必须按照一定的途径，采用科学的方法，才能够对这些风险进行有效的识别。常见的培训风险识别方法有 7 种。一是座谈讨论法。座谈讨论法是指由企业管理层、员工等以小组讨论的方式进行座谈讨论，交流各自的经验共同寻找风险因素。讨论过程中最常用的是头脑风暴法，这一方法是由美国亚历克斯・奥斯本在 1939 年首次提出的，他对头脑风暴这样描述："头脑风暴是一个团体试图通过聚焦成员自发提出的观点，以为一个特定问题找到解决方法的会议技巧。"实施这一方法需要注意，所有参加人员讨论期间平等对待，不存在上下级之分，这样才能使所有参与者放下包袱，毫无顾忌地发表观点。二是表格和问卷识别法。表格和问卷识别法是指有关专业人员根据自己掌握的知识和丰富的经验，设计好表格或问卷，企业运用设计好的表格或问卷，来识别自身面临的培训风险。按照适用范围的不同，可以将这些表格或问卷分为通用和特定两种类型。通用型专为一般企业设计，不具针对性，因此在使用时可能会发生风险的遗漏问题。而特定型表格或问卷则可以避免这些问题，它专为某一企业量身定做，使企业的风险识别更加全面。但这种表格或问卷的投入也相对较高，需要专业人员参与制定，使用成本较高。三是流程图分析法。员工培训这一组织行为的产生、发展和结果是一个连续的过程，整个过程由各个相互关联的流程组成。流程图分析法就是按照员工培训整个发展过程及其内在逻辑关系描绘成流程图，针对培训流程中的关键环节和薄弱环节进行风险因素识别，从流程的每一个环节逐一调查，寻找风险因素，并将风险应对措施细化入相应的流程中去。流程图的类型很多，划分流程图的标准也很多。按照流程图的复杂程度可以分为简单流程图和复杂流程图；按照流程内容划分可以分为内部流程图和外部流程图；按流程图的表现形式可以分为实物形态流程图和价值形态流程图，企业可以根据具体情况选择合适的流程图进行风险识别。流程图的优点在于能够清晰、直观地揭示各环节中的风险，但这种方法更注重风险事故的结果，容易忽视风险原因，因此可以配合其他方法效果更好。四是风险列举法。风险列举法是根据企业的有关培训资料、培训流程以及相关的培训经验，分析企业的每项培训活动中可能遇到的风险。流程图分析法是企业用以识别培训风险最常用的方法之一，企业可以针对培训流程中的关键环节和薄弱环节进行调查和分析风险。五是风险因素预先分析法。风险因素预先分析法就是指企业在培训开始之前，预先对可能出现的风险、不同风险的出现前提、可能出现的事故后果等做出大致的分析。这种方法能够防患于未然，一旦发现风险苗头，便可立即采取相应措施进行抑制，起到防止风险发生或降低风险损失的作用，一般适用于对新培训活动的风险识别。六是安全检查表法。安全检查表法是运用系统工程的原理进行风险识别的一种方法。其操作原理：通过对培训过程进行系统的分析，找出培训中可能存在或潜在的风险因素，然后对这些风险因素进行提问，并列举在表格之中[84]。运用安全检查表不仅能够识别培训风险，还能够对培训事故进行分析。目前，最简单的安全检查表只有4栏，即序号栏、检查项目栏、“是/否”栏和备注栏，表7-1为某企业员工培训风险安全检查表。在国外，安全检查表是中小企业识别培训风险使用最普遍的方法。七是事件树分析法。美国国家标准局规定了事故分析的两种技术，其中一种就是事件树分析法，这种分析方法的本质是在宏观上利用逻辑思维的规律和形式，对事故形成的过程进行分析，然后根据事件发生的先后顺序和系统构成要素的成功与失败两种状态，将这两种要素状态与系统的状态联系起来，得出系统的终极状态，从而把握事故发生的原因及其发生条件[85]。也就是说，任何一个培训风险的发生，必定是一系列事件按时间顺序相继出现的结果，前一个事件的出现是随后事件发生的条件，在事件的发展过程中，每一个事件都有两种可能的状态，即成功和失败，从各种事件不同状态的组合，可得到不同的结果。事件树分析法就是利用这一原理，通过对培训过程中的人、机、环境等各方面进行综合分析，对培训的各个环节进行判断而得出系统发生的各种可能结果。这种分析方法能够准确反映培训风险的产生规律，从而起到预防风险产生的作用。

表7-1　某企业员工培训风险安全检查表

序号	检查项目	是/否	备注
1	本企业是否有培训制度？		
2	本企业是否进行培训需求分析？		
3	本企业是否有完整的培训计划？		
4	本企业是否进行培训效果评估？		

（3）员工培训风险的类型

员工培训风险识别的方法能够帮助企业识别出培训过程中面临的许多风险，但为了更好地防范风险，还应该进行培训风险类型和内容的识别。

① 内在风险的识别。

培训的内在风险主要是指企业没有对培训进行合理规划和有效的管理而导致的培训质量不高，培训的目标难以达到，培训投资收益低下等一系列的后果。员工培训的内在风险源于培训本身，它主要包括培训的观念风险和技术风险。

观念风险指的是由于高层领导或者受训员工对培训没有一个正确的认识和定位而可能对企业造成的不良影响和损失。[86]如果企业内部从高层管理者到基层的员工，都没有正确认识培训，甚至只是将培训看作一种成本并非投资，这样的观念使得企业不愿意在员工的培训上多花时间和金钱，对培训过程也认识不正确，没有将培训真正作为企业战略发展的一个方面去积极有效地实施，因此就会对企业造成不良的影响，并带来一定的损失。在许多企业当中，高层管理者经常存在着对培训的错误定位和认识，具体表现如下。一是管理者视培训为成本，而非投资。管理者认为培训是浪费时间和金钱的活动，培训不仅会增加企业的运营成本，还会影响员工正常的工作时间，特别是员工培训会使企业员工增加跳槽的可能性，造成大量人才流失，给企业带来不必要的损失。二是管理者认为培训无用。管理者认为培训活动和企业经营活动目标没有明确的关系。只有当企业效益不好时培训才有用，企业效益好就无需培训。培训只是走过场，社会上流行什么就培训什么，只要形式到位就可以，无需投入太多人力物力。缺乏对培训及培训管理系统全面和科学的认识，导致了培训效果不理想，对提升企业绩效作用不大，三是管理者认为培训对象是问题员工，高层管理者无需培训。员工培训只面向那些工作中有不足的员工，不用面向那些优秀的或者有潜力的员工。四是管理者认为培训可以解决一切问题。也有一些企业领导人过分看重培训，认为培训可以解决经营管理中的一切问题。在实施员工培训中管理者缺乏对企业问题和员工培训需求之间关联度的分析，认为培训能够很快地提高员工绩效和公司绩效。这种观念导致领导层盲目地制定培训制度和开展大量培训，员工对培训缺乏应有的积极性，这都会使得培训的效果无法得到实现。正是这些对培训和培训管理缺乏系统、科学和全面的认识和定位的表现，增大了企业遭受损失的可能性。

技术风险是指企业在培训的过程中，没有正确认识或者估量某些行为对培训收益影响而造成的损失。具体来说，包括培训需求分析风险、培训实施风险、培训效果评估风险等。其中，培训需求分析风险是指培训需求不明确，培训需求调查不深入，没有与企业远期、近期目标结合起来，企业没有明确的素质模型或岗位需求，培训没有与员工的“短板”相结合，培训内容选择、形式选择、培训师选择偏离真正需要，培训缺乏针对性。企业对员工进行培训，就是因为员工现有知识、技能与企业现在及未来发展所需要的知识与技能之间存在差距。因此，在进行培训需求分析时，弄清企业发展所需要的知识和技能至关重要。同时，企业还应该清楚现有内部人力资源的能力素质，并做出准确的评估。若评估值过高，将会导致培训内容的难度高于员工可接受的知识水平，挫败员工的学习信心，达不到培训的效果；而评估值过低，则会造成知识的重复，降低员工学习的动力，最终造成培训资源的浪费；培训实施风险包括培训导师的选择不当、培训环境的软件和硬件设施不到位、培训方式的选择单一或者没有根据员工的需要设置，还有就是培训场所的环境对培训效果的影响等。在许多企业的培训过程中，技术风险往往是无处不在的，不仅仅局限在培训需求环节上，在培训规划工作中培训方式方法选择的不恰当以及培训时机的不成熟等因素都会影响到培训的效果；培训实施当中也会因为无法按照培训计划有效和正常地实施而不能达到培训的目标。总之这些在培训环节上的疏漏和偏差都成为企业遭遇培训风险的来源。例如，一名优秀的培训导师必须具备丰富的专业理论基础知识、搜集和处理培训信息能力、较强的口头表述能力、书面表达能力、沟通能力、良好的分析问题和解决问题的能力以及相应的计算机技能等。同时，合适的培训方式会让培训收到意想不到的效果；良好的教学设施是传递信息的重要媒介，能够促进师生之间的交流，与培训内容相匹配的教学设施是取得好的培训效果的重要手段；培训效果评估风险则是指企业因为受到财力和精力的限制或者没有科学的培训效果评估技术，从而未能正确评估企业的培训效益。

培训活动需要在一定的企业制度下进行，如果企业没有培训制度或者制度不健全，就会给培训带来风险。培训的制度风险是指企业的培训活动缺乏针对性强、有计划性的培训制度支持，从而影响企业培训效果。员工培训活动是一个由培训需求确定、培训计划制订、培训内容和方式选择、培训效果评估、培训成果转化等各个环节所组成的一个动态过程。培训制度风险不仅包括培训各项环节制度的完善，更重要的还表现在各项制度之间的协调性和系统性。例如薪酬制度、考核制度、晋升制度等。所以，缺乏现代人力资源管理理念指导的培训制度，或者制度本身的不健全、制度的不系统都会给培训造成风险。缺乏系统的培训制度就会使培训成为一种无序与盲目的状态，必然导致培训的计划性、针对性不强，从而影响培训的效果。培训的制度风险还表现在培训制度与人力资源其他制度的衔接。实践证明，只培训不考核、不评价，必然造成一种学不学都一样、学好学坏都一样的消极情绪，不利于培训整体工作的开展。所以，培训制度必须与企业的考核制度、晋升制度等制度相协调。

② 外在风险的识别。

培训的外在风险是指虽然培训项目达成了预定目标，但由于各种外在因素导致企业遭受各种直接或间接损失的可能性。常见的培训外在风险主要包括人才流失的风险、专业技术保密难度增大的风险、培训的收益风险等。

人才流失风险主要是指员工接受企业给予的培训投资后离开企业而导致企业支付的培训成本可能无法收回。企业投资培训的根本目的是为了增加企业人力资本存量，为本企业创造经济效益，但很多受训员工经过培训后不仅自身的能力和素质得到提高，还对知识和自我实现的追求更高，也就可能产生了更换工作环境的需求，从而可能引发培训后的人员流出，这就必然使得本企业的这部分培训投资无法收回，造成人力物力的巨大损失。这些损失包括直接和间接损失两种。直接损失表现为企业为培训员工花费的各种培训费用，如学费、资料费、讲师费用等，还包括企业支付给员工的培训期间的薪资福利。间接损失则表现为受训员工因参加培训而无法全身心工作，从而给企业带来的损失。对于脱产学习的员工，企业因聘请临时人员，或调整其他部门员工来顶替受训员工学习期间的岗位空缺而发生的费用和造成的企业绩效下降所带来的损失。应该说，受训员工流失风险是当前企业开展在职培训所面临的最大风险类型。一般来说，企业受训培训流失风险的形成主要有以下三个原因。首先，人的寿命的长短具有不确定性。其次，市场经济大背景下，受训员工偏好那些收入高、工作环境和生活条件好、发展机会多、能实现自身价值的企业和工作岗位。如果当前企业不能满足受训员工在物质层面和精神层面的需求时，受训员工很容易产生离开当前企业的想法，激发受训员工流失风险。最后，受训员工可能因为年龄、健康、情感等多因素的影响而选择离开当前企业，给企业造成一定的经济损失。员工在企业之间的流动显得越来越频繁，受训员工在离开企业的同时也带走了依附在他身上的人力资本，导致企业在职培训投资可能无法收回成本，特别是那些拥有大量专业技能的核心员工流失，对某些企业来说甚至会造成致命的打击。

专业技术保密难度增大的风险是指企业对员工进行专业技术培训后，掌握该技术的程度越深或者掌握该技术的员工越多则保密的难度就越大，造成外泄的可能性就越大。在企业经营发展中离不开技术创新，而任何一项技术都必须要通过具体的人员去操作和管理才能使之转化成生产力和具体的产品。这就得通过培训使参与这一工作的人员掌握，显然，掌握的人越多保密难度越大。企业一般会对员工进行两种技能的培训：一是通用技能，提高员工的工作效率；二是专业技能，提高企业的核心竞争力。专业技能的培训一般都会涉及到企业的核心技术、核心产品。因此，一旦培训员工流失，必然会导致专业技术的外露，而且会通过受训员工的跳槽或者自主创业，直接导致核心技术转移到竞争对手那里。一般来讲，企业在进行员工培训时，必须从制度上和契约上对专业技术信息泄露风险进行防范。

培训的收益风险是指企业培训作为一种人力资本投资活动，其动机是为了获取更大的利益，当然也就会面临着培训收益小于培训投入的风险。收益风险具体表现在三个方面。一是培训过程的某个环节出现问题，就会使培训的收益小于企业的培训投入，从而使企业培训得不偿失。二是培训投资获得的收益不是一蹴而就的，而是需要一定的时间才能够体现出来。也就是说正确的投资要体现出它应有的效益，总是需要一定的时间，即培训效益的体现具有一定的时滞性。[87]培训是针对企业的经营战略和岗位技术要求而进行的，如果企业因为竞争的需要、政策的转变，或者仅仅是因为在短期看不到培训所产生的直接效益，而对培训工作产生怀疑，并对企业进行战略调整，如转产、工艺改造等就会使培训完全没有回报。如果是企业进行技术更新，工艺调整或同产业新产品的开发，就可能使正在培训或刚培训完的知识和技术过时，回报期缩短，甚至使培训工作付诸东流，完全没有回报。三是在知识不断更新变化的时代，科技创新、市场需求的转变等诸多不确定因素都会导致企业面临着培训贬值的风险。比如为一项工艺而投资开发的人力资本，如果遇到外界科技创新而使这项工艺变得落后陈旧的话，为此投资的人力资本将贬值甚至毫无价值，即存在人力资本贬值风险。贬值风险还包括人力资本的利用率问题。即使企业培训投资较高，也会因为利用率低而造成事实上的人力资本贬值。

7.1.4 员工培训的流程及方法

（1）员工培训的流程

员工培训是一项系统的工作，为了保证它的顺利实施，在实践中应当遵循一定流程来进行。一般来说，员工培训工作要按照下面4个步骤来进行：培训需求分析、培训方案设计、培训方案实施、培训效果评估与反馈。

① 培训需求分析。

培训需求分析是指在规划与实施每项培训活动之前，由培训部门、主管人员或工作人员对组织的任务及其成员的知识、技能等进行系统的鉴别与分析，以确定是否需要培训以及培训内容的一种活动或过程。通过培训需求分析来弄清谁最需要培训、为什么要培训、培训什么等问题。培训需求分析的目的就是要明确员工现有技能水平和理想状态之间的差距，从而制订切乎实际且合理的培训计划。它具有很强的指导性，是确定培训目标、设计培训计划、有效地实施培训的前提，是现代培训活动的首要环节，是进行培训评估的基础，对企业的培训工作至关重要，是使培训工作准确、及时和有效的重要保证。也就是说，员工培训不能盲目随意地进行，必须建立在科学的培训需求分析的基础上。只有先确定组织在员工培训方面的需求，才能有的放矢地进行有针对性的培训。

一般说来，员工问题主要来源于三个方面。一是组织外部。政策与环境的巨大变化、顾客的抱怨与不满或者竞争对手的特定举措产生的问题。二是组织层面。业务的变化、新标准或者人员调整导致需要新的技能，或者依据未来的需要建立“技能”储蓄。三是个人层面。存在的问题：效率低，达不到所要求的标准；员工交流困难、产生敌意、懈怠、气馁、旷工、服务质量等出现问题；连续表现不佳体现的“技能差距”；有必要深入学习技术；员工对培训产生兴趣，认为有助于他们的发展等。

在发现员工问题的基础上，再进行员工培训需求的确定。主要应从以下几点来论证。一是员工行为或工作绩效的差异是否存在。行为或工作绩效差异是指实际行为或工作绩效和计划行为或工作绩效的差异。二是绩效差异的重要性。只有绩效和行为差异对组织有负面不良影响时，这个绩效和行为的层面才值得重视。绩效层面的重要性自然要根据组织的目标和发展方向而定。三是培训员工的途径是否最佳。当绩效和行为差异是因为个人能力不足，或因员工态度信念不合，或因部门主管不积极参与员工培训所引起，员工或主管的培训便可能是最好的方法。[88]

培训需求分析是员工培训的出发点，如果需求分析不准确，会让接下来的培训偏离轨道，做无用功，浪费企业的人力、物力和财力，却收不到应有的效果。企业要进行有效的需求分析，必须采取合适的方法和工具。常用的培训需求分析方法为诺伊分析法。诺伊分析方法是由著名企业管理专家 R. A. 诺伊提出的，它包括组织分析、任务分析以及人员分析三个要素。在进行培训需求分析、制定培训规划时，可以将调查收集的数据分门别类，分别归入组织、人员、岗位这三个层面，然后从这三个层面上进行具体详尽的分析，以获得所需的信息。

组织分析是在组织层面展开的，它包括两个方面的内容。一是对企业未来的发展方向进行分析，确定今后的培训重点和方向，主要根据企业的经营发展策略来分析；二是对企业的整体绩效进行分析，找出存在的问题并分析问题产生的原因，以确定企业目前的培训重点；设定企业的绩效考核指标和标准；将企业目前的绩效和设定的目标或者以前的绩效进行比较，当绩效水平下降或者低于标准就形成了培训需求的“压力点”；分析“压力点”，提炼出现实的培训需求。

任务分析的主要对象是企业内的各个职务，通过任务分析要确定各个职务的工作任务，各项工作任务要达到的标准，以及成功完成这些任务所必需的知识、技能和态度。任务分析最主要的目的就是用于确定新员工的培训需求。任务分析的结果也界定了在个人层面进行培训时培训内容的范围，这是设计培训课程的重要依据。任务分析的 4 个步骤如下。第一步，选择有效的方法，列出一个职位所要履行的工作任务的初步清单。第二步，对所列出的任务清单进行确认，这需要回答以下几个问题：人物的执行频率如何？完成每项任务所花费的时间是多少？成功完成这些任务的重要性和意义是什么？学会这些任务的难度有多大？第三步，对每项任务需要达到的标准做出准确的界定，尽量用可以量化的标准来表述。第四步，确定完成每项工作任务的知识、技能和态度。

人员分析是针对员工来进行的，与组织分析类似，它包括两个方面的内容：一是对员工个人的绩效做出评价，找出存在的问题并分析问题产生的原因，以确定解决当前问题的培训需求；二是根据员工的职位变动计划，将员工现有的知识、技能和态度与未来职位的要求进行比较，以确定解决将来问题的培训需求。通过人员分析，确定出企业中哪些人员需要接受培训以及需要接受什么样的培训。

② 培训方案设计。

培训需求分析完成以后，要根据培训需求分析的结果制定培训方案，以此来指导培训的具体实施。一般来说，一个比较完备的培训方案应当涵盖 6 个 W 和 2 个 H 的内容，即 Why，培训目标；What，培训内容；Whom，培训对象；Who，培训者；When，培训时间；Where，培训地点及培训设施；How to，培训方式方法；How much，培训费用。

培训目标是指培训活动所要达到的目的，从受训者角度进行理解就是指在培训活动结束后应该掌握什么内容及掌握的程度。培训目标的制定不仅对培训活动具有指导意义，而且是培训评估的一个重要依据。在设置具体的培训目标时，应注意以下问题：一是目标必须明确、具体，便于衡量和操作；二是目标要有激励作用，不能太难或太易；三是目标要保持相对稳定；四是目标的制定必须从全局出发。

培训内容是指应当进行哪方面的培训；培训的对象是指哪些员工需要接受培训，这两个方面都是通过培训需求分析确定的，这里就不再阐述了。需要说明的是，在确定了培训内容和培训对象的前提下，为了便于受训者更好地接受培训，一般都要将培训的内容编写成相应的教材。教材的形式根据培训的内容确定。一些基础性知识的培训可以使用公开出售的通用教材，而那些特殊性内容的培训则要专门编写教材，这类教材的编写可以由企业完成，也可以请外部相关机构来编写。

培训者的选择是培训与开发工作实施的一项重要内容，培训者选择的恰当与否决定了整个培训活动的效果，优秀的培训者往往能够使培训工作更加富有成效。一般来说，培训者的来源有两条渠道：一是外部渠道，二是内部渠道。

从外部聘请培训者的优点是比较专业，有丰富的培训经验；可以给企业带来新的思想和理念；员工比较容易接受。缺点是费用较高；由于对企业不了解，培训内容的针对性不强。从内部选择培训者的优点是培训有针对性；费用低；可以与受训人员更好地交流。缺点是没有经验；培训思路和理念无创新；员工不容易接受。培训者不管选择哪种渠道都存在着一定的问题，因此企业应当根据培训的内容、培训的对象等具体情况来选择恰当的培训者。一般来说，对于基础知识这种通用性的培训可以从外部选择培训者，而对于专业技能这种专业性的培训则要从内部来选择培训者。在实践中，很多企业将这两种方法结合起来使用，具体的做法就是长期从外部聘请相对固定的培训者，这样就在一定程度上弥补了从单一渠道选择培训者的缺点。

培训时间是指在什么时候进行培训。一般来说，培训时间的确定要考虑两个因素：一是培训需求；二是受训者。培训时间确定得科学合理，一方面可以保证培训及时地满足培训需求；另一方面也有助于受训者安心地接受培训，从而保证培训效果。例如，企业准备引进新设备设施，那么合理的培训时间应当确定在设备设施引进之前，这样员工就可以及时使用新设备设施。再比如，当员工的工作任务比较繁忙时，除非培训需求非常紧急，一般最好不要安排培训。如果培训需要连续进行，还要制订出培训各个阶段的时间进度表。

培训地点是指要在什么地方进行培训活动，培训地点的选择也会影响培训的整体效果。具体来说，选择培训地点需要考虑的因素有：教室的大小、座位安排、模拟环境的配置、光线状况、环境安静程度、交通条件和生活条件等。培训地点的选择也会受到受训人数、培训成本等因素的影响。此外，在培训计划中，还应当清楚地列出培训所需的设备设施，如座椅、音响、投影仪、屏幕、白板、录像设备等，准备好相应的设备设施也是培训顺利实施的一个重要保证。

在实践中，培训的方式方法有很多。不同的方法具有不同的特点，企业应当根据自己的具体情况来选择合适的方法。在一般情况下，企业应该根据培训的内容和培训对象来选择相应的培训方法。

在培训计划中还要编制出培训的预算，这里的培训费用一般计算直接发生的费用，如培训场所的场租、培训的教材费、培训者的授课费、培训的设备费、交通费、餐费等。对培训的费用做出预算，既有利于获取资金支持以保证培训的顺利实施，又是培训评估的一个依据。

③ 培训方案的实施。

培训方案的实施是培训工作的主要阶段。培训方案的实施是指把培训方案付诸实践的过程，是达到培训目的和目标的基本途径和手段。在管理规范的企业中，培训方案实施过程就是要对培训过程进行全过程监督和控制，并对过程中出现的问题及时做出调整，保证整个培训工作的顺利进行。它是整个培训工作中的一个实质性阶段。在实际操作中，企业根据规模不同，有的设有专门的培训机构或培训中心、培训学校甚至大学等，而小型企业一般不设专门的培训机构，培训时往往临时组建培训机构或由人力资源部负责。现在企业越来越倾向于与高等学校、科研院所或咨询服务机构联合组织培训工作。无论采用哪种方式，有一个专门或临时的培训机构是组织培训工作的重要前提。

为保证实施过程的有效性，在具体实施培训方案时要遵循 4 个基本原则。一是注重细节。培训方案实施是由多个环节组成的，涉及到方方面面的因素，而且还可能遇到一些不可测的情况。任何细节出现问题都会对整个培训计划的实施产生不良影响。因此，在整个培训过程中要做到精心策划、认真实施、细心检验、及时调整。二是理论联系实际。培训要为受训者创造实际操作或实践的机会，培训师要善于了解受训者实际岗位的工作需求，解决实际工作中的难题，这样才能够激发学员学习的动机、掌握所学的知识或技能，在工作中真正发挥培训的效能极为重要。三是尊重差异。人与人之间是存在差异的。在学习上，由于能力、经验、观念和性格不同，不同人的学习能力和学习风格也不同，这一点在培训中表现得非常明显。因此，培训者要采取灵活多变的培训策略，以适应不同学员的特点和需求。四是注重反馈和强化。反馈的作用在于巩固学习技能，及时纠正错误。反馈的信息越及时越准确，培训的效果越好。强化是结合反馈对受训人员进行的奖励或惩罚措施。

另外，在实施培训方案时，还应注意 5 个问题。一是确定培训工作的负责人。培训工作的负责人选择是否恰当对培训效果和质量有至关重要的作用。如果负责人工作认真、素质精良、富有经验、善于组织领导，则可以为培训的成功奠定坚实的基础。二是培训实施原则上依据培训计划进行，如需调整，应向相关部门提出申请。三是培训前应按照培训计划确定的教师、场地、器材，安排相关人员的食宿、交通并申请培训所需要的各种费用。四是培训期间应做好对受训者的出勤管理，并进行记录；同时要收集和整理培训整个过程的资料和数据，以此为依据对受训人考核。五是应记录授课过程，保存培训的过程资料，如电子文档、录音、录像等。培训结束后以此为依据制作员工培训记录。

④ 培训效果评估与反馈。

培训效果评估是培训流程中的最后一个环节，评估结果将直接作用于培训课程的改进和培训师的调整等方面。它是保证企业对员工培训周而复始、不断完善和提高的有力依据。企业不仅针对员工培训问题，汲取以往经验，弥补在培训效果评估方面的空白，还能根据评估结果对人力资源相关绩效管理、招聘配置等环节提供参考意见。目前，比较完善的员工培训评估体系包括 4 个层面：反应层面、学习层面、行为层面、结果层面。具体评估过程如下：

反应层评估是指受训者对培训的反应，受训者是否感到培训有好处。因此，反应层评估要评估受训者对培训的满意程度或喜爱程度。具体操作是在员工培训结束后，企业人力资源部向培训学员发放调查问卷，内容包括：培训内容是否合理、培训时间安排是否得当、培训是否给自己一些启示、是否学到了新的知识以及对培训讲师进行评价等。人力资源部及时对反馈信息进行汇总和分析，根据信息反馈情况对培训工作进行有效调整。

学习层评估是评估受训者对培训内容的了解及吸收程度。具体是在培训结束后，企业人力资源部以及相关部门的专业人员、培训讲师对学员进行考核，考核结果记录存档，由人力资源部备案，通过考核检查学员的培训质量，尤其是对专业技能的培训，必须达到企业要求才能上岗，对于考核不合格的学员，企业通过再次培训或者直接解聘的形式以确保上岗员工的技术操作水平。进行学习层评估时，可采取考试法、演讲法、讨论法、角色扮演法和演示法等方式。

行为层评估是要评估受训者对培训内容的应用及熟练程度或由学习而改变行为和习惯。该评估主要针对考试考核合格投入岗位的员工，经过一段实际工作后，企业人力资源部和培训讲师通过行为层评估对其进行检查，主要内容包括员工的行为是否符合企业要求，其操作技能是否能够胜任岗位。对于在考试中通过，却在实际岗位操作中出现问题的员工，人力资源部对操作问题进行收集、汇总和分析，检验培训的针对性是否存在偏差，从而及时总结培训的有效性，并结合结果做出相应调整。分析和调整结果由人力资源部存档，作为后期培训工作方案设计和调整的依据。

结果层评估要评估培训内容使受训者个人绩效及其组织绩效提升的程度或因行为改变而产生的具体结果，即经过培训后受训人员或者企业的绩效是否得到改善和提高。对行为层和结果层的评估，更多的是采取评价的方式。员工培训体系作为企业生存发展的一个重要环节，其根本目的就是为了让员工快速地融入企业的生产和经营，从而为企业的发展提供保证。员工培训的效果评估也是围绕这一主旨来进行的。在员工培训效果评估过程中，结果层评估是重中之重，这一评估不仅对企业的生产经营产生积极的影响，同时也对企业员工水平和操作能力把关。通过结果层的评估来了解员工的岗位技能水平、胜任能力等，是对培训效果最直接、最根本的检验。

（2）员工培训的方法

员工培训的方法很多，各种方法都有其优缺点和适应范围。培训方法得当与否，直接关系到培训活动的有效性。因此，在员工培训活动中选择恰当的培训方法十分关键。具体而言，企业常用的培训方法分三类：课堂演示类、亲身体验类、实地培训类。

① 课堂演示类方法。

课堂演示类强调三个特征：一是培训地点较为固定和集中，一般有专门的教室；二是培训师为主导的课堂教学模式；三是培训内容以理论知识和通用技能为主。常用的课堂演示类方法有课堂讲授法、讨论法等。

课堂讲授法是一种最传统、最基础、最重要的培训模式。该方法主要是通过培训者的语言和文字书写的方式将学习信息和材料传达给受训者的一种演示法，即培训者讲，受训者听并汲取知识。这种培训方法采用集中培训的方式，既可运用最基本的教学设备（如黑板、粉笔等），也可以采用现代多媒体技术和网络技术视听设备向受训者传授所要培训的内容。课堂讲授过程中，培训者也会鼓励受训者参与讨论或提问，但主要是以培训者单向讲授为主，基本没有实践的时间。课堂讲授法的优点是培训内容讲解得比较系统、全面、清晰；单位时间内教授的知识量比较大，效率高；培训者讲授的过程比较灵活，可以充分调动受训者参与讨论和互动。课堂讲授法的缺点也是显而易见的：缺乏实践环节，无法及时消化所学知识；讲授时间冗长，容易引发厌学情绪；培训效果过度依赖培训者的讲授能力，培训效果难以控制。因此，课堂讲授法常被用于一些理念性知识的培训，如对企业一种新政策或新制度的介绍与演讲、引进新设备或技术的普及讲座等。同时，由于它的局限性，应与其他方法配合，方能进一步强化培训成果。

讨论法也是应用比较广泛的一种方法。它是指由培训者和受训者共同讨论并解决某一专题的一种培训方法。该方法的目的是解决某些复杂的问题，或通过讨论的形式使受训人员就某个主题进行沟通，谋求观念看法的一致。实践中，首先由培训者综合介绍一些基本的概念和原理，然后再围绕某一主题进行讨论。通常，培训者要求受训者组成讨论小组，讨论小组的负责人是管理人员，小组负责人的作用是使讨论正常进行并避免某些人的观点偏离主题。讨论问题时，负责人倾听并允许小组成员解决他们自己的问题。讨论会一般在专门的会议室或者教室举行，对人数有一定的控制，一般不宜超过 25 人。这种方法的优点在于：受训人员能够参与到培训活动中来，可以提高他们的学习兴趣；有利于受训人员积极思考，加深对学习内容的理解；在讨论中可以相互学习，有利于知识和经验的共享；此外，还可以同时培养他们的口头表达能力。这种方法的缺点是：为了保证讨论的效果，参与的人数不能太多，不利于对基本知识和技能的系统掌握；讨论过程中容易偏离主题，因此对主持人的要求比较高。

② 亲身体验类方法。

相对于课堂演示类方法，体验类方法是一种基于“体验主义”学习理念的培训方法。体验法要求受训者积极参与培训过程，希望营造一种在心理上安全的、在环境上尽量接近实际的情景，使学习者亲身经历一次完成任务的过程，或学会处理工作中发生的实际问题。在这种情景中，受训者能感受到一种挑战，这样他们在探索新知识、新技能时才会全身心地投入，从而产生一种行为变化的结果，这有利于开发特定的技能和将行为应用到工作中。企业中常用的体验类方法有角色扮演法、案例研究法和商业游戏法。

角色扮演法是指在一个模拟的工作环境中，指定受训者扮演特定的角色，借助角色的演练来体验该角色，从而提高解决该类问题的能力。通常将受训者分为两部分，一部分进入角色情景去处理各种问题和矛盾，让其通过表演去体验他人情感或体验他人在特定环境中的反应和处理问题的方式。对扮演者来说，从角色扮演中获得的影响是巨大的。他实际上获得了一个自我发现和自我认知的机会。而另一部分受训者则要认真观察扮演者的行为，在表演结束后对扮演者的行为进行评价，发表自己的看法。这样就保证了台上台下的受训者都能从这一过程中收益。角色扮演法的优点是受训者参与度高，主动性强、学习效果好；受训者可以在扮演过程中多角度观察和感受处理问题的不同方式；培训者和其他受训者都可对表演给予评价和建议，表演者也可参加到讨论中，信息及时反馈，表演者从中认识到处理问题的得失。表演者亲身扮演角色，对角色的处境、困难、顾虑、思路都有了切身体会，不管将来会处于这个角色的位置还是其相关位置，都有利于他顺利地解决问题。该方法的缺点是在运用角色扮演法时，培训者的指导非常重要，如果没有事先准备好关于受训者可学到什么内容的概括性说明，那参与者在完成表演后很难有进一步提高，也就是说，仅仅是其真实行为的再现，而没有提高行为的有效性。如果受训者扮演后得不到应有的反馈，他们常常认为这是浪费时间。由于对角色扮演的认识不够，一些受训者会认为只是个游戏，而另一些受训者则干脆不愿参与，这会使培训者陷于被动，所以执行起来有一定的困难。如果给受训者事先的指导较少，可能会导致表演失误，从而引起尴尬和挫败感，反而会打击受训人今后的工作信心。角色扮演需要的时间较长，每轮表演只能让较少的人参与，这种培训方法比较耗时。因此，角色扮演通常被用于管理人员培训活动，也可用于相关人员的选拔面试、申诉处理、工作绩效评估、电话应对、会议领导、业务会谈、有效交流及领导模式分析等诸多方面的教学中。

案例研究法是指为受训者提供员工或组织该如何处理棘手问题的书面描述，让学员分析和评价案例，提出解决问题的建议和方案的一种培训方法。案例研究法培养受训者分析、解决实际问题的能力。案例研究法针对某个特定问题，向受训者提供一个组织运转过程中实际（可能）存在的问题和情景的案例，其中包含大量的背景材料。受训者往往通过组成小组来完成案例分析，并做出判断，提出解决方法。随后，在集中讨论中发表自己小组意见，同时听取别人意见。案例研究法并不是要教给受训人一个“正确”的解决方法，而是培养受训人分析问题和解决问题的能力，并且提供一些有益的思路。案例研究法的一个基本假设是，受训者能通过对这些过程的研究与发现来进行学习。案例研究法的优点是参与性强，受训者积极主动参与讨论，有利于激发受训者学习的积极性；能将知识的传授和解决实际问题的能力融合在一起；有利于受训者在讨论中相互学习有关知识、经验和思维方式；能增强受训者进行人际沟通的技巧；比较生动具体，直观易学；受训者可以大胆地尝试解决某个问题，而不需承担风险。其缺点是实施案例培训要花较多时间，对受训者能力有一定的要求，对教师的能力也有较高的要求。因为，案例不存在唯一的正确答案，也没有评价方案优劣的标准，并且也看不到方案真实的效果，所以很大程度上依赖于培训者和受训者自身的素质。而且，无论案例是真实的或是虚构的，都贴近于现实情况，所以案例分析的难度很大。因此，案例研究法适合于开发智力方面的技能，例如分析问题、解决问题的能力，综合和评估能力。这些技能是管理者、医生、律师、教师等专业人士所必需的。

商业游戏法又称管理游戏法，它是指受训者在模仿商业竞争规则的情景下，在收集信息并将其进行分析、做出决策的过程中得到培训。商业游戏法因为要仿照商业竞争的规则，因此，在游戏中要由两个或更多的受训者相互竞争才能达到预期目标，或者要求众多受训者通过合作来克服某一困难以实现共同目标，同时，还要求受训者在游戏中收集信息，进行分析和决策。游戏具有趣味性和竞争性的特点，常常能激发参与者的兴趣和学习主动性。游戏还以计算机技术为基础来设计，增加游戏的仿真程度和趣味性。常见的商业游戏有市场竞争模拟、经营决策模拟及对抗赛等。商业游戏法的优点是能使受训者积极参与；能较好地学到解决实际问题的技能；能比较容易地掌握培训内容，实用性比较强；有利于培养受训者的团队合作精神。其缺点是游戏设计的难度较高，设计费用也比较大；适用范围有一定的局限性，因为并不是所有的商业情景都能设计成游戏。商业游戏法特别适合于开发受训者的管理技能，是一种能引起受训者学习兴趣的、较好的培训方法。

③ 实地培训类方法。

实地培训类方法是为了避免所学知识与实际工作相脱节的问题，在工作场地进行培训的一种方法。该方法将工作和学习融为一体，很容易解决培训中许多根本性问题，如学习与工作脱节等。实地培训类方法有师带徒法、工作轮换法等。

师带徒法是一种传统的培训方式，没有固定模式。一般是受训人员紧跟有经验的员工，一边看一边学，一边做帮手，通过观察实践来学习工作程序。师带徒方法最关键的环节是要选择好师傅（有经验的员工），一个有经验的善于辅导的师傅决定了这种方法的培训有效性。同时，师带徒方法还强调受训者的主动学习性，要求受训者要认真对师傅进行观察和提问，然后再模仿他们的行为得到学习。师带徒方法的基本假设是员工可以通过观察和提问得到学习。一个成功的师带徒方法应该设定具体的学习目标、列出要学习的知识和技能、设计培训过程、熟练工人应向受训者讲解、给予受训人实践的机会并反馈信息，不然师带徒培训很容易流于形式，而让受训者错失学习机会。师带徒方法的优点是培训可以观察到最真实的工作情境，随时发现学习点，可以迅速地让员工掌握新的技巧和熟悉工作环境。这种方法非常省钱，因为培训者边干边教，而受训者边干边学，较少耽误正常工作。同时，还能及时反馈受训者的学习情况。其缺点是由于师傅（有经验的员工）本身不是专业的培训师，没有什么培训技巧，也不容易抓住关键点讲授。因而在很大程度上靠受训者自己观察和提问。对于陌生的工作，受训者的观察很难发现一些重要的操作行为，往往只看到了表面现象，而不知其中奥妙。还有一些受训者由于心理因素或性格原因，不喜欢提问，即使喜欢提问的员工也不一定问到“点”上。所以受训者的观察和提问可能收效较慢，而且难于深入。

工作轮换法是指根据工作要求安排受训者在不同的工作部门工作一段时间（通常为 1~2 年），以丰富受训者工作经验的培训方法。这种知识扩展对完成更高水平的任务常常是很必要的。受训者通过在多个部门之间轮流工作，能够使其有更多的机会接触和了解到企业其他工作的情况。工作轮换主要用于对管理人员的培训，让其在晋升到更高职位前了解各个部门的运作情况；也有企业将其用于培训新进员工，让员工在培训的过程中找到适合自己能力和兴趣的岗位。对于管理人员而言，工作轮换是一次可贵的全面了解组织的机会，通过在各个部门工作一段时间，熟悉各部门的情况，一旦上任，能很快地上手工作。同时，平时各个部门都是相对独立，但是当经过一轮培训后，利于发现相互关系，有利于今后协调各部门工作，促进部门间的合作。工作轮换也是对受训者的考验，各部门主管从不同角度来观察受训者，从而综合评价候选人各方面的能力，为晋升决策做出重要参考。工作轮换对于管理人员和新员工还有一个重要作用，就是让受训人找到最适合自己的岗位和发展方向。虽然工作轮换有诸多优点，但也容易走入培养“通才”的误区。员工被鼓励到各个岗位工作，他们将花费不少时间熟悉和学习新的技能，把此当成一项主要工作。工作轮换，虽让员工掌握更多的技能，却不能专于某一方面。所以许多企业采用工作轮换是为了培养新进入的年轻管理人员或有管理潜力的未来的管理人员。

总之，每种培训方法都有其优缺点，培训者要了解每一种培训方法的优点和缺点，才能针对培训内容有的放矢，灵活采用各种方法。

7.2 中小企业员工培训的问题

7.2.1 员工培训重形式轻实效

随着我国中小企业的不断发展壮大，许多企业管理者已经认识到培训对企业发展的重要性，并投入大量的人力、物力、财力，但结果却是受训者对培训内容不感兴趣，参训积极性不高，培训对促进员工素质的提高作用不大，培训的整体效果不理想。《中华人民共和国劳动法》规定，用人单位必须建立职业培训制度，对技术工种的员工进行上岗前培训，并按照国家规定提取和使用经费。很多地区中小企业建立职业培训制度的比例很小，建立技术工种上岗前培训制度的比例也不高，只有极少数的企业按照国家规定提取和使用了事业培训经费。与国有控股企业相比普遍偏低。由此可以看到，中小企业中，遵照《中华人民共和国劳动法》建立健全培训制度的单位很少，相反，没有培训制度的单位占多数。

关于中小企业员工培训状况，中新人才产业有限公司曾经就北京部分中小企业老板对中高层管理队伍培训的问题做了一次调查。从调查结果来看，大多数中小企业主对培训比较重视。72%的民营企业高层人士自认为非常重视中层管理队伍培训，他们认为“培训是企业发展的需要”（64%），“人才是培训出来的”（44%），“培训是稳定人才的手段”（36%）。只有28%的高层认为培训没有必要，“培训是给别人做嫁衣”（18%），“招来的人就应当合乎要求，不必再培训”（10%）。中层管理人员也非常重视培训工作，对培训表示出极大的关注，他们认为“如果不培训，能力就会下降”（86%），“培训是公司应当提供的”（67%）。[89]虽然中小企业高、中层管理人员都表示重视员工培训工作，但实际调查结果却显示：92%的中小企业没有完善的培训体系，只有42%的中小企业设有培训管理部门；只有12%的企业设有培训教室（教室、教学设备等）；只有61%的中小企业制订年度培训计划，而且根据对中层管理者的调查得知大部分的年度计划没有得到有效执行；大多数企业没有年度培训经费计划，培训经费的提取没有统一标准，一般在培训实施前临时审批。这些数据表明中小企业的领导只是在口头上承认了培训的重要性，很少真正的加以落实，员工培训流于形式，培训状况不容乐观。[90]

2017年3—5月，作者在对辽宁丹东地区一些中小企业做的实地调查研究也表明，中小企业员工对企业的培训安排普遍不满意。具体调查结论如下：新员工入职培训有50%左右的员工是采用岗前集中培训，其余则是直接上岗，基本是通过边干边学的方式来完成的，直接上岗的新员工中还有近20%的员工根本就没有参加任何培训。调查中共涉及到两个方面的指标，具体包括员工对企业培训工作的评价、员工对企业培训工作的需求状况。调查结论显示：第一，大多数调查对象均认为企业的有效培训很少，即使有培训也基本流于形式，即重视员工培训在许多企业还只是一个说法。虽然企业的决策者也逐渐认识到培训有助于增强企业的整体实力，也采取了一些措施鼓励员工培训，然而，企业所开展的培训活动却没能使员工的满意度有所提高。第二，员工普遍认为企业对一线员工的培训很少，主要是针对管理层的培训，即便是管理层的培训，企业也没进行有效的效果评估和反馈，企业所开展的培训也未能较好地满足员工的学习需求。第三，企业现有的员工培训结果很少与绩效和薪酬挂钩，缺乏激励作用，这说明企业培训工作的系统性较差。第四，员工对企业培训的内容需求按照强烈和认同顺序，依次为管理技能、与工作相关的业务知识、管理理念、专业技术、销售技巧。也就是说，员工对自身素质的提高不仅仅局限在专业知识方面，员工参加培训最重要的目的就是提高自己在工作中分析、解决问题的能力以促进自身职业生涯的发展。

7.2.2　员工培训中“彼得现象”较突出

我国中小企业人力资源培训的一个重要现象是“彼得现象”突出。“彼得现象”是因彼得原理而生。彼得原理是由美国学者劳伦斯·J. 彼得（Laurence J. Peter）和雷蒙德·赫尔（Raymond Hull）根据千百个有关组织中管理人员不能胜任的失败实例的分析而归纳出来的。其具体内容：“在一个等级制度中，每个职工趋向于上升到他所不能胜任的地位”，“每一个职工由于在原有职位上工作成绩表现好（胜任），就将被提升到更高一级职位”；“其后，如果继续胜任则将进一步被提升，直至到达他所不能胜任的职位。”由此导出的彼得推论：“每一个职位最终都将被一个不能胜任其工作的职工所占据。层级组织的工作任务多半是由尚未达到不胜任阶层的员工完成的。”[91]根据彼得原理描述的事实是表现平平和政绩较差的管理人员在被提升到其能力所不及的岗位时，对于个人来说，失去了继续晋升的机会，对组织来说，则会因管理人员素质低下或者组织结构不合理而导致效率滑坡。

目前，我国中小企业有效规避“彼得现象”的途径多是事后撤换现有不称职人员或者事前加强培训，希望通过及时撤换人员和先期培训提高管理能力。然而，从理论上讲，由于“帕金森定律”的存在，企业的管理人员最先被聘用而最后被解聘。因此，有效规避“彼得现象”的根本途径在于加强晋升前的培训，创新培训体系。企业通常将管理者和员工看成根据指示行事、没有责任、不做出决策的人，这只能损减企业的精神和创新。企业的管理本质是一种管理理念和知识相融合于实践中的决策活动，不仅需要专业培训和教育经历，而且需要随着时代变迁不断创新教育和培训体系。现代企业培训是指通过对员工有计划、有针对性的教育和训练，使其能够改进目前知识和能力的一项连续而有效的工作。一个完善的培训内容不仅包含有效管理者应该具备的基本知识和技巧，而且还要有专业的培训机构和团队。企业培训如果存在问题，那么就会影响企业晋升和任用的效果，进而就会出现把不称职的人员安排在不恰当的位置上的现象。企业可以从管理人员任用和提升之前通过企业有效的培训来尽量降低任用的风险，从而有效地避免企业“彼得现象”的发生。然而，我国中小企业培训存在很多理念落后、内容偏失、方法陈旧等问题，难以保障培训的效果和质量，因此，创新企业培训体系、提升管理人员培训效果就成为企业发展的关键。

7.2.3 员工培训中“理念偏差”较严重

在知识经济时代背景下，终身学习是企业员工的必然选择。因此，企业不仅有责任为员工提供培训，以使员工的状态保持更佳，还要督促员工发挥主动学习的精神，促使自身的成长速度跟上时代和企业发展的步伐。但较之大型企业和外资企业，中小企业的起点低、基础差，导致在吸引人才方面处于弱势。同时，中小企业多属劳动密集型企业，对技能、专业知识的要求相对较低，这使得多数企业管理者不愿意进行员工培训。致使很多中小企业管理者认为员工培训是一项“不经济”的投资行为。[92]事实上，信奉“培训无用论”的人大有人在，一般表现为两种观点：一是直接无用论，就是认为培训不但不能增强员工的能力，反而会耗费很多工作时间；二是间接无用论，认为培训可以增长员工的能力，但现在企业员工的知识和技能对企业来说已经足够了，培训只会导致投入的增加，对企业产出的益处很小。持有这两种观点的管理者，要么把培训拒之门外，要么把培训当作一种宣传，给员工或外界传递一种“企业不断追求进步”的形象，而实际上投入很少。特别是对于培训对象而言，也存在很多不正确的观念。例如，中小企业往往会给业务部门安排一些有针对性的专业技能培训，但也有部门员工往往认为企业安排的培训是“企业要我学”“企业给我工作添负担”等。针对这些观念，人力资源部门应该引导员工形成正确的培训观，在面对社会、企业和个人发展的多重压力下，引导员工如何主动去寻找机会学习，充分利用好企业的资源，不断提升自我，保持竞争力，实现可持续发展，树立起“企业让我学习是福利”“我要企业给我创造学习的机会”等正确观念。再如，很多企业业务部门管理者认为只要是培训，就是培训中心和人事部门的事情，与己无关。如在人事部门要求提交各部门培训需求表格时，各业务部门只是按照想当然的经验做法，拍拍脑袋决策，并没有针对员工进行实际性的培训需求分析，部门主管认为要培训的，则直接汇总呈报。也不围绕

"缺什么培训什么、需要什么培训什么"的培训需求制订要求，导致企业的年度计划不准确。在实施培训过程中，增删培训项目的现象严重。有些基层部门还存在先培训后追加培训计划的情况。

特别是当前盛行的重文凭、重学历和轻技能的不良风气也影响了企业的培训工作。具体表现为以下几点。一是企业高层管理人员热衷于MBA、EMBA等各种高级研修班的深造和对各种职业资格以及研究生等高学历的追逐与对企业基层员工培训的漠视和"淡忘"形成鲜明的对比。二是企业人才准入标准多以学历、资格证书为主要指标，忽视了对实际能力的考核与评价，特别是对基层管理者的使用和招聘更是随意性较大。三是培训内容与培训对象的岗位、知识结构不相匹配，战略层次的培训、战术性的培训、技能型的培训常常混为一谈。企业的培训往往不顾对象、不分层次地一锅端，无法保障质量。四是企业的管理者喜欢赶潮流，对培训内容的选择不清晰，受媒体热点炒作的影响特别大。例如，市场上流行"整合营销培训""项目管理培训""领导执行力培训"等新管理观点时，中小企业就培训什么。从表面上看，企业培训工作开展得轰轰烈烈，其实是无的放矢，效果并不一定理想。五是在一部分企业基层的培训中存在"重技能培训""轻素质教育"的现象。多数企业对基层员工的教育培训的内容中技能培训和理论部分的培训比重明显多于综合素质的培训。例如，涉及到企业文化、团队建设、人际关系、沟通能力等方面的素质教育培训在很多企业都没有被重视起来。

很多中小企业经营者和管理者目光短浅，对人力资源培训没有长远和系统性的规划，只注重短期成本和收益；经常是出现问题或者停滞不前的时候才想起来培训，这就导致企业的培训工作是间歇性的。同时，员工培训还是各个环节和部门相互配合系统化的问题。员工培训是一个系统工程，是时间合理分配的系统化问题，临时抱佛脚式的培训不能从根本上解决企业的问题。如果单纯考虑为了某个突发问题进行培训，很容易导致企业在市场上步履维艰，常常会步人后尘，处于被动挨打的局面，甚至产生经营运作的混乱。企业在培训中经常还会步入另外一个误区，就是无论培训什么内容都会让很多员工一起参加，这样虽然可以节约培训成本，但由于员工在学习能力和思维方式上的个体差异，培训后个体效果产生巨大的差异。从培训原理来理解，让每一名参加培训的员工都得到优异的成绩本身就是不符合培训基本原则的。一方面，忽略了员工个性学习和接受能力的差异；另一方面，忽略了不同个体对培训内容和需求的差异化。何况培训中的两个主体——培训师和员工是一种双向沟通的关系，好的培训过程需要双方不断的磨合和积极的配合。对培训结果过于乐观或者把目标定得太高，必然会干扰培训进度并影响培训效果。也就是说，在培训过程中管理者要根据受训员工的实际能力和水平确定培训目标，要明确学习本身就是一个循序渐进、持之以恒的过程，要充分认识到培训的艰巨性和科学性，要客观对待培训效果和评估结果，理性判断培训过程中的各种问题。

7.2.4 员工培训缺乏外部环境的支持和保障

总体上来讲，中小企业管理层大都对培训相当重视，能充分认识到员工培训对企业发展的重要性并制订了长期或短期的培训计划，对培训也有一定的投入。但现阶段从企业外部环境来看，中小企业员工培训缺少政策支持和相应的法律法规环境。中小企业员工培训缺乏统一的政府部门的权威性指导和要求，特别是企业职业培训制度很难落到实处。另外，我国还缺少专门针对中小企业员工培训方面的法律法规，缺少社会中介服务机构。这样导致中小企业开展员工培训活动没有相应的法律依据，势单力薄的中小企业更缺少社会层面、企业间培训资源整合的能力。近几年，我国频频发生的工业生产安全事故就间接证明了培训的缺乏。由于资金、实力等原因，中小企业很难有自己的培训机构和技术研发机构，因此，中小企业在员工培训方面迫切需要社会服务组织予以支持，但由于政策法规等原因，发展缓慢的社会服务组织不能满足中小企业培训的要求。现有的培训机构所提供的培训又缺乏针对性，加上很多企业存在着为培训而培训的现象，培训活动很少与其他人力资源管理活动相互配合，或者缺少明确的目标。在这种情况下，培训只是一种活动，而不是一种战略。企业经常用参加培训的人数来衡量培训的结果，很少研究培训的真实效果。没有对培训需求进行分析，也没有对培训结果进行衡量。因此，培训的效果大打折扣，员工对培训的看法与企业的预期产生了很大偏差。

目前，在现代企业中对管理人员进行晋升培训的主体虽然以企业为主，但政府、行业也开始参与培训。这种多元主体的出现是与企业培训内容和形式的复杂性、连续性、终身性、动态性、实践性等特点相适应的。现阶段的企业培训内容与形式主要有：技术等级培训、岗位培训、岗位和职业资格的认证培训、职前职业教育、员工的学历继续教育等。培训内容的丰富和复杂化对企业培训主体也相应提出了多元化的要求。这种多元化主体的直接弊端就是在实际运作过程中容易出现多头管理、职责混淆、效率低下、效果不明显等弊端。例如，政出多门，多头分散的各种形式的培训班、资格鉴定让企业无法辨别真伪；政府对行业的规范过多，对企业培训的投入和政策支持不足；政府对企业培训的监督不力，行业缺乏培训标准和监控企业的教育和培训质量的行为等。这些问题直接影响企业管理人员的培训效果，继而也就无法满足更高层级的管理要求。

7.2.5　员工培训体系设计不完善

在企业的培训体系设计过程中，员工培训需求分析是决定培训效果的关键一步。但很多企业由于负责培训的部门疏忽了对培训需求的深入调研，培训前的调研与准备多数是依据上一年培训主管上报的数据和表格，而上一年的数据和表格以及总结，又是沿袭更上一年的数据得出，如此循环往复，调研已经脱离了实际轨道，培训的准备基本上照搬以往的培训经验和模式以及内容，其前期准备形同虚设。接下来，企业员工培训在培训内容上跟培训部门前期准备一样，由于流于形式，在培训内容上墨守和依赖多年来固定经营管理的教案，有些培训内容已经约定俗成，而这些内容已经不能完全适应新形势下“90后”员工的知识结构和求知需要。这些“90后”群体感知能力强，接受新事物速度快，旧的知识传授渠道和课件已经无法吸引他们的兴趣，按照以往的安排和节奏已经不能满足培训的需要，导致了培训效果不明显。在培训形式和方法上传统的课堂讲授灌输式的方法仍然占有很大比重。尽管多数企业也实现了知识学习和技能训练并举的培训目标，但缺乏考虑被培训者的个性化要求，缺少向企业培训的深层次发展。许多现代企业已将企业员工的培训向各个领域渗透，其内涵已远远超过培训本身。比如，国外很多知名企业除了员工知识和技能的培训，还通过一定的形式，向培训企业文化、团队精神、劳资关系等方向发展，使企业行为进入更深层次的领域。而我国仍有很多企业员工培训的规划和内容，以教会知识、学习知识、考核知识为宗旨。缺乏对企业培训的需求诊断、培训的个性化模式的探索、培训效果的评估等重点环节的控制。

7.3　解决中小企业员工培训问题的对策

7.3.1　转变培训理念，加大培训投入力度

思想观念是行动的指挥棒，要想做好中小企业员工培训工作，企业管理层首先要及时改变企业发展理念，重视对员工的培训工作。在激烈的市场竞争刺激下，中小企业一定要增强自身的学习意识，不断更新企业的思想与管理办法。加大对于人力资源培养的投资，增强对企业员工的教育与培训，提高员工的综合素质。因此，中小企业的经营者一定要重视起企业培训的作用，更新错误观念，将企业培训纳入企业的发展战略，根据企业的发展目标，切实抓好对人才的培训工作。如引导中小企业正确认识培训的投入与产出问题。要让各级管理者认识到员工培训不仅是费用的支出活动，而且还能给企业带来收益。员工培训固然要付出一定的成本，但是，撇开企业开展培训带来的长期收益不

说，培训活动本身也是可以直接带来收益的，培训具有自行增值性。有很多企业利用员工培训的机会，把企业在生产经营过程中遇到的问题拿出来供参加培训的员工进行讨论研究，相互启发，最终找到解决问题的办法，既达到了培训的目的，又解决了公司所面临的问题，一举两得。培训本身可以为决策、为企业生产经营带来收益。

因此，各级管理者要将员工培训视为核心工作，通过自己积极参与企业培训来带动企业员工全员进人企业培训活动当中。只有这样，企业培训才能顺利地开展并且取得良好的成效。培训并不是说一定需要很多资金投入，关键看领导是否重视，企业首先在培训的观念上要创新，把培训当作一件投资回报率最大的投资来抓。企业培训不是“消耗”而是“投资”。人力资本需要培训才能增值，离开了培训只能是不断折旧、贬值。不仅普通员工如此，企业的管理者更是这样。很多中小企业亏损的一个重要原因其实是经营者素质的欠缺，他们认识不到自身的人力资本正在不断退化贬值，只是一味在产权问题上转圈圈。于是陷入了这样一个恶性循环：不重视培训——员工素质低、人力资本贬值——只拼物质资本竞争——企业亏损——忙着扭亏，员工培训成了被遗忘的角落——员工士气低落、人力资本继续贬值……

具体来说，企业要加大对员工培训的投资力度，为企业培训提供必要的经费支持，在人才队伍培训上舍得投资。首先，要加大培训师资队伍的投入和建设。对企业培训工作而言，师资力量是不可缺少的保障。为了解决培训讲师缺乏、能力参差不齐的问题，除了聘请外部讲师外，还应当积极挖掘企业内部的人才资源，积极发挥业务骨干的模范作用，既能提高师资力量，还能有效节约企业的培训经费。之所以要充分挖掘企业内部业务骨干，这是因为企业内部的骨干更了解企业的发展文化，精通业务知识，对岗位工作有着比外部讲师更深刻的理解，让企业内部优秀人才成为培训老师，能为学员讲解更实用的技能，极大地提高了企业培训工作的效率。而且企业内部优秀员工作为讲师，比外部讲师有更充裕的时间来开展培训，除了培训课堂，工作中也可以为学员答疑解惑，更为方便。所以，企业必须要充分发挥内部业务骨干的促进作用，来有效加强培训师资力量的建设。其次，建立专门的人事培训机构，使企业培训正规化、系统化，让员工培训工作得到重视。最后，要为企业培训建立资金保障。企业要加大对员工培训的投资力度，按现代化的标准加强培训硬件设施和软件环境的建设。要在加大培训的数量和规模的基础上注重培训收益，即力争获得最大培训投入产出率。应将市场营销理念引入到企业的培训工作中来，把企业的教育培训机构作为一个运营实体，确保企业人力资源培训的一切工作均以能实现企业综合效益最大化为前提。为此，企业在培训前就应将培训作为一种长线投资而对培训项目做出成本效益预算，并结合企业的发展方向和战略目标对所有的培训项目进行轻重缓急的分级，从而提供有参考价值的成本控制方法和费用节约方案，力争用较少资金成本和时间成本来换取最大的培训产出。从而正确处理好培训数量和质量、投入和产出、学习和运用之间的关系。

7.3.2　创新企业人力资源培训体系

中小企业人力资源培训之所以出现“彼得现象”的一个重要原因是管理人员知识更新的速度跟不上企业发展的需要。一方面，企业内部的管理理念和管理技能无法适应外部知识经济的快速发展以及高科技更新；另一方面，企业外部的经济结构、产业结构调整加快，企业内部的产品结构调整的周期越来越短。这样就凸显出管理人员知识更新跟不上企业发展的需要，直接导致“彼得现象”的发生。因此，创新现有的培训机制，着眼于增强员工对岗位、职业的适应能力，对中小企业管理人员实施全员、全过程、全面的连续性的教育培训，就变得十分迫切。

（1）培训理念的创新

对于管理人员的培训而言，中小企业培训的职能是帮助和提升管理人员的岗位适应性和效能。因此，开展企业培训的基本前提是企业和员工统一认识，正确认识企业培训的重要意义与地位。首先，中小企业要把培训上升到战略高度，认识到在现代企业发展过程中，创新和知识正在成为唯一的生产要素。创造财富的中心活动将转移到如何将知识应用于管理和生产过程中。也就是说，知识成为了现代企业的核心资源。企业要想在纷繁复杂的市场竞争中、在科技创新日新月异的环境中赢得一席之地、求得生存发展，就必须能更快、更广地吸收、传播、挖掘、应用知识，很好地运作知识资源。其次，要使管理人员认识到培训可以发展个人能力并对生活有着重要的意义，应该变被动接受培训为主动、自发自愿地学习，在员工中要树立起“我要学习”的观念。

（2）培训机制的创新

在现代企业制度的要求下，中小企业培训的内外环境发生了根本变化，企业运行的主体化和经营目标的市场化要求企业必须从完善现代企业培训机制的角度出发，更广阔、更深入地进行新的探索。重点是要在原有的激励机制、约束机制、发展机制的基础上，发展和增加应需机制、服务机制、竞争机制、协调机制等新内容。中小企业要通过考试、考核、竞赛等手段对全员培训效果进行评估。把学习效果同干部提拔、岗位竞聘等选人用人机制紧密结合起来，同物质奖励、精神奖励结合起来。对于那些通过学习锻炼而出类拔萃的员工要敢于奖励、大胆奖励。在运行机制中要求培训、考核、使用、待遇一体化，要充分体现出企业人力资源管理、开发的整体性与统一性原则和要求。

（3）培训内容的创新

中小企业培训的内容要一改过去主要以专业知识培训为主的单一模式。随着市场环境的变化，社会对企业、企业对员工、员工对自身的要求也越来越复杂和严格，复合型人才的需求不断增加。仅仅满足于基本能力与专业技术能力培训已远远不够。对员工综合素质方面的要求，如敬业精神、团队精神、沟通能力等综合素质的培养以及企业文化的熏陶和融合则日益成为企业教育培训的重要组成部分。先进的企业培训要把学习扩展到和员工自身意志、自尊的提高，与自我发展、潜能的发挥密切相关。即好的培训和企业学习活动不仅仅是要单纯地发展能力和获得技能，也应有益于生活中个人的成长与发展。

（4）培训方式的创新

首先，要积极应用高科技手段。例如，网络和多媒体教学方法的使用和普及，使培训方式产生质的变化。其次，中小企业培训方式社会化。现代企业的许多要素，如管理、经营、销售，乃至文化理念，都有许多相通之处，这就为培训的社会化创造了基本条件。再次，现代社会的分工和信息交流的畅通，使得培训能以社会化的形式出现，远程学习、通讯、面授等教育培训方式已经应用得越来越普及，特别是通过位于不同时区的计算机体验高度交互的虚拟现实的技术应用，为中小企业教育培训的开展开拓了极其广阔的空间。最后，以能力为核心的培训活动中还要不断地采用新的评价方法，如有关企业学习、组织学习、团队学习的理论与方法等的更新和应用，使得中小企业培训的发展有了越来越广泛的基础，越来越具有专业性，越来越超越了传统的企业培训方式。只有这样才能在管理人员晋升、使用前获得充分和合理有效的培训，从而大大降低了使用的风险。

7.3.3 构建和完善现代企业教育制度

建立现代企业制度是一个全新的课题，它的提出顺应了市场经济体制和现代企业制度建立的时代要求。特别是随着我国现代企业制度实践步伐的加快，对于如何在新的企业内外环境下发挥企业教育和培训制度的功能提出了更加紧迫的现实要求。虽然对现代企业教育制度问题的提出也有近10年时间了，理论探索也不断深入，但仍然有许多基本理论问题含混不清。就目前的发展状况看，我国现代企业教育制度的建设和发展仍停留在试点和探索阶段，还未见比较成熟的现代企业教育制度模式奉献于世。因此，进一步研究建立现代企业教育制度的理论问题就成为推进制度建设的一个必要前提。

（1）现代企业教育制度的研究视角

研究现代企业制度的首要问题就是要解决现代企业制度的研究视角问题，即回答现代企业制度属于企业管理制度范畴还是社会教育制度范畴的问题。本书认为，从什么角度来确定现代企业教育制度的研究，要以对该制度的研究理论依据和根本目的为出发点。研究现代企业教育制度的根本目的是要促进企业生产力的发展，提升企业核心竞争力。因此，只有把现代企业教育制度的研究放在企业内部的管理制度范畴，才能更好地为企业的发展和壮大发挥应有的作用。从企业内部的制度归属来看，现代企业教育制度主要解决的是满足企业全体员工的教育和培训需求的问题，也是实现企业创新、技术发明和向学习型企业转变的必要条件。现代企业教育和培训的主体是企业，客体是企业员工，制度的建立与完善与企业创新能力和科技水平密切相关，因此，对现代企业教育制度的研究应从企业战略发展的高度出发，把它纳入到企业战略决策层来研究。它是企业整体运行的一个必需的环节，是企业内部人力资源开发与管理制度的重要组成部分。

（2）建立现代企业教育制度的客观要求

第一，解决现代企业员工的教育问题是建立现代企业教育制度的根本出发点。从企业的发展现状看，我国企业员工的教育和培训存在很多问题，诸如：企业员工的教育与培训工作总体上仍处于不稳定和低水平状态，教育与培训工作的效益难以体现；教育的制度化、规范化程度较低，现有的企业教育和培训脱离实际；企业教育和培训存在大量的无序化现象：一方面普遍重视学历教育；另一方面忽视员工的岗位技能培训。传统的至上而下的行政指令式教育模式与照搬社会“普通教育”模式所带来的消极影响都使现代企业教育进入一个不良的循环怪圈。解决上述问题，就必须从建立完善的现代企业教育制度出发，重新反省现代企业教育制度的目的、任务、内容和方法等基本的理论问题。

第二，现代企业及其员工对教育的内在需求是制度建立的原动力。随着经济全球化进程和世界范围内产业结构调整步伐、人才流动的加快，企业的竞争日趋白热化，企业之间的竞争越来越表现为员工素质的竞争和学习能力的竞争。造就高素质员工成为企业参与知识经济时代竞争的必然选择。企业面临着不进则退，不学习、不创新就会被淘汰的严峻挑战。要在复杂多变的竞争环境中保持竞争优势，企业就要具备比竞争对手更高的学习和创造的能力。建立和完善企业教育制度就成为不断提高企业的竞争和创新能力、避免组织僵化、实现企业可持续性发展的根本途径。特别是伴随着知识经济时代的到来，我国企业员工的就业环境更趋紧张，整个人才市场曾出现供大于求的不平衡状态。员工之间的能力与教育水平的竞争将成为个人生存的焦点。控制社会经济优势的权力将越来越集中到那些善于创新的知识型员工手中，而作为社会财富创造者的主体——企业员工必须转变成为“知识型员工”，才能具备与他人竞争的生存本领，才能成为社会财富生产和创造过程的主宰者，而企业员工要完成这样的转变必须依赖于企业的教育和培训制度的建立和完善。

（3）构建现代企业教育制度的框架

建立现代企业教育制度是一项复杂的系统工程。它包括企业教育的目标、现代企业教育的体制和运行机制等主要内容。

① 要明确建立现代教育制度的根本目标。

第一，现代企业教育必须将培养知识性和创造性人才作为目标。传统企业教育制度的主要职能是传递知识、训练技能。而现代企业教育制度则成为企业传播、创新与应用知识的重要手段；企业员工的实际工作能力培养与训练成为其工作的重心。一是对企业家的教育和培养是现代企业教育的首要目标。因为企业家是现代企业运行的核心要素，从微观上看，一家企业的兴衰起落，同这家企业的高层管理人员的素质和工作质量关系密切。企业家不仅是市场经济发展的推动者，更是使生产要素按照市场法则重新配置的组织者，他们的领导和管理知识是一种活的能动资源，它会能动地刺激企业去扩张，去发现和利用那些未知的、未被利用的资源。二是对企业管理人员的教育和培养也是企业教育的重要目标。管理人员的知识，不仅会随着经营活动自动蓄积起来，还可能由于企业员工参与企业提供的各种教育和培训而有意识地去探索、去学习从而发挥更大的潜力和效能。因此，造就现代管理者队伍、培育技术创新人才、培养知识型员工、打造学习型企业就成为现代企业教育制度所欲达到的根本目标。

第二，确立现代企业教育的管理主体。企业是承办现代企业教育的管理主体和实施主体。按照经济学的“谁投资谁受益”的基本原理，尽管实施现代企业教育制度的最终受益者是整个社会，但企业教育与社会普通教育的一个本质区别就在于企业教育的个性化教育模式。由于每家企业发展模式的不同所导致的企业教育需求不同，每家企业的教育重心、内容、方式的选择也会因地因时因人而异。因此，这种个性化差异的存在使企业成为现代企业教育的直接受益者。在市场经济条件下，现代企业教育制度的实施虽然可以借助教育法律、法规来保障，但最根本的还是靠市场引导企业，企业主导教育，这样才能充分发挥现代企业教育的功能和实现教育的目标。而作为企业教育主体地位的最直接表现就是企业必须成为企业教育的投资主体。据国务院发展研究中心企业研究所林泽炎博士带领的团队对中国企业人力资源管理 10 大关键模块现状的最新调查结果显示：我国企业在员工教育培训经费的投入上普遍较低。占公司销售收入 3‰～5‰以上的企业仅为 8.7%，而占销售收入 0.5‰以下的企业有 48.2%。如果从企业发展和人才竞争的实际需要看，教育和培训经费的低投入必然严重影响员工素质的提高，需要引导企业从人才战略和可持续发展的高度认识这一问题，加大企业教育培训投入力度。

② 确立现代企业教育的组织机构。

企业教育机构的设置应遵循有效性、合理性、经济性原则。一是企业教育的内容、教材的选用、规划的制定均应该以解决当前和未来企业发展和员工所需问题为出发点，企业教育机构合理的着眼点与落脚点是与企业的人才需求结构相一致的，合理的结构应显现系统性、融通性与教育的终身性。二是要建立人事、劳资、教育三位一体的教育组织结构，保证员工接受教育和培训的主动性和积极性；合理界定企业员工接受教育和培训过程中的企业、员工两者之间的责、权、利关系。三是企业教育机构的设置必须与企业的规模相适应。目前企业教育管理机构的设置大致有三种形式。一是管理办学一体化。即设立教育处或教育培训中心。一套人马双重职能，既是企业教育的管理部门，又是企业的办学实体。二是管理培训各司其职。即在集团总部设立人力资源开发部和大型统一的员工教育培训中心，前者司管理，后者管培训。三是培训管理与劳动人事管理合二为一，这种形式一般冠名为人力资源部。其职责包括招聘、选拔、教育培训、考核等，其优点是人才开发与使用和管理和谐统一，权责明确、权责一致。

③ 建立现代企业教育的运行机制。

现代企业教育的工作流程应该包括需求调查、拟定计划、管理办学、教学执行、评估改善等方面的工作和工作方法。对企业教育培训需求的调查和分析、培训课程的设计、教材的编写、讲课教师的聘请、培训硬件设施的配备和培训项目的管理等，需要一支熟悉企业经营业务、精通某一门专业技术、具有一定学术理论水平、善于沟通、工作责任心极强的专职专家队伍才能胜任；企业教育培训评估应包括 4 个方面：培训的效果（成果与效率）、教育培训管理的各个环节、培训的各种投入、培训者工作。及时纠正企业教育培训中的教学考试、考查等环节的不严格、不规范以及由此带来的形式主义学习作风。目前，企业的教育培训评估还是最薄弱的环节。必须加强这方面的研究与探索，建立起多层次、多类别、多模式的企业教育培训的评估体系。特别应加强对教育培训的效果和培训管理的重要环节进行评估的方法和手段。

第8章　中小企业员工关系管理问题

我国中小企业受经营规模有限、品牌效应低等因素的影响，通常会出现人才引进困难、人力资源存量有限、内部人才培养不够等问题，因此对现有的员工进行有效的员工关系管理、降低人才流失则是中小企业实施人力资源战略管理的关键，也是发展中小企业竞争优势的源头。但我国中小企业的员工关系管理仍然处于起步阶段。这主要是因为中小企业企业对现代意义上的员工关系管理重视还不够，很多中小企业没有真正意识到员工关系管理的重要性。

8.1　员工关系管理的基本原理

8.1.1　员工关系管理的内涵

员工关系是伴随企业经营活动而产生的人际关系，它比一般事物间的关系更复杂。在人际关系基础上的员工关系以经营活动为背景，以创造财富和利润为主要目标。我国学者程延园（2004）[93]结合国内外研究成果提出员工关系又称雇员关系，与劳动关系、劳资关系意思相近，以研究与雇佣行为管理有关的问题为特殊现象。他指出：劳动关系是由就业组织中的管理方与劳动者个人及团体之间产生的关系，它在一定程度上受制于社会中的经济、技术、法律和文化背景等因素，由双方在协调利益过程中产生，具体表现为合作与冲突等关系的总和。许云华（2005）[94]、张丽梅（2006）认为[95]，广义的员工关系是在企业内部以及与企业经营有密切关联的集体或个人之间的关系，包括企业内的群体间关系、个体关系、个体与群体间关系，甚至包含与企业外特定团体供应商、会员等或个体的某种联系。后者被称为外延的员工关系。狭义的员工关系是指企业和员工、员工与员工之间的相互联系和影响，它是与企业目标、战略、实际的管理过程和结果相联系的。国外学者 Brewster（1989）[96]将员工关系定义为员工与组织、管理者以及组织与相关政府机构之间的关系。他认为，不良的员工关系可能对一个国家的经济情况不利。工作环境对于员工关系的好坏有一定的影响，比如产业、工作场所和职业的不同。然而，即便在相类似的环境当中，有些组织仍比其他的组织具有更好的员工关系，其最大的差异就在于组织的经营管理上。要健全员工关系主要在于管理层有意识地结合劳资关系和企业的目标导入正常的组织管理之中。强调员工关系受工作环境的影响，良好的员工关系来源于管理层意识和和谐的劳资关系。Rollinson（1993）[97]则认为员工关系是一种组织与员工之间关系的研究，包括雇主或管理者跟员工间全面性的沟通和互动，以及彼此调整相互需求的过程。员工关系的过程和结果主要会受企业内的员工是否为了影响其他员工而组成团体的情况、雇主或管理者对于企业内人力资源管理的态度及所运用的技巧、普遍存在于组织中的气氛及特质等的影响。这些因素除了相互影响外，外界环境如经济、科技进步、政治、社会价值及意识形态也都是潜在的影响力。要重视员工关系中管理者和员工之间的沟通和互动，企业内人力资源管理的情况和宏观环境会影响员工关系的过程和结果。

综上所述，理论界关于员工关系管理的内涵基本可分广义和狭义两种。广义上的员工关系管理是在企业整个人力资源体系中，各级管理人员和人力资源管理人员，通过拟订和实施各项人力资源政策和管理行为，调节企业与员工、员工与员工之间的相互联系和影响，以更好地实现组织目标；狭义的员工关系管理即企业和员工的沟通管理，这种沟通更多采用柔性的、激励性的、非强制的手段，以提高员工满意度，支持组织目标实现。[98]无论是广义还是狭义的概念，员工关系的本质就是指企业、管理层与员工之间，由双方利益引起的表现为合作、冲突、力量和权力关系的总和。员工关系管理的核心是心理契约，是通过设计有效的绩效管理、薪酬管理等各种制度和采取恰当的措施来润滑、改善企业和管理层与员工之间的利益冲突，维系组织与员工之间正面的心理契约，建设一种和谐的状态，构建合作型员工关系。总之，员工关系管理属于人力资源管理中一个特定领域。影响员工关系管理的因素除了行业特点、领导者的管理风格、员工之间的心理契约之外，最重要的是沟通有效性。

8.1.2　员工关系管理的内容

从管理职责来看，员工关系管理主要有9个方面的内容。一是劳动关系管理。具体包括：劳动争议处理、员工上岗、离岗面谈及手续办理、处理员工申诉、人事纠纷和意外事件。二是员工纪律管理。具体包括：引导员工遵守公司的各项规章制度、劳动纪律、提高员工的组织纪律性、在某种程度上对员工行为规范起约束作用。三是员工人际关系管理。具体包括：引导员工建立良好的工作关系、创建利于员工建立正式人际关系的环境。四是沟通管理。具体包括：保证沟通渠道的畅通、引导公司上下及时的双向沟通、完善员工建议制度。五是员工绩效管理。具体包括：制定科学的考评标准和体系、执行合理的考评程序、运用绩效考核结果、评估和优化绩效考核工作。六是员工情况管理。具体包括：组织员工心态、满意度调查、谣言、怠工的预防、检测及处理，解决员工关心的问题。七是企业文化建设。如建设积极有效、健康向上的企业文化，引导员工价值观，维护公司的良好形象。八是服务与支持。具体包括：为员工提供有关国家法律、法规、公司政策、个人身心等方面的咨询服务，协助员工平衡工作与生活。九是员工关系管理培训。如组织员工进行人际交往、沟通技巧等方面的培训。也有学者认为员工关系管理主要包含劳动争议处理、员工人际关系管理、沟通管理、员工情绪处理、企业文化建设、服务与支持、员工关系管理培训等内容。[99]但无论什么样的观点，员工关系管理中最重要的都是劳动关系管理，即对劳动者与所在单位之间在劳动过程中发生的关系的管理，包括劳动时间、劳动报酬、安全卫生、劳动纪律、福利保险、教育培训、劳动环境等。员工关系管理的基本任务是，在“以人为本”这一理念指导下开展工作，配合企业的人力资源战略，正确处理员工与员工之间、员工与管理层之间的关系，解决员工关心的问题，加强企业文化建设，引导员工建立良好的工作关系，营造有利于员工建立正式人际关系的环境。因此，员工关系管理具有鲜明的动态性和正激励特性。

8.1.3 员工关系管理的原则

员工关系管理是企业人力资源部门的重要职能之一，良好的员工关系可以使员工在心理上获得一种满足感，有利于提高其工作意愿和积极性，也在一定程度上保障企业战略和目标的有效执行。可以说，员工关系是影响员工行为态度、工作效率和执行能力的关键因素，值得企业管理者高度关注和重视。一般来讲，进行员工关系管理应遵循以下几个原则。

（1）目标性原则

所谓目标性原则强调的是企业员工关系管理要服务并满足企业所有利益相关者的需求，即通过员工关系管理要解决什么问题？服务于谁？从这个角度讲，处理和解决好员工关系的问题是为了满足企业所有利益相关者的利益需求。首先，企业所有利益相关者的利益都是通过企业共同愿景的实现来达成的。因此，员工关系管理的起点是让员工认同企业的愿景。没有共同的愿景，缺乏共同的信念，就没有利益相关的前提。但凡优秀的企业，都是通过确立共同的愿景，整合各类资源，当然包括人力资源，牵引整个组织不断发展和壮大，牵引成员通过组织目标的实现，实现个体的目标。其次，企业所有有利益相关者的利益的达成也是基于企业全员认同的价值观。企业的价值观规定了人们的基本思维模式和行为模式，或者说是习以为常的东西，是一种不需要思考就能够表现出来的东西，是一旦违背了它就感到不舒服的东西。因此，企业的价值观是企业的伦理基准，是企业成员对事物共同的判定标准和共同的行为准则，是组织规范的基础。有了共同价值观，对某种行为或结果，组织成员都能够站在组织的立场做出一致的评价。这种一致的价值观既是组织特色，也是组织成员相互区分的思想和行为标识。所以，认同共同的企业愿景和价值观，是建设和完善企业员工关系管理体系的前提和基础，也是满足目标性原则的核心。

（2）保障性原则

为实现员工关系管理的目标，必须做好以下几方面的保障工作。首先，要完善员工激励约束机制。企业有多种利益相关者，但其创立和存在的核心目标在于追求经济价值，而不是为了单纯满足员工个体利益需求。因此，企业要实现组织的目标，就必须正视企业所处的竞争状况，将建立企业与员工同生存、共发展的命运共同体，视为正确处理员工关系的根本出发点。例如，通过完善激励约束机制，建立科学合理的薪酬制度和晋升机制等措施确保员工关系的和谐与稳定。其次，建立清晰的员工关系管理组织架构，明确责权利关系。员工关系管理的问题最终是人的问题，主要是管理者的问题。所以，管理者，特别是企业的中高层管理者的观念和行为起着至关重要的作用。在员工关系管理中，管理者应是企业利益的代表者、群体利益最终的责任者、下属发展的培养者、企业新观念的开拓者、规则执行的督导者。其中，要明确规定企业职能部门负责人和人力资源部门的角色，他们处于联结企业和员工的中心环节。他们相互支持和配合，通过各种方式协调企业利益和员工需求之间的矛盾，提高组织的活力和产出效率。同时，他们通过协调员工之间的关系，提高组织的凝聚力，从而保证企业目标的实现。因此，职能部门负责人和人力资源部门是员工关系管理的关键，是实施员工关系管理的首要责任人，他们的工作方式和效果，是企业员工关系管理水平和效果的直接体现。

在员工关系管理中，每一位管理者能否把握好自身的管理角色，实现自我定位、自我约束、自我实现、乃至自我超越，关系到员工关系管理的成败和水平，更关系到一个优秀的企业文化建设的成败。同时，员工关系管理也需要全体成员参与和互动。企业管理者在制定相关措施时，不仅要考虑措施本身正确与否，也要考虑到员工的参与和互动（如员工听证会、领导座谈会、员工代表会议等形式），通过员工的参与和互动，企业也就会拥有更多数量和种类的信息来源，就能更真实地了解员工的需求，所做出的决策和措施就越切合实际。这不仅可以使企业的改革得到有力的执行，也可让员工关系在参与和互动中得以良性发展。

（3）策略性原则

要实现员工关系管理目标，完善各项保障措施，是需要遵循一定的方法和策略的。这些策略包括以下几种。一是管理策略。员工关系管理要在法律范畴内做规范性的管理。从专业角度来说，大多数员工关系问题都是可以解决的，比如调岗降薪的问题，还有无固定期劳动合同的问题。这些问题都有专业和规范的做法，甚至法律的规定。二是流程策略。尽管员工关系管理强调专业化、法制化，但企业越做越大，员工关系越来越复杂，光管理者懂是不行的，要让企业里面的所有管理者都能规范地、专业地进行员工关系管理的操作。怎么确保这一点？光靠培训也不行，这时候最简单的办法就是把管理上规范性的要求、流程文字化，做成类似机器设备的操作手册，包括要规定派遣用工进入企业的流程，以避免将来的风险。三是人性化策略。员工关系管理中光靠法律、制度、流程这些刚性的东西是远远不够的，需要有更多人性化的关怀。比如，有些企业裁员往往会比法律规定的多补偿一些。有的企业承诺未来再招聘的时候在同等条件下优先录用等，这样一些措施，都是非常好的人性关怀。这样企业裁员就做得很顺利。四是心理策略。员工关系管理的核心理念是要建立企业与员工间的心理契约。20 世纪 70 年代，美国心理学家施恩提出了心理契约的概念。虽然心理契约不是有形的，但却发挥着有形契约的作用。企业清楚地了解每名员工的需求和发展愿望，并尽量予以满足；而员工也为企业的发展全力奉献，因为他们相信企业能满足他们的需求与愿望。心理契约是由员工需求、企业激励方式、员工自我定位以及相应的工作行为 4 个方面的循环来构建而成的，并且这 4 个方面有着必然的因果关系。企业在构建心理契约时，要以自身的人力资源和个人需求结构为基础，用一定的激励方法和管理手段来满足、对应和引导员工的心理需求，促动员工以相应的工作行为作为回报，并根据员工的反应在激励上做出适当的调整；员工则依据个人期望和企业的愿景目标，调整自己的心理需求，确定自己对企业的关系定位，结合企业发展目标和自身特点设定自己的职业生涯规划，并因此决定自己的工作绩效和达成与企业的共识。这就是现代人力资源管理的心理契约循环过程，也是企业员工关系管理的核心部分。

（4）尊重性原则

良好的员工关系可以使员工在心理上获得一种满足感，有利于提高其工作意愿和积极性，也在一定程度上保障企业战略和目标的有效执行。可以说，员工关系是影响员工行为态度、工作效率和执行能力的关键因素，值得企业管理者高度关注和重视。例如，在讨论如何让工作执行更有力、让员工工作更努力的同时，也应当认真研究如何支援和促进员工的工作；在抱怨他人推诿、工作效率低的同时，也应当认真思考自己是如何配合别人的。只有通过相互理解和尊重，才能在工作中形成良好的员工关系，以更好地支撑企业目标与任务的有效执行。因此，处理好员工关系需要企业员工之间的相互理解和尊重。首先，要注意管理者的形象。管理者不能摆官架，把自己摆在"高人一等"的位置上，逞威风。如果能够谦虚低调一点，则可以提升自己的人品和威信。也就是说管理者应该始终把自己看作是团队中普通一员，永远与下属保持良好的沟通平台。做到敏而好学，不耻下问，虚怀若谷。把自身的才智和谦虚结合在一起，保持学习的热情，时刻学习别人的长处，多看下属的优点和长处，多肯定和包容下属。其次，需要管理者具备相应的管理技能。企业管理者应当在实践中时刻关注自身管理技能和素质的提升，在复杂多变的环境中充分把握员工的个性特征，客观地评价员工的工作，引导员工的心理和情绪，以促使良好员工关系的形成。再次，管理者以身作则，履行好领导职责。作为企业的管理者，必须注意自身修养，行动要以身作则，先正自身再去影响他人，进而率领员工去开拓进取。管理者的任何观点、行为、决策都会影响企业，在工作中必须在所说和所做的所有事情中为员工树立一个标准，树立起一个高标准的榜样让员工学习。最后，需要管理者与员工之间保持顺畅的沟通。通过沟通，可以使员工心中的各种埋怨和误解得到释放，也可以使企业了解某一措施对员工可能造成的影响。因此，相互尊重是员工之间阐明观点、实现合作的桥梁，是员工高效率地执行工作的基础，是营造良好员工关系的保障。在处理员工关系时，企业的管理者一定要学会聆听和理解员工的声音。有时候，一句恰如其分的贴心问候也许会让员工感到舒心，一个宽容的微笑也许会让员工之间充满感动，一个信任的眼神也许会让你获得下属的忠心，这些细节都可以让企业中的员工关系变得和谐融洽。

（5）互利共赢原则

互利共赢原则追求互利、共生的合作关系，有其内在的合理性、逻辑性，具有普世的价值导向。互利共赢原则就是在双方都能获利的基础上，追求合作利益的最大化。互利共赢在企业员工关系管理中的应用，是人本思想延伸和发展。人本思想的提出可以上溯到孔孟，"仁者爱人""民为贵，社稷次之，君为轻"，这是中国传统思想文化的精华；西方文艺复兴和启蒙运动把人本主义提高到空前高度，这些都说明人本思想是社会文明程度的标志，如今人本思想已成为社会一种主流的价值取向。追求互利共赢，建立企业内部理性的合作关系，最终达成企业和个人双满意的效果，是人本思想在企业员工关系管理应用中的延伸和发展，因此，互利共赢原则对做好员工关系管理工作有着积极的借鉴意义和现实的指导作用。

一方面，互利共赢原则是员工自我认知不断觉醒的必然要求。随着电脑、手机、电子阅读器等现代电子产品的不断涌现，人们学习的手段和途经进一步便捷和扩大，自我提升的学习能力不断增强，员工的历练及知识文化水平不断丰富和提高，由普世价值“公平、正义”引申出来的互利共赢原则是员工要求尊重、追求自身发展等自我认知不断觉醒的必然要求。另一方面，互利共赢原则是企业在员工关系管理中理性的必然选择。现代经济学理论与实践表明，贯彻互利共赢原则，能够有效地解决个人利益与集体利益之间的矛盾冲突，使行为人的行为方式、结果符合集体价值最大化的目标，即让每名员工在为企业多做贡献中成就自己的事业。也就是说，从经济学角度佐证了互利共赢原则的现实性、合理性。在员工关系管理机制设计中引入互利共赢原则，可以让员工的利益与企业绑在一起，客观上能够激发员工自我实现的动机，从而使员工产生自愿按照企业所期望的策略行动的动力并产生有效地实施行动的行为，是企业理性的必然选择。

8.2 中小企业员工关系管理的具体问题

随着中小企业的快速发展，劳动法律法规、政策的不断完善以及政府监管力度的加大，我国中小企业员工关系总体上得到改善，但由于整体劳动力市场供求失衡、劳动政策和其他经济社会政策缺乏衔接、劳动关系管理制度不健全、中小企业与大型企业待遇不平等、中小企业自身市场竞争力弱等多方面因素的影响，当前中小企业尤其是民营中小企业员工关系还存在诸多问题。

8.2.1 员工关系管理的认知偏差与文化建设匮乏

随着我国逐步放宽中小企业的注册资金方面的限制以及越来越多的政策支持，我国中小企业数量激增。然而，由于中小企业成长的特殊性和资源的有限性，企业员工关系管理中存在很多认知偏差。一是以人为中心的理念尚未被中小企业所有者和管理层所接受。在实践中，有的企业不重视对员工的人性化管理，通常将人力资源开发方面的投资计入企业的成本，并将人力资源等同于一般的生产要素，没有认识到现代的人力资源管理已经将“人”视作资源而非成本，因而没有认识到人力资源具有增值性的特点。二是大多数的中小企业处理和应对员工关系问题的时候很感性和随意化。由于中小企业多为家族式企业，规模中等偏小、人数较少，企业职能部门的划分不可能向大企业那样分工明确，因此，企业管理者与员工关系紧密，彼此之间联系多、了解也多。企业员工关系管理方面很自然的就依赖人情管理，而不是靠制度、文化来维持。企业中“人情化”管理特征明显，如企业中原本定好的规章制度，一旦跃出纸面付诸实施便立即陷入英雄气短的尴尬境地，为现实的人情关系所嘲弄。有关系的人，堂而皇之地向规章制度要求特殊照顾、要求例外。三是员工的法律意识薄弱，且出现了两极分化严重的现象。如企业中部分高学历员工以及掌握核心技术岗位的员工常常出现凭借自身的职业优势要求高薪或要挟提高待遇、泄露用人单位的重要信息或机密导致企业受到重创。另外一些基层员工，如外来务工人员及下岗后再就业员工等，由于对劳动法认识的扭曲和误解，也出现了大批非正常诉讼。

同时，中小企业员工关系管理缺乏文化建设的基础。突出表现在企业的员工缺乏企业归属感和认同感，企业员工的归属感和认同感依赖于企业文化的建设。文化建设能将企业的目标和价值观与员工的利益紧密结合，充分利用并整合企业资源来达到共同发展的目的。通过加强员工的文化建设来提高归属感，培养员工的责任感，提高员工的工作积极性，从而达到“劲往一处使”的状态。根据中小企业员工对企业愿景理解程度的调查结果显示，[100]不到 12. 3%的员工了解并支持企业的愿景，66. 5%的员工对企业的愿景不太了解，也不太支持，有 21. 2%的员工认为重要并且支持，但对企业愿景认识不清楚。但在这 66. 5%的员工中，有三分之二是基层员工，文化水平普遍较低。造成这一情况发生的主要原因有以下两点：第一，在制定企业经营目标和规划时，没有与员工进行有效沟通，以致共同目标只体现了企业的需求，缺少了员工的参与，就无法将员工利益融入企业，企业的发展就缺少员工帮助，两者都不能得到很好的成长。第二，在落实企业未来发展目标时，由于企业的组织结构跨度大，员工的文化水平、思维方式和认知结构参差不齐，此时如果沟通不到位，过于不确定的目标不易于基层员工的理解，甚至产生误解，最终导致员工目标很难实现，上下级不齐心，企业工作开展不顺利。

8. 2. 2　员工关系管理的周期性特征明显

中小企业员工关系管理和大企业的差异不仅表现在规模上，还体现在企业生命周期的不同阶段的差异上。

首先，由于中小企业规模的限制，员工关系较之于其他类型的企业存在更多的问题：劳动方力量零散而薄弱，权益无法得到保障，劳资纠纷得不到化解，一旦爆发表现形式就相当剧烈。再加上，政府调整手段不够完备，立法体系也不完善，社会保障制度尚在建设中，为劳资双方有效沟通所提供的各种服务比较缺乏，其最终属于一种不成熟、不规范和非主流型的劳动关系。如我国中小企业员工关系冲突的焦点主要表现为：劳资双方沟通机制、企业内部劳动争议调解功能、加班强度与费用支付、劳动保护和劳动工作条件等问题，这也是劳资双方迫切需要解决的共性问题，已经严重影响了中小企业员工关系的和谐。

其次，由于中小企业生命周期阶段不同，员工关系管理焦点则不同。在创业期，中小企业规章制度和经营战略不健全，企业经营不稳定，企业的组织结构简单、权力高度集中、职责交叉重叠，资方集管理方、劳方多种身份于一体，劳方多为资方的亲戚、朋友等特征。这个阶段的企业一旦出现员工关系问题，劳资双方很难通过正式的规制来约束双方，而是依靠劳资双方的心理契约来维系双方的员工关系，因此，从这个角度看，创业期的中小企业员工关系处于极不稳定的状态。进入成长期的中小企业，企业规模开始壮大、组织层次增多、组织结构变得复杂，特别是企业招聘大量“新人”，使得员工的构成更加多元，创业初期靠情感维系的员工关系已经不能适应成长阶段的发展。因此，企业开始逐步建立各项制度、规范各项管理流程，同时各级管理者的能力和水平也有了较大程度的提升，从而能够确保员工冲突得到一定解决，劳动关系呈现出相对较低水平的稳定。到了成熟期，中小企业的效益明显提高，企业有能力将资金投入到员工待遇和福利措施改善上，使得员工利益得到较好的实现。同时，企业的制度和组织结构能够充分发挥作用，企业管理较为规范。

再次，企业员工对工作较为满意，有较高的忠诚度，劳动效率较高。因此这一阶段的员工关系较为稳定，员工关系矛盾和冲突通过组织和制度基本能够得到有效调整。进入衰退期的中小企业效益急剧下滑，企业内部各部门、各单位矛盾增多，协调困难、冲突和内部矛盾层出不穷。企业的财务状况恶化，裁员、减薪、拖欠劳动者工资和社会保险费用等严重侵犯劳动者权益的现象时有发生。

最后，由于企业效益较差，无力改善劳动卫生环境，劳动者的劳动安全卫生权益得不到保护，劳动争议数量上升。因此，衰退期的中小企业员工关系是最不稳定的阶段，处于员工矛盾和冲突多发期和集中爆发期。

8.2.3 员工关系管理的组织和制度建设滞后

首先，我国中小企业劳方组织建设和制度建设严重落后，远未实现“劳资均衡”。由于我国社会正处于转型时期，产业结构、企业规模和劳动力结构发生了重大变化，员工关系的内在机制和运行规律必然需要随之改变。再加上我国中小企业数量众多、类型繁杂、发展程度参差不齐，劳动者素质又相对偏低，这些因素也决定中小企业要形成规范的管理运行机制还需要经历一个不断探索和完善的过程。同时，在中小企业中民营企业占了大多数，而民营企业主文化素质较低、法制观念不强。企业经营和管理者只想做到成本最低效益最优，却不知考虑员工的工资福利、职业发展等问题，企业缺乏引入现代企业制度和规范劳动用工制度的能力。加上我国特定时期政策之于法律的超优越地位以及对中小企业的扶持政策，在某些方面和程度上使得许多中小企业的管理者们大多本能地对包括法律在内的一切规则产生了某种程度的忽视。以上种种因素导致中小企业的员工关系制度化、法制化、组织化程度还较低，尤其在民营企业中家族管理色彩浓厚，劳动关系尚处在一种不规范的市场运行状态，这种不规范不仅体现在劳动立法、执法和司法环境不健全的环境下，还体现在员工关系管理和运行、调整层面只局限于个别劳动关系形态。多数企业的员工关系管理仍然是“人治多于法治”“领导拍脑袋”等现象相当普遍。

其次，中小企业内部承担员工关系的机构建设滞后。在中小企业内部承担员工关系管理的组织机构一般有人力资源管理部门、工会、职工代表大会、劳动争议调解委员会等部门与机构。但由于中小企业的资产较少，没有多余资金吸纳更多的管理人才，对企业员工关系缺少有效的管理。企业缺少专门的员工关系管理部门，对企业员工关系管理的重视不够高。相当数量的中小企业没有专门的机构负责员工关系管理的工作，多由一名行政人员兼任，无专人专门负责，且很多中小企业并未聘请外部的法律顾问为中小企业的合规经营提供咨询服务。此外，很多中小企业的家族成员在企业中担任要职，整个企业的经营管理较为粗放，无书面的成文的规章制度，管理较为随意。其中作为劳方的组织机构——工会，在各企业建立并充分发挥作用的非常少。调查人员在丹东地区走访调查的中小企业中建立工会的仅仅有不足两成，超过八成的企业仍未成立工会组织，在成立工会组织的企业中，工会组织的健全程度也不容乐观，很多企业没有配备专职人员、活动场所和专用经费。100 人以上的企业中半数以上的企业并没有建立职工代表大会，即便是建立了职工代表大会的企业还有很大一部分并未通过职工代表大会行使民主权利。调查企业中绝大多数尚未设立劳动争议调解委员会，即使成立了劳动争议调解委员会的也大多流于形式。在这样的格局之下，绝大多数中小企业内部并无成熟的劳动争议预防及解决机制，加之其管理较为随意、粗放，导致劳动争议一旦形成，企业内部缺乏任何防控机制与措施，只能任由事态发展扩大。而且由于中小企业的管理粗放，日常经营行为缺乏精细化及合法合规化，在这样的冲突解决中，劳动者多直接选择“一裁两审”的方式维护权利，整个管理成本较高。

再次，中小企业内部员工关系管理制度建设不完善。中小企业由于人才、资金等问题，没有形成完善的中小企业管理制度。具体表现为以下 4 点。一是企业保护劳动者薪酬权益的一项重要制度是工资集体协商制度，绝大多数中小企业推进迟缓，甚至没有实行工资集体协商制度。二是有些中小企业短期思维较重，企业没有长远的规划和发展目标，没有规范的管理制度。制度缺失、监控不力造成企业经营者与员工结成“利益同盟”，片面追求短期利益，导致中小企业短期经营行为突出，损害社会整体利益和企业长远利益。三是人事政策和管理制度不规范。中小企业由于人员结构、薪酬和社会关系等各方面的原因，在选人用人的制度上没有形成规范、统一的标准。一部分中小企业对市场的反映比较慢，适应市场能力弱，员工行政意识不够，企业与员工之间还没有建立起规范的劳动合同关系。例如，劳动合同签订率低且多流于形式。据全国工商联、国家工商行政管理局、中国民（私）营经济研究会等单位组织的第六次全国私营企业抽样调查结果显示，[101]在私营企业中签了合同的员工仅为64%，在签合同的企业中，一些企业只与管理、技术人员签订合同，不与一线工人签订合同。四是私营企业的劳动合同质量不高，合同条款中普遍存在不平等的内容，一些企业还制定了“生死协议”和歧视妇女等违法条款，业主强迫雇员签订的合同却不让员工自己保留，甚至合同上写的是什么也不让员工知道，是明显的霸王条款。部分员工没有签订劳动合同，导致老板拖欠工资、员工随意跳槽现象普遍存在，给整个劳动力市场带来混乱。同时，很多中小企业的员工没有经过严格的考核和录入程序就进入了企业，还有许多是凭关系进入企业工作的。在对员工的管理方面，很多企业也没有比较完善的绩效考评和激励晋升机制，大多数企业仅仅是按业绩取酬，没有考虑其他方面的因素，有的甚至只是凭老板或管理层的好恶来决定职工的薪酬和晋升。有些中小企业虽然实行了绩效考核，但往往考核只是流于形式，没有将绩效考核与工资、职称、晋升等职工的利益挂钩，导致员工工作不积极，因此根本达不到绩效考评的结果。四是企业制度不全面，执行不力。很多中小企业只注重抓生产抓业绩，不重视抓制度抓管理，企业制度不完善，执行力较弱。管理人员经常是凭经验指挥，很多问题都是要靠“一把手”拍板，企业的规章制度流于形式，有的企业甚至无章可循。另外，有的中小企业规章制度的操作性不强，没有具体细致的实施细则，制度无法执行，从而影响中小企业的健康发展。

最后，我国有关员工关系管理的法律制度还不完善。例如，在劳动关系运行中，作为政府和立法机构，需要通过制定法律和规则，将劳动关系主体的行为限定在法律和规则的框架内，为劳动关系运行营造公平的外部环境。目前包括《中华人民共和国劳动法》《中华人民共和国劳动合同法》《中华人民共和国社会保险法》《中华人民共和国就业促进法》《中华人民共和国工会法》《中华人民共和国公司法》等在内的若干部法律，已经形成一定的互补关系，共同对企业劳动关系的形成和维持起到助推作用，但是部分法律仍然存在进一步完善的空间。如针对企业内部工会代表性差和独立性不强的问题，在《中华人民共和国工会法》中可增加对工会行使维权职能的法律保护，以立法形式明确要求企业工会负责人和员工代表必须通过雇员直接选举的方式产生。针对多数民营中小企业员工参与层次和参与水平较低的现实状况，我国《中华人民共和国公司法》应该改变单纯追求股东利益最大化的价值取向，突出不同利益主体的共同利益，使雇员通过工会和其他形式参与公司治理。特别是，我国有关员工流动的法律法规和政策只有一些原则性和方向性的规定，缺乏详细具体的操作性措施。因此政府应该在分析人才流动深层次原因的基础上，制定中小企业员工流动的行业规范，让企业在遵守法律法规和政策的前提下，通过正规渠道和途径引进人才，从源头上防止和避免企业之间“恶意”互挖人才，将企业损失减少至最低水平。同时，还要进一步完善有关员工流动过程中竞业限制的法规政策，准确界定商业和技术秘密的范围界限，明确企业和个人的权利与义务，对损失赔偿的计算标准和保密期限的规定要详细具体，增强可操作性。

8.3　解决中小企业员工关系管理问题的对策

8. 3. 1　转变观念，完善沟通和激励机制

良好、完善的企业沟通和激励机制可以提升企业的凝聚力，可以将用人单位与劳动者的利益捆绑在一起，尤其是中小企业可能随时面临经济形势恶劣、资金链断裂、客户流失等等经营困难，如在此时得到员工的支持与配合，则可以提高中小企业渡过难关的可能性。另外，由于经济的迅速发展和体制的转变，很多大龄劳动者还没有摆脱吃大锅饭、铁饭碗的思想，一旦遇到企业裁员或其他情况往往采取极端的方式，这样不但不利于企业缓解困难，也不利于双方问题的解决，因此转变理念，帮助员工树立正确的劳动观，加强企业沟通和激励机制是企业迫切需要做的工作。

第一，转变中小企业经营和管理者的理念。在中小企业中时常出现企业经营者和管理者轻视员工权益的现象，员工的各项权利得不到重视，经常受到侵害。上述现象的存在说明中小企业劳资双方的权利和义务处在不平等的状态，企业经营者并不认可员工的主体资格，双方无法达成有效的双向沟通。正确、科学的劳资关系观念对改善中小企业员工关系有着重要的引导作用。一是企业经营者应当放弃传统的资本拥有者独享剩余价值的观念，建立新的合作与共享的劳动关系价值观念。在劳动契约条件下，实现劳资共享企业经营成果。二是中小企业努力培养合作型的劳动关系，企业的经营者和管理者应当充分考虑劳动者的偏好和合作意愿，建立长期有效的劳资双方利益平衡机制，促进劳资关系的有效改进。三是中小企业应当建立有利于促进劳资利益均衡的制度，同时健全劳动关系沟通机制，使劳动关系有效管理得到制度保障。如管理者与员工要进行充分的交流，掌握员工的各方面需求，了解员工内心真实的想法，秉持着“以人为本”的管理理念，制定出最适宜的人性化制度，使员工更容易接受并做出积极响应，同时也让员工有“主人翁”意识，将自身利益与企业利益相结合，更忠诚地为企业服务。

第二，完善企业和员工之间的沟通和激励机制。一是管理者应注意人文关

怀，时刻关注员工的各项合理需求，做到及时倾听。如在日常工作中，人力资源部可以设置员工关系管理专员，专门负责调解、跟进各种员工之间的冲突等问题；还可以利用开办工会活动，给员工创造平等的沟通平台，员工可以尽情地提出各种建议，也便于管理者收集员工信息，更好地处理各类员工关系问题。在沟通过程中管理者要尽量倾听，以便能了解到更多信息，从而找到有效的对策，只有当管理者完成了倾听部分，才能召集管理团队针对问题进行分析和改进。二是要建立完善的沟通渠道。中小企业内很多员工都是“80后”“90后”，过去的沟通渠道过于单一、落后，已不适用于现代的青年群体。所以管理者应结合企业特点和员工心理特质建立完善的沟通渠道，一方面要建立的正式渠道，主要用来转达重要信息、命令和决策。比如，为了使员工更好地了解企业的目标、文化和愿景，企业不仅仅只是在宣传栏上体现，还应定期安排领导者和部门管理者直接与员工进行交流会议，专门传达企业近期的各种动态，并且共同商议发展方向及做出下一步的决策。这样不但增强了领导者的亲和力，还减少了“漏斗式”的沟通带来的弊端。另一方面要建设非正式渠道。针对不愿公开或不擅长当面与他人表达想法的员工，企业应建立另一个不受限制、自由的非正式渠道，主要用来增进员工情感，相互吐槽。首先可以通过QQ、微信等聊天工具，建立群组，使氛围更轻松，沟通更方便，员工关系更融洽。也可通过平时组织聚餐、户外拓展、旅游等活动，培养员工共同的兴趣爱好，建立起信任的基础，使员工在释放压力之余，丰富员工生活，增进员工之间的感情，提高员工的满意度。三是完善员工的激励机制。员工激励机制的形式是多种多样的，例如，股权激励机制、绩效考核机制、年终奖机制等以经济作为奖励的激励形式，也有通过员工聚餐、表彰、奖励、提拔员工、让员工参与公司决策、倾听员工意见并进行反馈等非经济形式的激励。针对不同的企业，采取的方式也可以是多种多样的。如中小企业在创业初期，可能面临着资金短缺的困境，这时采用奖金的形式往往会造成企业的负担，那么可以采用股权激励的机制、职位提升机制，适当转让部分股权或适当放权给贡献较大的员工，可以激励员工以企业为家的最大热情；如果是以销量为重心的企业，那么对于核心销售人员可以采用多重激励机制并行的原则，一方面采用年终奖机制保证员工和企业利益的一致，另一方面通过职位提升等方式树立业绩优良员工的形象也有利于企业的发展。

8.3.2 提高企业和员工抵御风险和应对冲突的能力

第一，完善中小企业人力资源管理过程，提高企业和员工应对劳动风险能力。很多中小企业员工关系冲突和矛盾产生的根源在于企业人力资源管理不规范。一是规范劳动合同的管理。目前，很多中小企业劳动合同的管理存在着较多不确定的因素，主要体现在企业劳动合同签订不规范、期限较短、企业没有严格按照劳动合同执行、企业未与劳动者达成一致、单方面变更或解除劳动合同等方面。而中小企业员工的受教育程度越来越高，员工的维权意识和法律意识不断增强，这就可能产生更多的劳资冲突。因此，中小企业应遵守劳动关系相关法律制定劳动合同，保证劳动合同条款的合法性；企业在制定满足自身要求的条款时，充分考虑员工的需求，实现劳资双方共赢。企业还应当建立规范的劳动合同体系，严格按照劳动合同履行，重视员工诉求，改善企业和员工之间的劳动关系，促进企业劳动关系的和谐稳定。二是建立专门的人力资源组织机构。随着市场经济的快速发展，人力资源管理在企业管理中的作用也变得日益重要。但事实上，很多中小企业没有专门的人力资源管理机构，往往都由总经理或办公室主任加以代替其职责，导致人力资源管理工作不规范。随着经济的发展和管理水平的提高，在中小企业中，作为主要资源的“人”的重要性越来越高，对人的管理就需要更加专业化、科学化。在企业实践中，要依据中小企业自身情况设立专门的人力资源机构，这样企业才能系统地规划人力资源工作，为组织人员的录用、培训、调整等提供可靠、有效的信息。三是人力资源各职能要有明确的分工。通过对工作的细化来提高员工的工作效率，企业应根据人力资源管理职能设立相应的职位。特别是要重视企业的工作分析、绩效考核、薪酬管理三大核心职能，即 3P 职能。同时，要把好员工的招聘和培训环节，只有引进适合中小企业的人才，才能实现人岗匹配、岗能匹配，从而为后续的岗位技能培养和提升打好基础。

第二，中小企业加强对员工的培训以应对员工关系风险。一方面，中小企业可以通过组织员工培训来提高抗击风险的能力，如就业指导、专业技能培训、职业道德教育和职业纪律等方面的培训。在员工培训体系设计过程中，既要强化岗前培训，还要重点抓住在岗员工和转岗、晋升等调整岗位的员工培训。其中，岗前培训的内容主要包括：岗前专业技术培训、岗前实习、岗前企业文化和企业规章制度的培训等。岗前培训对于发现试用期员工的问题，提高员工工作的专业程度、提高工作效率、规范劳动者的工作纪律，培养员工的工作热情起着决定性的作用。在岗培训则强调的是对员工的工作过程中的持续培养，企业应通过各种培训提高员工的综合能力，做到员工与企业的共同成长。与此同时，社会各界及政府也应重视对员工再就业水平的培训。市场经济形势变化很快，在企业确实有需要进行裁员的时候，即使员工离开原岗位，通过有效的再就业培训就不会因为无处可去而通过过激的方式不肯离开企业，也可以维护社会的稳定，这样不但减少公司的人力管理成本、诉讼成本，也有利于社会的良性发展。另一方面，企业还要注重提升人力资源管理者的素质。人力资源管理人员工作质量的好坏，直接影响到企业和员工的利益，人力资源管理人员职业道德和业务素质的高低是影响人力资源管理质量的关键。随着企业对人力资源管理重要性的认识，提高企业人力资源管理人员的素质已成为提升企业人力资源管理水平的重要任务。具体操作时，企业要通过培训帮助人力资源管理从业人员系统地掌握现代企业人力资源管理的理论和方法，加快并提高人力资源管理从业人员的理论水平、专业素质和能力技巧。在人力资源管理部门内部还应加强各岗位之间的业务交流，定期或不定期地召开业务会，进行业务讲评、通报工作信息，进行工作实例分析、总结经验教训，使所有人员都能充分地了解各自及其他岗位上的工作动态，对整体工作计划的运行情况做到心中有数，为本岗位工作计划的制订和完成减少不必要的重复劳动，提高工作效率，更快更好地将反馈的结果应用到企业中的每一名员工，以增强企业的核心竞争力。

8.3.3 加强员工关系管理的组织和制度建设

首先，健全工会组织，提高工会的地位和作用。工会是职工自愿结合的群众组织，作为劳动者利益的代表，基本职责是制衡资方的力量，维护职工的合法权益。工会的参与可以在不同层面得以体现：[102]一是各级工会领导机关层面，通过参与立法及政策制定，以及工会与政府的联席会议或劳动关系三方协商机制，得以代表职工的利益，反映利益诉求，推动整体劳动关系的和谐稳定；二是企业工会层面，工会针对职工群众关注的问题，向企业方积极反映，尤其是在针对劳动用工、工作时间、劳动报酬、劳动安全卫生等方面，应充分代表职工与企业进行平等协商和签订集体合同，维护广大职工的合法权益。对于符合条件而又没有建立工会的企业（主要是非公有制企业），各地总工会要在政府有关部门的协助下，采取有力措施督促这些企业尽快组建工会。对于不具备建立工会条件的小企业，可以由当地总工会通过组建区域性或行业性的企业工会联合会，吸纳这些小企业的职工加入工会。这种企业工会联合会有权代表和维护入会职工在企业中的合法权益。在已经成立工会组织的企业中，工会主席和其他专职干部的工资可在工会经费中列支。在有条件的地方，还可由当地总工会向企业派驻专业工会干部，所需费用由当地总工会统筹解决。

其次，大力推行建立和完善集体协商与集体合同制度。协调中小企业劳动关系的关键在于要在企业内部建立劳动关系协调机制。要把重点放在推行集体协商与集体合同制度上。对于没有建立工会的企业，可以由区域性的工会联合会或地方总工会的基层分支机构，在地方总工会的授权之下，并经过企业和职工方面的资格认可，代表职工与没有建立工会的企业进行集体协商，并可以签订区域性的集体合同。例如，职代会就是维护职工民主权利、协调劳动关系的重要制度。在召开职代会时，职工代表通过对企业规章制度、劳动用工和职工奖惩办法等有关内容充分发表意见，提出建议，并表决通过集体合同草案等内容，使其获得合法性。通常来说，集体协商和职代会制度也体现在多个层面，一是具备条件的企业单独建立集体协商和职代会制度；二是在企业外部建立区域性、行业性集体协商和职代会制度，再覆盖相关企业，引导其规范劳动用工行为，发展和谐劳动关系。[103]通过在企业中建立劳动关系协调机制，预防和减少劳动纠纷，并努力把劳动争议问题解决在源头，依靠企业与工会组织双方自主调整劳动关系。

最后，加紧建立欠薪保障制度。针对目前一些中小企业拖欠员工工资问题比较严重的状况，可先在拖欠工资问题比较突出的地方建立企业员工欠薪保障制度。在这些地方，应由当地政府制定实施办法，要求企业每月按员工工资总额的一定比例向当地劳动保障部门所属的就业服务管理机构缴纳欠薪保障金，缴费比例标准应与过去和现在企业支付员工工资的有关指标挂钩，原则上应当是企业拖欠员工工资总额越多，持续时间越长，缴费比例越高，反之亦然。如果受保企业员工出现拖欠工资问题，可用该企业缴纳的欠薪保障金向员工支付拖欠的工资，不足部分可通过变现企业资产来筹集。在企业累计缴纳的欠薪保障金总额达到一定水平时，可以停止缴纳。欠薪保障金归各企业所有，在银行设立企业专户，专款专用，由当地劳动保障部门审批使用，并由当地财政、审计部门负责监督。[104]

总之，中小企业在我国国民经济中发挥着非常重要的作用，中小企业的健康发展是我国经济体制改革的重心。从目前我国中小企业的发展现状来看，中小企业人力资源管理中依然存在很多问题亟待解决，其中包括人力资源数量扩张与内涵结构的不平衡、人力资源管理水平与企业快速发展的不平衡、人力资源管理职能缺失与企业实际需求的不平衡等。这些问题直接影响了我国中小企业的稳定发展，也阻碍了中小企业技术创新与变革的步伐。因此，中小企业应该充分认识到人力资源管理的重要性，不断解决人力资源管理中存在的问题，总结经验，吸取教训，让企业获得持续发展的不竭动力。

实践结果表明，中小企业在长期的发展过程中必然都会遇到很多问题，企业若想在残酷的竞争中脱颖而出，就应该注重对人力资源的培养和开发。同时，还要制定科学合理的人力资源发展战略和规划，从以往陈旧的人事管理中吸取教训并逐步改善，努力向现代人力资源管理方法靠近，并将现代人力资源管理的作用充分发挥出来。总之，人力资源是中小企业发展的决定性因素，在激烈的市场竞争环境下，中小企业要想实现可持续发展，不仅要树立“以人为本”的管理理念，创建企业人力资源管理 3P 体系，同时要充分认识人力资源管理的重要性，并积极采取诸如积极引进与发掘人才，完善企业激励机制，加强有效的人力资源战略管理等措施，使中小企业得到健康稳定的发展。

参考文献

[1] 熊银解,王晓梅,朱永华.现代企业管理[M].武汉:武汉理工大学出版社,2006:1-2.

[2] 范健.德国商法[M].北京:中国大百科全书出版社,1993:71-74.

[3] 中国对外经济贸易部条约法律局,国际贸易研究所.中日经济法律辞典[M].北京:中国展望出版社,1987:55.

[4] 李占祥.积极创建中国社会主义企业管理学[J].经济理论与经济管理,1984(4):26-31.

[5] 刘文华.新编经济法学[M].北京:高等教育出版社,1995:65.

[6] 王保树.商事法论集:第1卷[M].北京:法律出版社,1997:40.

[7] 黄道秀,李永军,鄢一美.俄罗斯民法典[M].北京:中国大百科全书出版社,1999:70-71.

[8] 2016年中国中小企业运行报告[EB/OL].(2017-05-24)[2018-03-20]http://www.lwzb.gov.cn/pub/gjtjlwzb/sjyfx/201705/t20170524_3750.html.

[9] 尚会永.关于当前我国中小企业界定标准的探讨[J].郑州大学学报(哲学社会科学版),2011(1):68-73.

[10] 建国以来中国中小企业的发展历程[J].中国中小企业,2017(7):24-27.

[11] 中小企业如何长大?[EB/OL](2014-03-13).[2018-03-20]http://www.eccen.com/html/2014-03-13/2014-03-13_1394670778.html.

[12] 路军慧.中国民营企业家族式管理模式的问题与对策研究[J].市场论坛,2006(3):23.

[13] 刘磊.精益生产管理在中小企业的应用研究:以E公司为例[D].长春:吉林大学,2016:16-17.

[14] 谷彦章.中小企业信息化建设问题与对策[J].合作经济与科技,2016(12):111-112.

[15] 王鑫博.中小企业内部控制现状及对策研究[J].时代金融,2017(12):120-124.

[16] 唐云山.中小企业物流管理现状及其改善措施分析[J].现代营销,2017(9):

56.

[17] 王凤莲,张营营.中小企业技术创新现状及提升策略[J].绍兴文理学院学报,2017(12):82-83.

[18] 许晖,纪春礼.基于组织免疫视角的科技型中小企业风险应对机理研究[J].管理世界,2011(2):142-154.

[19] 王维."中国创造"背景下的中小企业技术创新管理[J].企业经济,2017(1):78-82.

[20] 吴长云.企业管理模式概念刍议[J].求索,1992(5):19-21.

[21] 郭咸纲.西方管理学说史[M].北京:中国经济出版社,2003:27.

[22] 钱颜文,孙林岩.论管理理论和管理模式的演进[J].管理工程学报,2005(2):14.

[23] 陈学忠,侯海青.浅谈企业管理模式的内涵与特征[J].现代企业,1994(4):35-36.

[24] 钱德勒.看得见的手:美国企业的管理革命[M].北京:商务印书馆,1987:9.

[25] 桂重,蒋明青.现代化企业知识管理模式研究[J].现代管理科学,2005(2):77-78.

[26] 萧鸣政.人力资源开发学[M].北京:高等教育出版社,2002:26.

[27] 德鲁克.管理的实践[M]北京:机械工业出版社,2006:217-227.

[28] 董克用,李超平.人力资源管理概论[M].北京:中国人民大学出版社,2011.

[29] 陈长生.浅谈中小型民营企业员工队伍建设[J].科技信息,2013(36):281-282.

[30] 祝子云.银何动力人力资源 3P 体系构建[D].长沙:中南大学,2007:17.

[31] 舒尔茨.人力资本投资[M].北京:商务印书馆,1990.

[32] KATZ D,KAHN R.The social psychology of organizations[M].2nd ed.New York:NY John Wiley & Sons,1978.

[33] 陈承明,高晶晶.简明西方经济学[M].上海:上海财经大学出版社,2014.

[34] SEHULE R S,JAEKSON S E E.Linking competitive strategies with human resource management practices[J].Academy of management executive,1987,1(3):207-219.

[35] 张超.战略人力资源管理实践、信任与组织能力关系研究[D].北京:对外经济贸易大学,2016:20-22.

[36] 李龙.农业产业化龙头企业战略人力资源管理研究:以湖南省为例[D].长沙:湖南农业大学,2014:27-28.

[37] PATRICK M W, GARY C, MCMAHAN. Theoretical perspectives for strategic human[J].Journal of management resource management,1992(18):295.

[38] MILES R,SNOW C.Organizational York:McGraw Hill structure,and process[M].

NewYork:McGraw Hill,1978.
[39] MILES R,SNOW C.Designing strategic human resources systems[J].Organizational dynamics,1984,13(1):36-52.
[40] 刘长未.企业信息化环境下的人力资源管理及其运作机制研究[D].重庆:重庆大学,2005:14-16.
[41] DODGE H R,ROBBINS J E.An empirical investigation of the organizational life cycle model for small business development and survival[J].Journal of Small Business Management,1992,30(1):27-37.
[42] HORNSBY J S,KURATKO D F.Human resource management in small business critical issues for the 1990s[J].Journal of small business management,1990,28(3):9-18.
[43] RUTHERFORD M W, BULLER P F, MCMULLEN P R. Human resource management problems over the life cycle of small to medium-sized firms[J]. Human resource management,2003,42(4):321-335.
[44] 程德俊,赵曙明,唐翌.企业信息结构、人力资本专用性与人力资源管理模式的选择[J].中国工业经济,2004(1):63-68.
[45] 谢添.信息化环境下中小互联网企业的人力资源管理研究[D].南昌:江西财经大学,2017:19.
[46] 夏远强.浅谈人力资源管理的工作分析[J].有色金属工业,2002(2):50.
[47] 肖鸣政.不同视角下的工作分析方法[J].中国人才,2007(11):28-30.
[48] 张梅瑛.工作分析的理论和方法[J].济南纺织化纤科技,2006(2):41-43.
[49] 梁美丽.生产型企业工作分析的误区及对策[J].商场现代化,2006(9):294.
[50] 姜彦平.工作分析的关键流程[J].企业改革与管理,2007(11):62-63.
[51] 王旺青.企业人力资源规划中的供求预测[J].商业文化(学术版),2007(7):73-75.
[52] 朱选功,黄飞鸣.中国银行业网络化:战略、风险与监管[M].北京:科学出版社,2008:5-7.
[53] 宋云,陈超.企业战略管理[M].北京:首都经济贸易大学出版社,2003:3-4.
[54] 格兰特.公司战略[M].北京:光明日报出版社,2001.
[55] 何承金.人力资本管理[M].成都:四川大学出版社,2000:4.
[56] 赵曙明.人力资源战略与规划[M].北京:中国人民大学出版社,2002.
[57] 吕玉环,李付刚.谈现代企业人力资源规划的制定[J].精细化工原料及中间体,2007(3):10.
[58] 卢静.中国民营企业人力资源战略创新[D].厦门:厦门大学,2007:18-19.
[59] 何叶荣.简析中小企业人力资源规划现状与对策[J].安徽科技学院学报,2008,22(1):59-61.

[60] 金柱.基于信息经济学的现代企业员工招聘问题研究[D].呼和浩特:内蒙古工业大学,2007:7-8.
[61] 廖泉文.招聘与录用[M].北京:中国人民大学出版社,2004.
[62] 陈天祥.招聘过程的组织与管理[J].人才瞭望,2001(6):34-35.
[63] 朱耀.中小企业员工招聘有效性研究[D].株洲:湖南工业大学,2016:20-21.
[64] 吴立宏.民营企业招聘中的问题与对策[J].人才资源开发,2005(5):40.
[65] 陈坚勇.民营企业如何避免走入招聘误区[J].中国人才,2003(1):46-47.
[66] 姚作为.人本管理研究述评[J].科学学与科学技术管理,2005(12):15-23.
[67] 箫鸣政.人力资源开发概论[M].北京:北京大学出版社,2014.
[68] 洛丝特.人力资源管理[M].北京:中国人民大学出版社,1999.
[69] 劳埃德·拜厄斯,莱斯利·鲁.人力资源管理[M].北京:人民邮电出版社,2004.
[70] 雷蒙德·A.诺伊,等.人力资源管理赢得竞争优势[M].刘昕,译.北京:中国人民大学出版社,2001:261.
[71] 赵曙明.人力资源管理发展的趋势[J].中国人才,2002(11):28-29.
[72] 刘莉莉.企业文化视野下的员工培训比较研究[D].上海:华东师范大学,2002.
[73] 胡君辰,郑绍镰.人力资源开发与管理[M].上海:复旦大学出版社,2004:132.
[74] 刘永中,金才兵.英汉人力资源管理核心词汇手册[M].广州:广东经济出版社,2005:784.
[75] 湛新民.人力资源管理概论[M].北京:清华大学出版社,2005:234.
[76] 杨颖.知识经济时代的企业人力资源开发重在教育培训[[J].北京大学学报,2001(S1):212-216.
[77] 李志宏.企业培训:企业核心竞争力形成的保证[[J].现代管理科学,2006(2):97-98.
[78] 李燕萍.知识经济条件下企业员工培训与开发体系的创新[J].武汉大学学报,2002(6):708-713.
[79] 徐秀菊.人力资本的投资效益[J].中国人力资源开发,2000(5):33.
[80] 唐正荣,石大建.人力资本投资风险因素新探[J].柳州师专学报,2000(3):53-54.
[81] 李文沁,田恩舜.高科技企业的培训风险及其防范机制[J].科技进步与对策,2005(9):152-154.
[82] 何辉.企业培训风险研究[M].北京:中国商业出版社,2007:35.
[83] 亚当·斯密.国民财富的性质和原因的研究:上卷[M].王亚南,等译.北京:商务印书馆,1972.
[84] 风险管理编写组.风险管理[M].成都:西南财经大学出版社,1994:78.

[85] 小阿瑟·威廉姆斯,理查德·M. 汉斯.风险管理与保险[M].北京:中国商业出版社,1990:11.
[86] 蔺王萍.企业培训的风险及防范措施[J].科技情报开发与经济,2005(11):215-216.
[87] 王峥.企业培训风险的分析与防范[J].中国职业技术教育,2004(3):36-37.
[88] 常烨.现代人力资源发展与培训的需求分析[J].本溪冶金高等专科学校学报,2004(12):39-40.
[89] G. 哈默,C. K. 普拉哈拉德.竞争大未来[M].北京:昆仑出版社,1998.
[90] 经济合作与发展组织.以知识为基础的经济[M].北京:机械工业出版社,1997.
[91] 闾佳,司茹译.彼得原理[M].北京:机械工业出版社,2007:5-10.
[92] 白雪梅,王艳杰.三种员工培训需求评估模型的比较[J].辽宁工学院学报,2006(8):15-18.
[93] 程延园.员工关系管理[M].上海:复旦大学出版社,2004:23-25.
[94] 许云华.探析基于组织承诺的员工关系管理[J].经济论坛,2005(19):84-85.
[95] 张丽梅.基于员工关系管理的薪酬结构设计[J].国际商务研究,2003(6):53-56.
[96] BREWSTER C.Employee relations[M].London:Macmillan,1989:86.
[97] 石逸凡.高科技产业员工关系实务之调查研究[D].广州:中山大学,2004.
[98] 安世民,张灵霞.浅析我国中小企业员工关系管理[J].商场现代化,2009(8中):21-22.
[99] 王彤.浅析我国中小企业员工关系管理[J].东方企业文化,2013(3):90-92.
[100] 胡晓琳,刘胜文.中小企业基于有效沟通的员工关系管理[J].人力资源管理,2017(6):141-142.
[101] 王艳平.中国中小企业劳动关系的影响因素研究[D].长沙:中南大学,2008:27.
[102] 王珍宝,吕明霞.推进非公中小企业劳动关系协调机制建设的思考:对改善非公中小企业劳动关系现状的对策建议[J].中国劳动关系学院学报,2017(6):13-14.
[103] 毛新春.试述我国中小企业劳动关系矛盾与调整[J].民营科技,2010(6):97.
[104] 冯文静.文化环境对我国人力资源开发的影响分析[J].吉林省经济管理干部学院学报,2011,25(5):17-19.